The Biblical Storytelling • 사무엘상 2

훈련 받는 사람

훈련 받는 사람(삼상-2)

2007년 1월 15일 초판 1쇄 발행
2010년 7월 30일 초판 2쇄 발행

저 자 • 조 관 호
발행인 • 조 경 혜
발행처 • 도서출판 그리심
156-763 서울시 동작구 사당5동 196번지 인정아파트 b01

등록번호 • 제 7-258호(1998. 4. 23)
출 판 사 • 전화 523-7589 팩스 523-7590
홈페이지 • http://grisim.biz
전자우편 • grisimcho@hanmail.net

값 : 표지 뒷면

ISBN 978-89-5799-173-5
ISBN 978-89-5799-157-3 (세트)

훈련 받는 사람

그리심

「사무엘상 이야기」는…

마지막 사사라고 하는 사무엘의 출생을 시작으로
이스라엘의 초대 임금 사울의 이야기,
그리고 사울 왕 아래서
혹독한 훈련(?) 받는 다윗의 이야기로 진행됩니다.

사무엘상 두 번째 이야기의 제목을 「훈련 받는 사람」이라고 했습니다.

다윗이 왕으로 기름부음 받았습니다만
바로 왕좌에 앉아 왕으로서 일할 수 없기 때문입니다.
왕이 되는 것보다 중요한 건
왕으로서 일을 잘 할 수 있느냐는 겁니다.
그래서 하나님께서는 다윗을 왕의 자리에 앉히기 전에
훈련시키신 겁니다.

훈련이 중요합니다.
그러나 합당한 훈련을 받아야 합니다.
군인이 되려면 군인이 되기 위한 훈련을 받아야 하구요,
자동차 정비공이 되려면 그에 합당한 훈련이 필요합니다.
농사를 지으려면 농사에 합당한 훈련을 받아야 하는 거지요.
왕이 되려면 그에 적합한 훈련을 받아야 하는 거잖아요!
하나님께서는 다윗을 훈련 시키셨습니다.
아무 훈련이 아닙니다.
왕 수업이었답니다.

우리를 부르시고 훈련하시는 하나님이십니다.
목표가 있는 훈련입니다.

사무엘상 2

contents

사무엘상 2

contents

6 여섯 번째 이야기(18–19장)
무차별 받는 훈련

사무엘상 2

contents

7 일곱 번째 이야기(20장)

숨쉴 틈

8 여덟 번째 이야기(21장)

설 땅이 없는 훈련

훈련 받는 사람

비블리컬 스토리텔링

(The Biblical Storytelling)에 대해...

비블리컬 스토리텔링(The Biblical Storytelling)이란 성경을 이야기한다는 말입니다. 성경은 한 문구나 한 단어를 선택해서 의미를 전달할 수 있는 책이 아닙니다. 그 문구가 그리고 그 단어가 실리게 된 세미한 배경이 있는 겁니다. 만일 그 배경을 무시하고 성경의 한 구절을 설명한다면 어처구니없는 말 내지는 결과를 가져오게 됩니다. 좋은 교훈을 만들어 내는 것도 중요하지만 바르고 정확한 과정을 통한 결과를 얻어야 바른 교훈이 되는 거랍니다.

설교를 할 때나 성경을 공부할 때 혹은 큐티를 할 때 한 구절과 단어를 붙잡고 자기 나름대로의 해석 내지는 좋은 말을 만들면 너무 위험하다는 거지요.

성경은 쉬운 책이 아닙니다. 수천 년의 이야기가 기록되어 있고 그것도 짜임새 있어 알기 쉽게 정돈해 놓은 책도 아닙니다. 게다가 똑똑한 사람이 줄거리를 이해한다고 해서만도 되는 책이 아닙니다. 성경은 무척이나 어렵고 게다가 영적인 의미를 간파해야 하며 우리의 삶에 연결이 되어야 하기에 만만하게 볼 책이 아니라는 겁니다.

저자 자신도 모태로부터 신앙생활을 해 오면서 성경을 가까이 두고 생활해 왔지만 결국은 항상 반복되는 몇 인물 내지는 몇 사건만을 가지고 교회를 다닌 사람이었던 겁니다. 그러다가 하나님의 은혜로 성경을 한 번 제대로 공부하고 연구해 보니 참 어려운 책임을 발견하였습니다. 그러나 성경 연구는 어려운 성경을 이해했다는 것으로 끝나지 않습니다. 하나님의 은혜가 임한다는 겁니다. 하나님의 뜻을 발견하게 되고 하나님의 마음을 조금 알게 된다는 은혜를 누리는 겁니다.

비블리컬 스토리텔링(The Biblical Storytelling)은 제가 켄터키에 있는 남침례교신학교(The Southern Baptist Theological Seminary)에서 연구한 논문을 현장에서 적용한 것을 글로 옮긴 것입니다.

비블리컬 스토리텔링(The Biblical Storytelling)은 우선적으로, 상식적인 이야기이지만, 성경 본문에 대한 흐름을 연구해야 합니다. 두 번째는 본문의 상황, 역사적인 배경을 공부하는 것 또한 빼놓을 수 없습니다. 이러한 작업을 위해서는 주석가들의 절대적인 도움이 필요합니다. 세 번째는 교육학적인 접근 혹은 철학적인 배경을 연구해야 합니다. 그러나 이러한 연구만을 나열해 놓는 것이 목적은 아닙니다. 가장 중요한 것은 성경 속 인물들의 심리적 움직임에 대한 다방면의 접근을 시도하는 것이지요. 이 부분이 무척이나 매력이 있습니다. 정확한 신학적 테두리 안에서 본문의 인물이 갈등하고 느끼는 가능한의 심리적 상상은 성경을 무척이나 흥미롭게 만들기 때문입니다. 게다가 성경을 읽는 독자로 하여금 자신이 그 주인공이 되는 경험을 하게 되는 것이지요. 또한 목회자나 독자로 하여금 성경에 대한 학문과의 관계를 무척이나 친숙하게 만들 것입니다. 특히 성경 주석의 필요성과 신학자들에 대한 고마움 내지는 친밀감을 가지게 될 것입니다. 게다가 혼탁하고 예측할 수 없는 사회 심장부에 대한 관심도 갖게 될 것입니다. 그러나 무엇보다도 나 자신은 물론 사람의 마음이 어떤지가 발견되면서 하나님 앞에 모두 고개를 숙이게 되는 경험을 하게 된답니다. 그러면서도 그런 나를, 사람을 미치도록 사랑하시는 하나님의 마음을 조금 알게 된답니다.

비블리컬 스토리텔링(The Biblical Storytelling)은 누구나가 할 수 있습니다. 그러나 성경이 하나님의 (살아있는) 말씀이라고 진심으로 인정하는 사람만이 할 수 있습니다. 그러나 '인정' 하는 것만으로는 안 됩니다. 시간을 투자해야 합니다. 적은 시간이 아닙니다. 필자는 20여년 가까이 거의 매일 4시간씩 이 일에 몰두해왔습니다. 지금도 그렇게 하고 있습니다. 그렇다고 끝이 있는 것도 아닙니다. 늘 새롭고 (주님이 말씀하신 것처럼 샘솟는 게 말씀입니다) 신비한 경험을 하게 되는 겁니다.

이 책은 필자가 섬기는 교회에서 하고 있는 비블리컬 스토리텔링 바이블 스터디(The Biblical Storytelling Bible Study)에서 진행되는 것을 글로 옮긴 것입니다.

서 문

같은 결과를 얻는다 하더라도 기다리지 못하고 나서서 얻은 결과라면 후유증이 큽니다. 그러나 기다리고 나서 얻은 결과일 경우에는 아름다운 열매를 얻는답니다. 이스라엘의 왕에 대한 일이 그랬습니다. 하나님은 일찍부터 이스라엘에 왕이 있게 될 것을 말씀하셨습니다. 신명기에 왕 제도를 약속해 놓은 겁니다. 그렇기에 가만히 있으면 하나님의 시간표에 따라 왕이 세워질 것이었습니다. 그런데 이스라엘 사람들은 기다리지 않았답니다. 왕을 소유하고 싶어서 안달이 난 겁니다. 하나님을 버리고서라도 왕을 소유하고 싶었던 겁니다. 아니 (이상하게도) 왕에게 다스림 받고 싶었던 거지요. 그래서 얻은 왕이 사울이랍니다. 기다렸다면 하나님께서 왕을 주셨을 텐데, 그러면 좋은 왕을 얻었을 것이고 하나님도 여전히 저들의 하나님이 되셨을 텐데 말입니다. 왕에 관한 결과는 같습니다. 얻어진 과정이 다르기에 왕으로 인하여 맺어지는 열매가 달랐답니다.

하나님이 우리에게 말씀하신 약속들이 많이 있습니다. 대부분 기분 좋게도 축복의 말씀들입니다. 기다리면 됩니다. 하나님 자신이 하신 말씀이고 약속이기에 반드시 당신 스스로가 이루실 거랍니다. 믿음은 약속하신 하나님을 바라보면서 기다리는 겁니다. 서두르면 얻을 수도 있습니다. 얻은 다음 후회의 열매들이 따라다닌다는 것도 잊으면 안 됩니다. 하나님이 하실 때까지 기다려야 합니다. 그땐 위대한 일이 시작되는 땝니다.

첫 왕이 세워졌습니다. 사십 세의 나이였습니다. 당시 그는 거의 완벽했습니다. 집안도, 건강도, 실력도, 성품도 많은 부분에서 완벽했습니다. 사십 년 동안 많은 걸 이룬 사람입니다. 인생의 갖가지 고개를 많이 넘었을 겁니다. 나름대로 터득한 것이 많았을 겁니다. 그러나 그 모든 것이 왕의 자리에 앉기 위한 훈련들은 아니었습니다. 열심히 살긴 했으나 목적이 왕의 자리에 앉는 것이 아니었답니다. 그래서 왕의 자리에 앉혔더니 이내 실패의 길을 간 거지요. 실패의 길을 갈 수밖에 없었던 거랍니다.

훈련 받지 않은 사람 없습니다. 나름대로 살아온 지난날들을 훈련이라 할 수 있습니다. 그런데 분명한 목표를 향한 훈련이어야 하는 겁니다. 군인은 군인이 받아야 하는 훈련이 있습니다. 의사가 되기 위해서는 의사가 되기 위한 훈련을 받아야 합니다. 정비공이 되기 위해서는 정비공 되기 위한 훈련을 받아야 하는 거지요. 선생이 되기 위해서는 선생 되는 훈련이 필요합니다. 정치가가 되려는 사람은 정치 훈련을 받아야 하는 거랍니다. 목사가 되기 위해서는 목사일 할 수 있는 훈련을 받아야 하는 거구요. 피아니스트가 되기 위해선 피아노 치는 훈련을 해야 하는 겁니다.

훈련을 아무리 강하고 올바르게 받았다 하더라도 그 분야의 훈련을 받지 않고 그 자리에 앉았다면 그 사람은 공동체의 다른 사람에게 해가 되는 사람일 뿐입니다.

사울은 훌륭한 사람이었습니다. 나름대로 훈련받은 사람입니다. 그러나 왕 되기 위한 훈련은 받은 적이 없었습니다. 그래서 왕이 되었지만 공동체에 해만을 끼친 사람이 된 거랍니다.

다윗은 하나님이 선택하고 세운 왕이었습니다. 그도 나름대로 많은 훈련을 받았습니다. 들판에서 양 치는 훈련을 능숙하게 받았습니다. 그러나 왕은 짐승 다루는 실력이 탁월한 것으로 되는 게 아닙니다. 그는 부모님 섬기는 훈련도 잘 받았습니다. 부모님의 말씀이라면 모든 형제가 잔치할 때라 하더라도 들판에 머무를 정도였으니까요. 그러나 왕은 효성 훈련이 잘 된 사람이 하는 게 아닙니다. 그는 나름대로 상당한 실력이 있었습니다만 그 실력은 왕의 자리에 앉아 있을 땐 전혀 쓸모없는 것들이었습니다.

십대 후반에 왕으로 기름 부음 받았습니다만 왕의 자리에 앉으면 사울과 똑같이 실패할 것이 뻔하기에 왕 수업을 받았답니다. 적어도 10년 이

상을 말입니다. 한 가지 목표를 향한 훈련, 왕 자리에 앉기 위한 훈련이었습니다. 정확한 수업입니다.

왕 수업은 왕궁에서 시작하는 게 상식이겠죠. 하나님은 그를 왕궁으로 들여 보내셨습니다. 들판에서 놀던 다윗에게는 정말 천국 같은 곳이었습니다. 입는 옷부터 먹는 음식, 멋진 음악 그리고 품위 있는 언어들… 그런 걸 배웠습니다. 왕이 되면 필요한 것들이었으니까요. 정치적인 정적(政敵)이 얼마나 무서운 것인지를 배우기 시작했습니다. 좋은 게 좋은 것만이 아님을 배운 겁니다. 웃음 속에, 음악 속에, 말 속에 권력을 쟁취하기 위한 숨겨진 음모들이 있음을 배운 겁니다. 권력을 지키기 위한 처절한 본능을 배운 겁니다. 권력의 무서움도 배운 겁니다. 권력을 어떻게 유지해야 하는지를 훈련 받은 겁니다. 백성들의 마음을 읽어야 왕 노릇을 할 수 있기에 민심을 읽는 훈련도 거쳤습니다. 백성의 마음을 움직이고 백성의 마음을 어루만지는 훈련도 받았습니다. 나라의 엄청난 돈을 만질 줄 알아야 하기에 큰 돈을 만지는 훈련도 했습니다. 주변 국가와의 관계가 얼마나 잔인한 것인지도 아는 훈련도 받아야 했던 겁니다. 분노를 다스리는 훈련도 받았습니다. 그런 훈련이 없으면 권력을 잡은 후 성질에 못이겨 사람을 죽일 수도 있으니까요. 왕은 누구도 믿을 수 없는 자리이기에 고독을 삼키는 훈련도 받았습니다. 왕의 자리에 앉기 위해 많은 훈련을 받은 겁니다. 다윗은 그런 훈련 받고 왕의 집무를 시작했답니다.

우리 모두가 훈련이 필요합니다. 우린 분명 왕 같은 제사장으로 부름 받았습니다. 그러나 그 역할을 시작하기 전에 훈련이 필요한 겁니다. 선지자로 부름 받았습니다. 그러나 그 역할을 하기 전에 호된 훈련이 필요합니다. 훈련 없이도 그런 자리에 앉을 수 있습니다. 그러나 훈련 없이 앉으면 자신도 공동체도 힘들어집니다. 모두를 망치게 되는 겁니다.

서두르지 마십시오. 일을 시작하는 것보다 중요한 것은 정확하고 강한 훈련을 받는 겁니다. 하나님이 준비한 훈련장에 끌려 다니면서 정말 힘든 훈련을 통과해야 하는 거랍니다.

사무엘상의 두 번째 책은 훈련 받는 우리의 사랑스런 선배의 모습을 찾아간 거랍니다. 우리가 받을 훈련도 이렇게 어려우리라는 것을 발견해야 합니다. 하나님 나라의 상속자의 자리에서 일하기 위해 오늘도 훈련 중인 동역자들에게 용기내라고 박수를 보내면서 글을 써보았습니다. 물론 저도 지금도 훈련받고 있답니다. 아마 이 훈련은 천국에 들어갈 때까지 계속될 거란 생각이네요! 힘들지만 훈련 잘 받고 싶습니다.

캘리포니아 계곡마을에서

조관호 목사

〉〉 네 번째 이야기 13-15장

훈련 없이 왕이 된 사람

사울 왕은 나름대로 전략을 짰습니다. 먼저 자신이 2천 명의 군사를 데리고 믹마스와 벧엘 산 사이에서 전투 준비를 하고, 나머지 천 명은 아들 요나단에게 주어 베냐민 땅 기브아에 진을 치게 했습니다. 블레셋은 사울이 무슨 일을 벌이고 있는지 모르고 있었습니다. 왜냐하면 지금까지 이스라엘이 먼저 공격해 온 적은 없었기 때문입니다. 공격은 언제나 블레셋이 먼저 했으니까요. 요나단이 먼저 게릴라전을 펼쳤습니다. 블레셋의 국경 지역인 게바로 가서 수비하고 있던 블레셋 군사들을 공격했습니다. 졸지에 공격 당한 블레셋 수비대의 피해는 이만저만이 아니었습니다. 국경 수비대가 이스라엘에게 공격 받았다는 소식을 들은 블레셋의 중앙 정부는 분개했습니다. 그리고 비상사태를 선포하고 군인을 모았답니다. 엄청난 숫자가 모였습니다. 블레셋 군사들이 전투태세에 들어갔다는 소식이 사울 왕에게 전해졌지요. 사울 왕은 긴장하고 군사들을 정비하여 대비했습니다. 사람들에게 모이라고 한 곳은 자신이

1 13:1–7

왕이 된 후 2년 만에

왕이 된다는 것… 처음에는 겁이 났습니다. 그렇지만 일반 사람이 구경도 할 수 없는 멋진 왕복을 입고, 힘 있는 사람의 경호를 받으며, 최고의 대접을 받고, 모든 것이 자신의 말대로 이루어지는 것을 하루하루 경험하다 보니… 이젠 왕으로서 어떻게 행동해야 하는지를 알 것 같았습니다. 한마디로 왕은 지존(至尊)이었습니다.

사람들마다 왕 사울을 극찬했습니다. 게다가 암몬의 잔인한 장군인 나하스와 그의 군대를 하룻밤에 초토화시킨 사건은 사람들로 하여금 사울을 영웅으로 생각하기에 충분했답니다.

길갈에서 왕으로 추대된 후 2년이라는 세월이 지났습니다. 40세에 왕이 되었으니 사울은 벌써 42세가 되었습니다. 2년 동안 백성들에게 왕의 위대한 모습을 보여줬어야 했는데… 앞으로 무엇을 어떻게 보여주어야 할지 고민이었습니다. 왕이라는 대접만 받으면서 그냥 세월만 보내는 것같아 미안하기도 했답니다.

신하들과 나라를 위해 할 일을 이야기하던 중에 생각해 낸 것이 있습니다. 언제나 이스라엘을 괴롭혔던 블레셋을 공격하여 백성들을 평안케 하자는 것이었습니다. 가나안 땅의 여러 곳에 있는 블레셋의 군사 시설을 공격하여 쫓아내면 백성들이 평안해 질 것이고, 왕을 또 한 번 영웅으로 높힐 것이라는 생각 때문이었습니다. 사울 왕은 군사를 소집했습니다. 3천 명의 군사들이 모였습니다. 이 정도면 블레셋이 정복한 몇 개의 성을 되찾을 수 있을 것 같았습니다.

사울은 자신의 능력을 나타내려고 합니다.
능력을 나타내는 것은 잘못이 아닙니다.
능력을 가지고 자신을 "과시"하려는 것이 잘못입니다.
블레셋이 쳐들어 왔다면 당연히 능력을 나타내야지요.
그러나 가만히 있는 블레셋의 연약한 수비대를 향한 공격
자신의 존재를 "과시"하려는 것이 사울의 속마음이었던 겁니다.

사울 왕은 나름대로 전략을 짰습니다. 먼저 자신이 2천 명의 군사를 데리고 믹마스와 벧엘 산 사이에서 전투 준비를 하고, 나머지 천 명은 아

들 요나단에게 주어 베냐민 땅 기브아에 진을 치게 했습니다. 블레셋은 사울이 무슨 일을 벌이고 있는지 모르고 있었습니다. 왜냐하면 지금까지 이스라엘이 먼저 공격해 온 적은 없었기 때문입니다. 공격은 언제나 블레셋이 먼저 했으니까요. 요나단이 먼저 게릴라전을 펼쳤습니다. 블레셋의 국경 지역인 게바로 가서 수비하고 있던 블레셋 군사들을 공격했습니다. 졸지에 공격 당한 블레셋 수비대의 피해는 이만저만이 아니었습니다. 국경 수비대가 이스라엘에게 공격 받았다는 소식을 들은 블레셋의 중앙 정부는 분개했습니다. 그리고 비상사태를 선포하고 군인을 모았답니다. 엄청난 숫자가 모였습니다.

블레셋 군사들이 전투 태세에 들어갔다는 소식이 사울 왕에게 전해졌지요. 사울 왕은 긴장하고 군사들을 정비하여 대비했습니다. 사람들에게 모이라고 한 곳은 자신이 왕으로 추대되었던 곳, 길갈이었습니다. 이스라엘 사람들은 왕이 블레셋을 공격하여 수비대를 무너뜨렸다는 소리만 듣고 기분 좋게 모였습니다. 오랜만에 승전 소식을 들었기 때문이지요. 사람들은 왕을 세운 것은 잘한 일이라면서 사울 왕을 자랑스러워하며 말했습니다.

"과연 나라에는 왕이 있어야 되는 거여! 그래야 못된 놈들을 쳐들어가기도 하고 내쫓기도 하는 거지. 사울을 왕으로 뽑길 정말 잘했어! 지도력도 있고 아주 용감하단 말이야!"

이스라엘 사람들은 사울과 더불어 겁 없이(?) 몰려오는 블레셋을 완전히 박살낼 의향으로 무기를 들고 길갈에 모였습니다.

「온 이스라엘이 사울의 블레셋 사람의 수비대를 친 것과 이스라엘이 블레셋 사람의 가증히 여김이 되었다 함을 듣고 길갈로 모여 사울을 좇으니라」(:4)

길갈에 모인 사람들은 몰려온다는 블레셋을 기다리고 있었습니다. 블레셋이 나타나자마자 초전에 박살내고자 했지요. 그런데 그게 아니었습니다. 모습을 나타낸 블레셋의 군사 규모은 초전에 무너질만하지 않았습니다. 오히려 싸운다면 무너질 쪽은 이스라엘 군대였습니다. 블레셋의 군사력이 어마어마했기 때문입니다.

「블레셋 사람이 이스라엘과 싸우려 하여 모였는데 병거가 삼 만이요 마병이 육천이요 백성은 해변의 모래같이 많더라 그들이 올라와서 벧아웬 동편 믹마스에 진치매」(:5)

이스라엘 군사들의 마음속에 공포가 찾아오기 시작했습니다. 그러더니 한 사람 한 사람... 진을 빠져나가는 겁니다. 어떤 사람은 굴 속에 숨었구요, 어떤 이는 수풀로 들어갔습니다. 어떤 사람은 큰 바위 밑으로 몸을 숨겼구요, 어떤 이는 웅덩이 속으로 들어갔답니다. 살기 위해서, 무서워서... 어떤 이는 요단 강을 건너 길르앗 땅으로 도망갔네요.

사람들이 공포에 휩싸였고 또 어떤 사람들은 도망갔다는 정보를 들은 사울 왕은 마음이 급해지기 시작했습니다. 우왕좌왕하던 사울은 신하를 불러 사무엘을 모셔 오라고 했습니다. 신하는 사무엘에게로 급히 달려

갔습니다. 그리고 사무엘을 만나 정황을 설명했습니다. 사무엘이 사울에게 전하랍니다. “7일 후에 그 곳 길갈로 가서 하나님께 제사를 드릴 테니 기다리고 있으라”고...

사울은 왜 자신이 기도하지 않았을까요?
여러 가지를 생각하게 합니다.
아마 왕복을 입고 2년이 지나는 동안
그의 삶이 “변질”되었기 때문이 아닌가 생각되네요.
블레셋을 침입한 것도 그렇구요.
하나님의 뜻과는 상관없이
자기 마음대로 계획해서 저지른 짓이거든요.
왕으로 엄청난 대접을 받았으니
위급할 때 하나님을 찾을 수 있는 영을 잃어버린 게 아닐까요?

왜 사무엘을 찾았을까요?
그는 미스바 부흥회 때
블레셋이 쳐들어 왔던 이야기를 들었을 것입니다.
사무엘상 7장 5–11절에 나오는 이야기입니다.
그 때 이스라엘 사람들은 무방비 상태였었거든요.
그러나 사무엘이 기도하고 제사를 드리자
하나님께서 우레를 보내어
블레셋 사람을 어지럽게하여 도망가게 하셨고
이스라엘에게 승리의 기적을 베푸신 겁니다.

사울은 이 사건을 기억하면서
사무엘에게 부탁하여 기도하게 한다든지
아니면 제사를 드리게 한다면
이번 전쟁도 승리할 수 있을 것이라고 믿었습니다.
그래서 사무엘을 부른 거라는 생각이 드네요.

사울... 처음부터 실수한 겁니다.
전쟁을 하려고 했다면 먼저 하나님께 물었어야 했답니다.
사무엘을 만나 하나님의 뜻을 겸손하게 구했어야지요.
이제 와서 아쉬우니까 도와 달라구요?

사무엘은 알고 있었습니다. 사울이 블레셋과 전쟁을 벌인 이유를 말입니다. 자신의 능력을 과시하고 싶어서 전쟁을 벌인 사울의 마음을, 사무엘은 알고 있었습니다. 그래서 사울을 마음을 알아보기 위해 7일을 기다리라고 한 겁니다. 사울이 하나님께 진정으로 제사를 드리면서 하나님을 의지하려 하는지 아니면 종교적 흉내만 내려고 하는지를 시험하기 위해서였습니다. 사무엘은 이미 사울의 부패한 마음을 알고 있었습니다. 그는 하나님을 존중히 여기는 사람이 아니었습니다. 단지 사람들에게 자신을 과시하고 싶은 교만한 상태였습니다. 변질된 것이지요.

❷ 13:8–18

버림 받는 사람

7일을 기다리는 것은 쉬운 일이 아니었습니다. 하루하루의 상황이 급하게 돌아가고 있었습니다. 도망간 군사들의 빈자리가 날마다 더 많아지는 겁니다. 정말 숨 막히는 기다림이었습니다. 아직 블레셋의 전면적인 공격은 시작되지 않았지만 간헐적으로 공격해 오는 소수의 게릴라들은 이스라엘 군사들을 쫄게하기에 충분했던 것이지요.

사무엘을 기다린 지 엿새째 되었습니다. 사울과 군사를 담당하는 신하들은 내일에 희망을 걸고 있었습니다. 사무엘 선지자가 전쟁에서 승리하게 해 주리라는 믿음(?) 때문이었습니다.

드디어 사무엘이 약속한 7일 되는 날, 아침부터 사울의 마음은 부산했습니다. 그 하루가 6일을 기다린 것보다 더 긴 것 같았습니다. 한참이나 지난 것 같은데 여전히 오전입니다. 초조한 마음으로 진영을 왔다 갔다 하면서 기다립니다만 사무엘은 도무지 오지 않네요. 보초 근무를 서는 병사들로부터 블레셋 군사들의 움직임이 심상치 않다는 보고만 들려오구요. 신하를 불러 오는 길목에 나가보라고 했습니다만 아무런 소식도 없었습니다. 오후를 보내기가 왜 그리도 어려운지요.

군사들이 사울을 향해 탄원했습니다. 돌아가자고, 아마도 사무엘 선지자께서 현실 사역을 떠났기에 오지 않기로 결정하신 거 아니냐고, 가만히 있다가 블레셋 사람에게 개죽음 당하지 말고 철수하자고, 군사들도 많이 흩어진 상태라고… 사울 왕은 불안해서 미칠 지경이었습니다.

「사울이 사무엘의 정한 기한대로 이레를 기다리되 사무엘이 길갈로 오지 아니하매 백성이 사울에게서 흩어지는지라」(:8)

해가 산을 넘어가고 있었습니다. 사울 왕은 불안했습니다. 해만 넘어가면 어둠을 틈 타 블레셋의 공격이 있을 것같은 불길한 예감이 들었답니다. 도망갈 수도 없구요. 사울 왕의 고함 소리가 들렸습니다.

"여봐라, 양을 가지고 오너라! 아무래도 사무엘 선지자가 오지 않는가 보다. 내가 제사 드리면 되는 거 아니냐! 그깟 제사 아무나 하면 되는 거지. 내가 이 나라의 왕인데 내가 드리는 제사가 사무엘 영감이 드리는 제사보다 더 훌륭할 테지! 양을 가지고 오너라."

「사울이 가로되 번제와 화목제물을 이리로 가져오라」(:9)

사울은 손에 쥐고 있던 칼로 가져온 양을 찔렀답니다. 제사를 드리기 위해서 죽인 겁니다. 그런데 그의 얼굴에는 기쁨도 감사도 없네요. 하나님에 대한 경외도 없었습니다. 불안과 분기로 가득 찬 얼굴이었답니다. 나무가 타고 있었습니다. 그 위에 잡은 양을 집어 던졌습니다. 그리고 소리 질렀습니다.

"하나님이시여, 이 양을 받으시고 우리의 원수 블레셋에 저주를 내리시옵소서! 이 제사를 받으시고 우리 앞에 있는 블레셋에 불을 내리시옵소서!"

양 타는 냄새... 양 타는 연기... 하늘로 올라가고 있었답니다.

「사울이... 번제를 드렸더니...」(:9하)

검은 연기가 저녁 노을을 배경으로 하늘 높은 곳으로 올라가고 있었습니다. 아주 높이... 아주 높이 올라가고 있었습니다. 그 연기 가운데 멀리서 걸어오고 있는 사무엘이 보였답니다. 사무엘이 길갈에 이르자 사울과 신하들은 놀란 마음에 얼굴과 몸이 굳어졌습니다. 사무엘을 어떻게 맞이해야 하는지 알 수 없었습니다. 양 타는 냄새가 자욱한 가운데 사울은 사무엘과 눈이 마주쳤답니다. 사울은 무서웠습니다. 사무엘 선지자는 조용히 물었습니다.

"왕이시여, 무슨 일을 하신 건지요?"

사울이 겸연쩍은 태도로 어색한 웃음을 지으며 대답했습니다.

"그게... 백성들이 흩어졌습니다. 보십시오! 그 많던 군사들이 모두 숨어 버렸습니다. 오늘밤에 블레셋 사람들이 공격할 것 같고... 당신은 온다고 해 놓고 오지 않으시기에..."

사울은 사무엘의 눈을 피하면서 무엇인가에 쫓기는 듯 더듬거리면서 말했습니다.

"전쟁을 위해서 하나님께 제사를 드린 겁니다. 내가 제사를 드리고 싶어서 그런 것이 아니라 하나님께 제사를 드려야 하는 것이 도리라 생각했기에 제사를 드린 것이죠. 난 제사의 중요성을 알고 있는 사람입니다."

사울의 궁색한 변명이었습니다.

「사무엘이 가로되 왕의 행한 것이 무엇이뇨 사울이 가로되 백성은 나에게서 흩어지고 당신은 정한 날 안에 오지 아니하고 블레셋 사람은 믹마스에 모였음을 내가 보았으므로 이에 내가 이르기를 블레셋 사람은 나를 치러 길갈로 내려오겠거늘 내가 여호와께 은혜를 간구치 못하였다 하고 부득이 하여 번제를 드렸나이다」(:11-12)

"잘못했습니다"라는 말... 못하고 있네요.

"마음이 불안해서 그런 겁니다"라는 말... 못하고 있네요.

"기다리지 못한 것도 잘못입니다"라고 말하지 않고 있습니다.

그냥 변명만 하고 있는 겁니다.

왕이 선지자 앞에서 잘못했다고 할 수 없잖아요.

체면이 있지요.

그는 체면이 자신의 신(神)이 되어 있는 거랍니다.

그 체면 때문에 잘못을 고백하지도 않구요,

그 체면 때문에 변명을 하고 있는 거랍니다.

우리는 체면 때문에
잘못을 덮으려고 머리 굴리며 변명하고 있지는 않나요?

사울의 말 듣고 있던 사무엘이 무겁게 입을 열었습니다.

"왕이시여, 왕께서는 망령된 일을 하셨습니다. 하나님께서는 왕께 하라고 하신 일이 있는데, 왕은 하나님께서 명령하신 일은 하지 않으시고 엉뚱한 일을 하셨군요. 왕은 하나님께서 주신 일을 하셨어야 합니다. 그 일을 잘 감당하셨다면 하나님이 왕의 나라를 영원히 세우실 텐데..."

버림 받은 사울

사울은 자신이 제사 드린 일 때문에 사무엘에게 미안했는지 변명합니다. 사무엘은 사울이 제사 드린 일로 인해 하나님께 버림받았다고 말하지 않습니다. (제사장 아닌 일반 사람들도 하나님께 제사 드린 경우 많았거든요.) 사무엘의 말은 분명합니다. '하나님의 명령을 지키지 않았다는 것' 이지요(:13, 14)
그렇다면 어떤 명령을 지키지 않았다는 걸까요? 추론하기 어렵지 않습니다. 처음 왕이 되었을 때 왕으로서 백성들을 어떻게 다스리고 어떻게 행동해야 하는지에 대한 명령들을 지난 2년 동안 전혀 지키지 않았다는 겁니다. 게다가 이번 전쟁도 제멋대로 일으켰다는 말이지요. 버림받은 사울... 긴 시간 동안 계속되어 온 습관적이고 의도적인 불순종에서 기인한 거랍니다.

사무엘의 진지한 이야기를 듣고 있는 사울은 침울해졌나 봅니다. 아니 선지자가 화나서 야단치는 정도로 생각하고 있었답니다. 사무엘의 말이 계속되었습니다.

"왕의 나라가 길지 못할 겁니다. 하나님이 왕에게 명령하신 일을 하지 않으시니 왕 노릇을 계속하게 하지 않으실 것입니다."

「지금은 왕의 나라가 길지 못할 것이라 여호와께서 왕에게 명하신 바를 왕이 지키지 아니하였으므로…」(:14상)

"여호와께서 그의 마음에 맞는 사람을 찾으실 겁니다. 아니 이미 찾으셨겠죠. 그리고 당신의 마음에 드는 사람을 이스라엘을 위한 지도자로 삼으셨음을 알고 계십시오!"

사울은 사무엘이 무슨 말을 하고 있는지 몰랐습니다.

"여호와 마음에 맞는 지도자? 백성의 지도자?"

사울은 자기 자리를 차지할 사람이라고는 상상도 못하고 있었답니다. 아니 무척 기분이 나빴구요, 그런 일은 없을 거라고 속으로 이를 악물었습니다. 늙은 사무엘에게 대한 분노였습니다.

사무엘… 할 말을 마치고 길갈을 떠납니다. 제멋대로 하는 왕… 상대할 가치가 없기에 떠납니다. 베냐민 땅 기브아로 갔답니다.

「사무엘이 일어나 길갈에서 떠나 베냐민 기브아로 올라가니라」(:15상)

요나단이 군사를 이끌고 사울 왕이 있는 곳으로 왔습니다. 사울 왕에게는 군사들이 다 도망가고 겨우 6백 명 가량만 있었습니다. 아버지와 합세한 요나단은 어쨌든 전쟁을 치뤄야겠기에 전투 준비를 했지요.

「사울이 자기와 함께 한 백성을 계수하니 육백 명 가량이라 사울과 그 아들 요나단과 그들과 함께 한 백성은 베냐민 게바에 있고 블레셋 사람은 믹마스에 진 쳤더니」(:15–16)

블레셋 사람들의 움직임이 매우 바쁘게 돌아가고 있었습니다. 엄청난 숫자의 군사가 이동하고 있었습니다. 한 부대는 오브라 길로 움직이면서 수알 땅으로 가는 것 같았고, 다른 한 부대는 벧호른 길로 가는 것 같

「사무엘이 일어나 길갈에서 떠나 베냐민 기브아로 올라가니라」

생각해 보고 싶은 구절입니다. 왜 베냐민 땅 기브아로 갔을까요? '그곳은 사무엘이 좀처럼 가지 않는 곳인데… 아마 요나단을 만나러 가지 않았을까?' 하는 추측입니다. 요나단이 거기 있었거든요.

「일천은 요나단과 함께 베냐민 기브아에 있게 하고」(:2중)

왜 이런 생각을 하는가 하면, 요나단은 아버지 사울과는 심성이 달랐는데 이 요나단을 만나 신앙적 격려와 앞으로 있을 일들을 알려 줌으로 인해 마음적 혹은 신앙적 준비를 시키게 하기 위함이 아닌가 생각하는 겁니다. (앞으로 이 요나단이 무척이나 중요한 신앙인으로 등장하기에 필자의 생각이 그렇다는 겁니다.) 그리고 원래 착하고 신앙적이었던 요나단에게 전쟁을 어떻게 이끌 것인지를 알려 주지 않았나 하는 생각입니다. (왜냐하면 이 전쟁은 분명 패할 전쟁이었는데 요나단에 의해서 승리하기 때문입니다.)

았습니다. 세 번째 부대는 스보임 골짜기가 내려다보이는 광야로 올라가고 있었답니다.

「노략꾼들이 삼 대로 블레셋 사람의 진에서 나와서 한 대는 오브라 길로 말미암아 수알 땅에 이르렀고 한 대는 벧호론 길로 향하였고 한 대는 광야를 향한 스보임 골짜기가 내려다보이는 지경 길로 향하였더라」(:17-18)

사울 왕과 요나단의 군사들은 그저 쳐다 볼 뿐이었습니다. 병거만 3만 여 부대, 마병이 6천 명 그리고 셀 수 없이 많은 군사들... 저들이 세 부대로 나뉘어 이스라엘의 요충지를 점령한 겁니다.

❸ 13:18-23
비참한 이스라엘

블레셋 사람들이 이스라엘에 들어오면서 이스라엘 백성들의 생활은 비참해지기 시작했습니다. 블레셋 사람들은 우선적으로 이스라엘 마을에 있는 모든 대장장이를 포로로 잡아 블레셋으로 데리고 갔답니다. 혹시 이스라엘 사람들이 집안에 있는 철들을 가지고 대장장이를 통해 무기를 만들까 하는 걱정에서였지요. 이번 이스라엘의 선제공격을 통해 이스라엘은 무기만 있다면 언제든지 공격할 수 있는 놈들이라는 것을 알았기 때문이었습니다.

「때에 이스라엘 온 땅에 철공이 없어졌으니 이는 블레셋 사람이 말하기를 히브리 사람이 칼이나 창을 만들까 두렵다 하였음이라(:19)

이스라엘 땅에 문제가 생겼습니다. 무기를 만드는 일은 둘째 치고 당장에 농사 짓는 데 필요한 연장들을 수리한다거나 날을 벼리려고 해도 대장장이가 없었기 때문이었습니다. 할 수 없이 블레셋 땅까지 가야 했답니다. 그런데 그게 쉬운 일이 아니었습니다. 일단 블레셋까지 가는 동안 블레셋 놈들의 감시가 삼엄했구요, 블레셋 땅에 가서는 블레셋 사람들에게 당하는 괄시가 이만저만이 아니었기 때문입니다. 정말 미칠 지경이었습니다.

「온 이스라엘 사람이 각기 보습이나 삽이나 도끼나 괭이를 벼리려면 블레셋 사람에게로 내려갔었는데 곧 그들이 괭이나 삽이나 쇠스랑이나 도끼나 쇠 채찍이 무딜 때에 그리하였으므로」(:20-21)

블레셋의 횡포는 점점 더 심해졌습니다. 집집마다 다니면서 무기가 있으면 칼이든 창이든 보이는 대로 빼앗았습니다. 아주 전쟁에 대해서는 생각도 할 수 없게 만든 것이지요. 단지 사울 왕과 요나단 왕자가 가지고 있는 무기... 이스라엘에 무기라고는 그것만이 전부였답니다.

「싸우는 날에 사울과 요나단과 함께 한 백성의 손에는 칼이나 창이 없고 오직 사울과 그 아들 요나단에게만 있으니라」(:22)

사람들이 기대했던 왕...
그 기대를 무너뜨리고 있답니다.
그가 승리를 가져다 줄 줄 알았는데...

그가 억울함을 풀어줄 줄 알았는데...
오히려 문제만을 일으키고 있네요.
하나님을 왕으로 섬길 때는 평온했었는데 말입니다.

세상 것을 왕으로 삼지 마세요.
그것이 나에게 멋을 가져다 줄 것 같고
행복과 만족을 가져다 줄 것 같지만
그렇지 않습니다.
문제와 속상함만을 가져다 준답니다.
그렇기에 주님께서 말씀하셨습니다.
이 세상이나 이 세상에 있는 것들을
사랑하지 말라고 말입니다.
기대하지 말라는 말이지요.
우리의 왕은 오직 주님 한 분뿐이랍니다!

❹ 14:1–5

믿음으로 일하는 사람

이스라엘 백성이 수년 간 블레셋의 감시와 억압 가운데 있는데도 사울 왕은 아무 것도 못하고 있었습니다. 아무 것도... 말입니다. 이스라엘을 보호해 줄 줄 알았고 그렇게 기대했었습니다만 오히려 어려움만을 가져다 준 겁니다. 백성들의 원성이 컸습니다. 사울 왕은 자신의 뜻대로 되지 않으니 왕궁 안에서만 큰 소리 치는 왕으로 무기력하게 생활하고 있었답니다.

요나단은 사울의 아들입니다. 사울은 왕이 되어 달라졌을지 모릅니다만 요나단은 그렇지 않았습니다. 여전히 순수한 사람이었구요, 하나님을 중심으로 살고 있었습니다. 요나단은 왕자였으나 아버지 사울 왕과는 달리 그의 마음은 하나님을 향해 있었답니다. 고통 가운데 빠진 이스라엘이 불쌍했습니다. 아버지 사울 왕이 잘못 판단한 외교 정책 때문에 큰 고통 속에 있는 백성들을 보고 마음이 아팠습니다. 게다가 원인 제공자로서 자신에게도 일말의 책임이 있다는 것을 피할 수 없었기 때문에 더욱 괴로웠지요.

고민하던 요나단은 자신을 경호하는 병사에게 제안을 했습니다.
아버지 사울 왕 몰래 함께 블레셋 부대를 습격해 보자고...
사울 왕은 반대할 것이 분명했기 때문이었습니다.

「하루는 사울의 아들 요나단이 자기 병기를 든 소년에게 이르되
우리가 건너편 블레셋 사람의 부대에게로 건너가자 하고
그 아비에게는 고하지 아니하였더라」(:1)

고통 가운데 있는 백성을 불쌍히 여기는 요나단의 마음...
과거 사사 시대, 이스라엘이 주변 국가에 억압받고 있을 때
나타났던 사사와 같습니다.

우리에게도 요나단과 같은 백성 사랑하는 마음이 있어야 합니다.
사람을 불쌍히 여기는 마음 말입니다.
사람들이 사탄의 억압 가운데 있는 것이 보여야 합니다.
사탄의 방해로 하나님의 백성들이 영적 양식을 먹지 못하고
생수를 마시지 못하고 있는 모습이 보여야 합니다.

그리고 그들의 아픔과 고통 때문에 내가 괴로워야 합니다.
백성들의 고통이 나를 숨 막히게 할 때
나의 살아있음이 확인되는 것입니다.
더 나아가서는 사탄의 억압 아래서 숨소리조차 크게 내지 못하는
주의 백성들을 위해 목숨을 걸고 일어나야 합니다.
요나단처럼 말입니다.
그러나 그러한 성령의 인도하심이 있거든 주의하십시오!
반드시 요나단처럼 행동하십시오.
아무리 가까운 사이라 할지라도
영적인 일은 육신의 사람과 의논하는 것이 아닙니다.
오히려 신분이 다르다 할지라도 영적인 사람과 일하십시오.
요나단은 자기 부하가 마음을 나눌 수 있는
영적인 동반자였기에 그와 함께 일합니다.

「요나단이 자기 병기 든 소년에게 이르되 우리가 이 할례 없는 자들의 부대에게로 건너가자 여호와께서 우리를 위하여 일하실까 하노라 여호와의 구원은 사람의 많고 적음에 달리지 아니하였느니라 병기 든 자가 그에게 이르되 당신의 마음에 있는 대로 다 행하여 앞서 가소서 내가 당신과 마음을 같이 하여 따르리이다」(:6–7)

요나단은 자신의 행동을 아버지 사울 왕에게는 알리지 않습니다.
요나단의 마음은 하나님께 있었습니다.
그는 자신의 능력을 과시하고 싶은
아버지 사울의 마음을 잘 알고 있었습니다.
백성과 하나님께는 관심이 없는 사울과는 통하지 않을 것을

요나단은 알고 있었습니다.

요나단과 사울은 아들과 아버지 관계입니다.

그러나 영적인 일은 혈육 관계 때문에 연합되는 것이 아닙니다.

요나단은 육신에 속한 생각만을 하고 있는 아버지 사울에게

영적인 일을 말해보았자 통하지 않을 것을 알고 있었던 거지요.

그래서 「그 아비에게는 고하지 아니하였」던 것입니다(:1하).

사울은 미그론(블레셋 군대가 진을 치고 있는 곳에서 2km 떨어진 곳)에 있는 석류 나무 아래에서 자기를 지켜주리라고 믿는 6백 명의 군사들과 함께 한숨만 쉬고 있었답니다. 물론 제사장 한 사람을 데리고 있었구요. 제사장이라도 데리고 있어야 하나님께 잘 보일 수 있을 것 같았기 때문이었답니다. 그 제사장은 아히야라는 엘리 제사장의 증손자였습니다.

「사울이 기브아 변경 미그론에 있는 석류나무 아래 머물렀고 함께 한 백성은 육백 명 가량이며 아히야는 에봇을 입고 거기 있었으니 그는 이가봇의 형제 아히둡의 아들이요 비느하스의 손자요 실로에서 여호와의 제사장이 되었던 엘리의 증손이었더라」(:2-3상)

요나단과 그의 병사… 오직 두 사람만이 블레셋의 부대가 있는 곳으로 가고 있었습니다. 그런데 블레셋 사람들이 진을 친 곳은 만만한 곳이 아니었습니다. 절벽 위에 진을 쳐 놓은 겁니다. 그 절벽은 원래부터 험악하기로 유명하여 붙여진 이름까지 있었죠. 한쪽 절벽의 이름은 반질반질하다라는 의미의 보세스인데, 정말 그 절벽은 도무지 잡을 것이라고는 없

는 반질반질한 절벽이었습니다. 다른 한쪽의 절벽은 세네라고 불렀으며, 보세스와는 달리 가시덤불처럼 날카로운 절벽으로 발을 디딜 곳조차 없는 험한 절벽이었던 겁니다. 블레셋 사람들의 부대가 있는 곳으로 공격하기 위해 오긴 왔는데 올라가는 것도 불가능하고... 혹 기적적으로 올라간다 하더라도 올라가는 동안 힘이 빠져서 블레셋과 싸워보지도 못하고 맞아 죽을 게 뻔했습니다.

「요나단이 블레셋 사람의 부대에게로 건너가려 하는 어귀 사이 이편에도 험한 바위가 있고 저편에도 험한 바위가 있는데 하나의 이름은 보세스요 하나의 이름은 세네라」(:4)

좋은 일을 하려고 하는데 엄청난 문제가 가로막고 있네요.
그래요 정말 선한 일을 계획했는데
그 일을 하지 못하도록 막는 기가 막힌 장애물이 있답니다.
낙심하지 마세요. 원래 그런 겁니다.
우리가 계획한 대로 되도록 환경이 수월하다면
그건 오히려 더 이상한 게 아닐까요?
믿음을 잃지 마세요.
장애물이 문제가 아닙니다.
장애물을 넘어갈 수 있다는 믿음이 중요합니다.
주님을 믿는 믿음이지요.
주님께서 일하실 겁니다.
우리에게 필요한 건 능력이 아니라
능력자이신 주님에 대한 믿음이랍니다!

5 14:6-15

믿음 안에서의 모험

요나단과 병사는 절벽 아래에서부터 블레셋 부대의 진영까지 올라가야 하는데 양 옆의 절벽을 보니 기가 막혔습니다. 말은 없었지만 요나단과 함께 간 병사는 어찌할 바를 몰라 하는 것 같았습니다. 아니 요나단 왕자가 포기할 수밖에 없을 거라고 말하는 것 같은 모습이었습니다. 무언가를 신중하게 생각하던 요나단이 긴장한 병사의 등을 두드리면서 물었습니다.

"할 수 있겠어?"

병사는 아무 말도 하지 않았습니다.

"이보게 막막하지?"

요나단의 말이었습니다.

"그렇기에 해보는 거야. 저 놈들 생각하기에는 누구도 절대로 자기들에게 못 올 것이라고 생각하고 있거든. 할례 없는 놈들이 생각하는 건 고작 그 정도 뿐이라구. 하나님이 누구신 줄 모르는 놈들이지."

요나단은 허리띠를 다시 잡아 매면서 말을 이었습니다.

"싸움이란 말이야, 사람의 숫자에 달린 게 아니야. 하나님이 함께해 주시면 이기는 거야!"

요나단의 여유 있는 말을 듣고 있던 병사는 마음이 조금 편해졌는지 말을 받았습니다.

"왕자 나리, 이 놈은 걱정 마시고 하고 싶으신 대로 하십시오. 나리께서 하시는 대로 이 놈은 따를 뿐입니다. 제 마음은 나리의 마음과 같습니다."

「요나단이 자기 병기 든 소년에게 이르되 우리가 이 할례 없는 자들의 부대에게로 건너가자 여호와께서 우리를 위하여 일하실까 하노라 여호와의 구원은 사람의 많고 적음에 달리지 아니하였느니라 병기 든 자가 그에게 이르되 당신의 마음에 있는 대로 다 행하여 앞서 가소서 내가 당신과 마음을 같이 하여 따르리이다」(:6–7)

실력을 키우지 말라는 말이 아닙니다.

실력을 의지하지 말라는 것입니다.

숫자의 실력, 경험의 실력, 지식의 실력, 재물의 실력…

나쁜 것이 아닙니다. 아니 오히려 귀한 것이지요.

그러나 이것을 가지고 인생의 승패가 갈린다고 생각하면
너무나 큰 오해를 하는 것입니다.
이런 것들을 의지하지 마십시오.
하나님을 의지하십시오.
그것이 변함없고 무한한 힘입니다.

믿음 안에서의 동역자… 얼마나 중요한지 모릅니다.
사람의 신분을 가려서
동역자인가 아닌가를 결정하려 하면 실수하게 됩니다.
그 사람의 영성을 읽어야 합니다.
하나님을 제일주의로 하는 사람인지
아니면 하나님을 이용하는 사람인지를 읽어야 합니다.
공부를 많이 못했어도, 가진 재산이 없어도, 나이가 어려도,
세상에서 번듯하게 되지 못했어도…
하나님을 의지하고 하나님을 사랑하는 사람이면 됩니다.
요나단은 그런 사람과 함께 일하고 있는 것입니다.

요나단은 블레셋과 싸우기 위해 그들의 진영이 있는 절벽 위로 올라가기로 결심했습니다. 그러나 하나님께서 승리를 허락하신 싸움인지 알고 싶었습니다. 그래서 블레셋 사람들이 자신들을 보고 절벽 아래로 내려와 싸우겠다고 하면 하나님께서 허락하신 것이 아닌 줄 알고 잠잠히 있을 것이고, 싸우러 올라오라고 하면 힘들게 올라간다 하더라도 하나님께서

승리를 주시겠다는 응답인 줄 알고 올라가자고 했습니다.

「요나단이 가로되 보라 우리가 그 사람들에게로 건너가서 그들에게 보이리니 그들이 만일 이같이 우리에게 이르기를 우리가 너희에게로 가기를 기다리라 하면 우리는 우리 곳에 가만히 서서 그들에게로 올라가지 말 것이요 그들이 만일 이같이 말하기를 우리에게로 올라오라 하면 우리가 올라갈 것은 여호와께서 그들을 우리 손에 붙이셨음이니 이것이 우리에게 표징이 되리라 하고」 (:8-10)

승리는 군사의 숫자와 무기, 실력에 있지 않습니다.

승리는 하나님의 역사의 맥을 위한 하나님의 허락하심에 있습니다.

이겼다는 것이 중요한 것이 아닙니다.

우리가 패했다 하더라도 그 패배가

하나님의 역사의 맥을 이어가는 통로라면 그것이 참된 승리입니다.

성도는 하나님의 승리하심을 즐길 줄 알아야 합니다.

그러므로 요나단의 싸움에 대한 태도는 여유가 있습니다.

「…여호와께서 그들을 우리 손에 붙이셨음이니…」(:10중)

요나단도 승리하기 위해 싸움을 계획했습니다.

그러나 요나단의 관심은 자신이 계획한 승리가 아닙니다.

하나님의 의지입니다.

하나님이 당신의 역사의 맥을 이어가기 위해

결정하시는 대로 따르겠다는 것입니다.

이렇게 사는 사람은 여유가 있습니다.

이런 사람을 신앙인이라고 하는 것입니다.

요나단은 하나님의 뜻에 관심이 있었습니다.
블레셋 적진에 들어가는 것이
하나님의 뜻인지 아닌지를 알고 싶었던 것입니다.
만일 하나님이 No 하신다면 가지 않을 것입니다.
그러나 하나님의 뜻이라면 가는 것입니다.
요나단에게는 승패의 문제가 아닙니다.
하나님의 뜻이 무엇인지가 중요했습니다.
우리도 우리의 뜻이 이루어지는 것에서부터 자유해야 한답니다.
오직 주님의 뜻이 이루어지는 것
그것을 기대하는 것이 성숙한 성도의 모습이지요!

요나단과 병사는 의도적으로 절벽 꼭대기에 있는 블레셋 사람들의 주의를 끄는 행동을 했습니다. 몸을 의도적으로 노출시키고, 소리도 지르고 블레셋 군인들이 절벽 아래의 이상한 놈들을 보았습니다. 이스라엘 군사 두 놈이었습니다. 미친 놈들처럼 보였나 봅니다. 겁대가리 없이 깝죽대고 있다고 생각했는가 봅니다. 블레셋 군인 한 사람이 요나단과 병사에게 소리질렀습니다.

"야, 이놈들아 거기서 지랄하지 말고 위로 올라올 용기는 없냐? 이젠 숨었던 놈들이 배가 고파서 나오기 시작하는가 보구먼! 배고프면 이리로 올라오너라. 여길 올라오면 내 먹을 것을 원 없이 주마. 느그 같은 놈들이 이 절벽 위를 올라올 수나 있겠냐? 네 놈들이 올라오면 내 손에 장을 지지마! 하하하!"

블레셋 군인들의 야유였습니다.

「둘이 다 블레셋 사람의 부대에게 보이매 블레셋 사람이 가로되 보라 히브리 사람이 그 숨었던 구멍에서 나온다 하고 그 부대 사람들이 요나단과 그 병기 든 자를 대하여 가로되 우리에게로 올라오라 너희에게 한 일을 보이리라 한지라...」(:11-12상)

야유... 요나단은 이 야유가 이상하게도 반가웠습니다. 그들의 야유 속에 하나님의 응답이 있었기 때문이었습니다.

"... 우리에게로 올라오라..."

하나님이 승리를 주시겠다는 응답이었답니다! 얼마나 행복했는지요. 요나단은 외쳤습니다.

"이보게, 친구! 소리 들었나?"

요나단 옆에 있던 병사가 대답했습니다.

"예, 들었습니다. 우리보고 올라오랍니다."

"그래 올라오란다. 하나님께서 저 놈들을 우리에게 붙여주셨구먼. 가자. 올라가자! 승리를 맛보러 올라가는 거다!"

요나단과 병사는 행복했습니다.

「요나단이 자기 병기 든 자에게 이르되 나를 따라 올라오라 여호와께서 그들을 이스라엘의 손에 붙이셨느니라」(:12하)

하나님의 뜻을 발견하는 것, 그것이 성도의 행복이랍니다.

그래요, 하나님의 뜻이라면

언덕이라도 올라가야죠. 절벽이라도 올라가야죠.

가시밭길이라도 걸어야 하구요.

하나님의 뜻이 아니라면 평탄한 길이라도 가면 안 되는 겁니다.

하나님의 뜻이 있는 길, 가시밭길이라도 가면 영광이 있지만,

하나님께서 허락하시지 않은 길,

평탄한 길이라 하더라도 가게 되면 실패와 상처뿐일 겁니다.

하나님의 뜻이 무엇인지 발견하기 위해

말씀 속으로, 기도 속으로 깊이 들어가세요!

절벽을 올라가는 일은 만만치 않았습니다. 하나님께서 승리를 주신다고 약속하셔서 올라갑니다만 너무 힘들었습니다. 반질반질한 절벽… 밟으면 미끄러졌구요. 뾰족한 절벽… 밟으면 발이 찔렸답니다. 발을 디딜 수 없기에 뾰쪽히 나온 부분들을 손으로 잡았습니다. 손으로 잡아당기고 발로 살짝 지탱하다보니 손과 발에 찢긴 자국, 피로 멍든 자국, 터진 자국들이 생겨 쓰라리고 아픕니다. 요나단과 병사는 서로 격려하고 힘을 북돋아 주면서 올라갔답니다.

「요나단이 손발로 붙잡고 올라갔고 그 병기 든 자도 따랐더라」(:13상)

힘이 쭉 빠졌습니다. 정말 힘들었거든요. 그러나 조금만 올라가면 됩니다. 마지막으로 박혀 있는 돌을 잡고, 있는 힘을 다해 몸을 당겼습니다. 땀은 비 오듯 흘러내리고 심장은 터질 것 같았습니다. 드디어 요나단

도 병사도 절벽에 올라왔습니다.

블레셋 군사들은 바닥에 퍼져있는 두 사람을 보고 조롱했습니다. 침을 뱉고 발로 건드려 보기도 했습니다. 기진맥진한 두 사람은 잠시 조용히 있었답니다. 호흡을 좀 골라야 했기에 말입니다.

요나단은 병사와 눈을 마주치더니 천천히 일어나네요. 허리 옆에 찬 칼을 뽑아 민첩하게 움직이더니 앞에서 웃고 있던 블레셋 군사를 단칼에 찔러 죽였습니다. 쓰러진 블레셋 군사를 보고 요나단의 병사가 재빨리 그의 몸에 있던 칼을 뽑았지요. 그는 칼이 없었기 때문이었습니다. 요나단이 블레셋 군사들을 향해 정신없이 칼을 휘둘렀습니다. 다가오는 놈들마다 쓰러지네요. 쓰러지면 요나단을 뒤따라오던 병사는 마치 죽은 것을 확인하듯 한 명씩 한 명씩 칼로 찔렀답니다.

「요나단이 손발로 붙잡고 올라갔고 그 병기 든 자도 따랐더라 블레셋 사람들이 요나단 앞에서 엎드러지매 병기 든 자가 따라가며 죽였으니」(:13)

블레셋 군사들이 진을 치고 작전을 수행하던 장소는 넓지 않은 땅이었습니다. 소 한 마리가 반나절 정도 일하면 충분히 끝낼 수 있을 정도의 넓이였죠. 거기에 수십 명이 근무를 서고 있었는데, 그 사람들 가운데 20여 명이 그 날 요나단과 병사에게 죽었답니다.

「요나단과 그 병기 든 자가 반 일경 지단 안에서 처음으로 도륙한 자가 이십인 가량이라」(:14)

요나단과 병사가 마치 신들린 사람처럼 칼을 휘둘러대자 진영에 있던 블레셋 군사들이 자신들을 파견한 부대로 허겁지겁 도망했답니다. 졸지에 블레셋의 큰 부대에 소란이 일어났습니다. 20여명이 겨우 두 사람에게 당했기 때문입니다. 블레셋 군사들이 우왕좌왕했습니다. 어떤 군사는 도망하기도 했습니다. 블레셋 진영에 첩자로 숨어 있던 이스라엘의 군사가 블레셋의 이것을 보고 이스라엘 군에 달려가 파수꾼에게 전했답니다.

「들에 있는 진과 모든 백성 중에 떨림이 일어났고 부대와 노략꾼들도 떨었으며 땅도 진동하였으니 이는 큰 떨림이었더라」(:15)

하나님의 뜻이 있기에 도전한 겁니다.
하나님이 이미 그 곳에 가 계셨고
하나님께서 승리를 확보해 놓으셨답니다.
요나단과 병사…
완전히 힘이 빠진 상태였잖아요.
그러나 하나님의 약속이 있었기에
믿음으로 싸운 것뿐입니다.
승리는 하나님이 해 놓으신 거구요.

⑥ 14:16-23

이긴 싸움에 끼어 든 사람

이스라엘의 파수꾼은 블레셋 사람들이 우왕좌왕하며 허둥대는 상황을 사울 왕에게 긴급히 보고했구요, 사울 왕도 뛰어나와 보니 적진은 난장판이었습니다. 사울 왕은 이스라엘의 어떤 군사가 블레셋과 싸우고 있는지 확인해 보라고 했지요. 저런 상황이 저절로 될 수 없다는 생각이 들었던 겁니다.

> 「베냐민 기브아에 있는 사울의 파수군이 바라본즉 허다한 블레셋 사람이 무너져 이리저리 흩어지더라 사울이 자기와 함께 한 백성에게 이르되 우리에게서 누가 나갔는지 점고하여 보라 하고」(:16-17상)

보고가 들어왔습니다. 왕자 요나단과 요나단의 병기 든 자랍니다.

사울은 기분이 좋았습니다. 일단은 블레셋 놈들을 칠 수 있는 기회를 얻었기 때문이구요, 그리고 또 하나의 이유가 있다면 왕자 요나단이 멋진 일을 해냈기 때문입니다.

「점고한즉 요나단과 그의 병기 든 자가 없어졌더라」(:17하)

어쨌든 블레셋의 혼란은 사울 왕에게는 정치적인 위기를 벗어날 수 있는 절호의 기회였습니다. 여론을 바꿔야 하거든요. 아히야 제사장에게 하나님의 궤를 가져오라고 지시했습니다. 블레셋을 공격해야 할 것인가 말 것인가를 결정하기 위해 하나님께 제사를 드리려는 거룩한 생각(?)이 었기 때문입니다. (하나님께 잘 보이려는 형식적인 아부였답니다.)

「사울이 아히야에게 이르되 하나님의 궤를 이리로 가져오라 하니 그 때에 하나님의 궤가 이스라엘 자손과 함께 있음이라」(:18)

블레셋 진영이 점점 더 혼란스러워지고 있다는 보고가 들어오자 한 신하가 지금 블레셋을 치면 틀림없이 완승할 수 있을 거랍니다. 사울 왕은 망설였습니다. 그런데 어떻게 된 건지 아히야 제사장이 언약궤를 가지러 가지 않는 겁니다. 아히야 제사장은 고민이 컸습니다. 언약궤는 지금 기럇여아림에 있거든요. 그 언약궤로 인해 당했던 화를 알고 있었기에 망설이고 있었답니다. 신하는 지금 공격해야 한다며 재촉하고... 그러더니 사울 왕은 옆에 있던 아히야 제사장에게 소리를 버럭 질렀습니다.

"그만 둬!"

마치 전쟁하기 전 제사를 드리지 못한 상황의 모든 책임은 언약궤를 가져오지 않는 아히야 제사장에게 있는 것처럼 만들고...

「사울이 제사장에게 말할 때에 블레셋 사람의 진에 소동이 점점 더한지라 사울이 제사장에게 이르되 네 손을 거두라 하고」(:19)

6백 명의 군사들을 집합시켰습니다. 사울 왕은 말에 올라타고 군사들과 함께 혼란스럽다는 블레셋 진영으로 향했답니다. 정말 믿기지 않는 일이었습니다. 블레셋 군사들이 미치지 않았다면 있을 수 없는 일이 벌어지고 있었던 겁니다. 자기들끼리 칼을 빼들고 찌르고 죽이는 겁니다.

「사울과 그와 함께 한 모든 백성이 모여 전장에 가서 본즉 블레셋 사람이 각각 칼로 그 동무를 치므로 크게 혼란하였더라」(:20)

사울은 소리를 질렀습니다.

"블레셋 놈들을 하나도 남김없이 죽여라!"

사울 왕과 함께 온 6백 명의 군사들은 그야말로 신나게 블레셋 군사들을 공격했습니다. 그 뿐이 아니었습니다. 어디서 나왔는지 히브리 사람들이 합세하여 함께 블레셋 사람들을 쳤답니다. 블레셋 군사들에게 아부하면서 목숨을 부지했던 사람들이 전세가 바뀐 것을 알고는 약삭빠르게 사울 편을 든 것이었습니다.

「전에 블레셋 사람과 함께 하던 히브리 사람이 사방에서 블레셋 사람과 함께 와서 진에 들어왔더니 그들이 돌이켜 사울과 요나단과 함께 한 이스라엘 사람과 합하였고」(:21)

약삭빠른 사람들…

이스라엘이 블레셋에게 고통 받을 때

노략질 당하고, 무시 당하며 억울해도 어쩔 수가 없을 때

블레셋 사람들에게 아부하면서 편안한 삶(?)을 살던 사람들…

자기들이 빌붙던 블레셋의 꼴을 보자

이제는 사울 왕을 위하는 사람인 것처럼 사울 편을 드는 사람들…

얄밉네요, 정말 얄미워요.

도대체 이런 사람들은 어떻게 해야 하는지…

사울 왕이 싸우는 중에 이상하게도 아군의 숫자가 많다고 느꼈습니다. 사울은 블레셋을 때려잡는 우리 군사가 꽤 많은 것 같지 않냐고 물었습니다. 신하가 대답했습니다.

"왕이시여! 지난번 무섭다며 도망갔던 사람들이 이 사건을 듣고는 돌아와 충성스럽게 합류한 겁니다. 그래서 아군이 많아진 것입니다."

「에브라임 산지에 숨었던 이스라엘 모든 사람도 블레셋 사람의 도망함을 듣고 싸우러 나와서 그들을 추격하였더라」(:22)

블레셋 군사들이 처참하게 도망갔습니다. 사울 왕은 큰 소리로 명령했습니다.

"끝까지 따라가거라! 한 놈도 남기지 말고 모두 죽여 버려라!"

그의 소리는 무척 웅장했습니다. 그는 왕이었습니다.

7 14:24-30

어울리지 않는 큰 소리

이스라엘을 압박하고 억압하던 블레셋을 물리친 사울은 그 승리가 자신의 능력이라고 생각했답니다. 아들의 용맹은 생각하지도 않구요. 물론 하나님은 안중에도 없었습니다. 오직 자신이 잘나서 이렇게 승리했다고 착각하는 거지요.

이러한 사울 왕의 기분과는 상관없이 이스라엘 군사들은 무척이나 피곤했습니다. 블레셋을 추격하며 싸우느라 음식도 제대로 먹지 못했기 때문입니다. 워낙 갑작스럽게 일어난 전쟁이라 식량을 준비할 틈도 없이 싸웠던 거지요. 완전한 승리가 눈 앞에 있기에 먹는 일도 뒤로 하고 죽을 힘을 다해 싸우고 있었습니다.

그런데 이때, 전쟁이 끝날 때까지는 누구라도 음식을 입에 대지 말라는 사울 왕의 명령이 전달되었습니다. 만일 음식을 먹으면 저주가 임할 거라네요. 군사들은 미칠 것 같았습니다. 주변에 블레셋 군사들이 도망가면서 놓고 간 음식들이 널려 있었거든요. 그런데 전쟁이 끝날 때까지 먹지 말랍니다. 적군을 따라 가다보니 수풀 속에는 아주 영양가 있는 꿀이 많이 있었는데, 거기에도 손을 댈 수 없는 겁니다. 왕의 명령이 있었기 때문입니다. 왕의 명령 때문에 서로들 경계하고 있었지요. 미칠 지경이었습니다. 그 꿀을 조금만이라도 먹으면 좋겠는데...

「이 날에 이스라엘 백성이 피곤하였으니 이는 사울이 백성에게 맹세시켜 경계하여 이르기를 저녁 곧 내가 내 원수에게 보수하는 때까지 아무 식물이든지 먹는 사람은 저주를 받을지어다 하였음이라 그러므로 백성이 식물을 맛보지 못하고 그들이 다 수풀에 들어간즉 땅에 꿀이 있더라 백성이 수풀로 들어갈 때에 꿀이 흐르는 것을 보고도 그들이 맹세를 두려워하여 손을 그 입에 대는 자가 없으나」(:24-26)

한편 요나단도 무척이나 지쳐 있었습니다. 절벽을 타고 올라가기 전부터 아무 것도 먹지 못한 채로 싸우기만 했거든요. 게다가 맨 앞에서 전쟁을 이끌고 있었기에 더욱 피곤했답니다. 얼마나 더 블레셋 군을 잡아 죽여야 하는지 끝이 없었습니다. 하여간 이참에 블레셋 놈들로 하여금 다시는 이스라엘을 넘보지 못하도록 해야겠다는 생각으로 싸울 뿐입니다.

요나단은 정신없이 싸우다가 앞이 보이지 않을 정도로 배가 고파서 견딜 수가 없었습니다. 전쟁이 좀 수그러들자 정신을 차릴 수가 있었지요. 그런데 가시 속으로 풍성하게 고여 있는 꿀이 보이는 겁니다. 얼마나 반가웠는지요. 가지고 있던 작대기로 얼른 가시 속에 있는 꿀을 찍었습니다. 흠뻑 묻어 나온 꿀을 한 입에 넣었지요. 정말 기가 막힌 맛이었습니다. 그냥 갈 수 없었습니다. 다시 가시 숲을 헤치고는 정신없이 꿀을 먹었습니다. 속이 풀어지는 것 같았고 눈이 밝아지는 것 같았습니다.

「요나단은 그 아비가 맹세로 백성에게 명할 때에 듣지 못하였으므로 손에 가진 지팡이 끝을 내밀어 꿀을 찍고 그 손을 돌이켜 입에 대매 눈이 밝아졌더라」(:27)

신나게 꿀을 먹고 있는데 싸우던 군사 하나가 이 모습을 보고는 갑자기 달려와서 말하네요.

"왕자님! 지금 뭘 하고 계신 겁니까?"

"보면 모르냐? 배가 고파 더 이상은 싸울 수 없어서 꿀을 먹고 있다. 너도 좀 먹거라. 니들은 배도 고프지 않은가 보구나. 하여간 너희들은 무쇠 같은 놈들이야! 하지만 난 더 이상 배가 고파서 싸울 수가 없어. 일단 먹고 싸워도 될 것 같으니 좀 기다리거라. 꿀 맛이 기가 막히구나."

군사는 놀란 표정으로 말을 이었습니다.

"우리가 무쇠 같다니요. 무슨 말씀입니까? 우리도 배고프지요. 죽을 지경입니다. 그런데 왕명이 있었잖아요. 왕자님의 아버지의 명령 말입니다. 싸움이 끝날 때까지는 누구도 어떤 음식도 입에 대면 저주를 받게 될 거라 하지 않으셨습니까? 그래서 참고 있는 거지요. 우리가 무쇠라뇨?"

「때에 백성 중 하나가 고하여 가로되 당신의 부친이 맹세로 백성에게 엄히 명하여 말씀하시기를 오늘날 식물을 먹는 사람은 저주를 받을지어다 하셨나이다 그러므로 백성이 피곤하였나이다」(:28)

명분 없는 계율... 쓸데없는 계율입니다.
사람들에게 조롱거리만 될 뿐이구요.
사람들의 사기를 떨어뜨릴 뿐이랍니다.
계율을 세울 때...
첫째, 하나님께 영광이 되는 계율인가를 생각해야 한답니다.
둘째, 계율을 지킬 사람들에게 유익이 되는가를 생각해야 하구요.
셋째, 공동체에 유익이 되는가를 생각해야지요.
기분 나는 대로 계율을 만들어
쓸데없이 의지를 시험하면 안 되는 겁니다.
우리가 세운 계율들, 유익한가요?

배고픈 군사의 소리를 듣고 있던 요나단은 화가 났습니다. 아버지의

「당신의 부친이…」

"왕께서"라는 용어를 쓰지 않았습니다. 아마도 백성들이 무척이나 화가 난 상태를 암시하는 표현인 것 같습니다. 아무런 명분 없이 먹지 못하게 한 왕이 한심스럽다는 표현이겠죠.

쓸데없는 명령으로 열심히 싸우는 군사들로 하여금 사기를 떨어뜨렸기 때문입니다.

"내 아버지가 쓸데없는 명령을 한 거야! 먹을 게 지천인데 아무 것도 먹지 말라니 그게 말이나 되는 명령인가? 굶고도 이렇게 승리를 거두었는데 만일 널려 있는 음식을 먹으면서 싸웠다면 전쟁은 벌써 끝났을거라구! 아버지가 하는 일은 왜 매사에 저러는지 모르겠어!"

「요나단이 가로되 내 부친이 이 땅으로 곤란케 하셨도다 보라 내가 이 꿀 조금을 맛보고도 내 눈이 이렇게 밝았거든 하물며 백성이 오늘 그 대적에게서 탈취하여 얻은 것을 임의로 먹었더면 블레셋 사람을 살륙함이 더욱 많지 아니하였겠느냐」(:29-30)

8 14:31-35
죄를 짓게 한 사람

전쟁은 저녁이 되어 끝이 났습니다. 병사들은 무척 힘들었습니다. 적군과 싸우느라 힘들기도 했지만 굶은 채로 싸운 탓에 더욱 힘들었습니다. 사울 왕의 명령으로 저녁이 되어 적군을 물리쳐 이기기 전까는 음식을 먹을 수 없었으나 이젠 먹을 수 있습니다.

병사들은 누구에게도 묻지 않고 블레셋 사람들이 두고 간 짐승들을 잡았습니다. 양, 소, 송아지… 닥치는 대로 잡았습니다. 한 쪽에서는 도살한 짐승을 굽기 위해 불을 지피기 시작했구요. 짐승을 잡은 병사가 불 지피는 동료에게 고기 한 덩어리를 건네주었습니다.

"잘 굽게나."

그런데 어느 정도 구워지자 배고팠던 동료가 먼저 먹는 겁니다.

"이 사람아 그럴 수 있나? 함께 먹어야지 자네 입으로 먼저 들어가면 어떡해! 어떤 놈은 고기 자르고 어떤 놈은 먹고 앉아 있고…"

고기 자르던 사람의 불평이었습니다.

"야, 넌 자르기 바쁘잖아. 내가 먼저 먹고 바턴 타치 하자. 좀 참아라. 쫀쫀하게 뭘 먹는 것 같고 그러냐!"

고깃덩어리 때문에 말다툼을 하더니 이젠 아예 날고기를 먹기 시작하는 겁니다. 굽는 시늉을 하듯 피가 흥건한 고깃덩어리를 불에 한번 스치고는 먹는 겁니다.

"야, 고것 참 맛있다. 블레셋 놈들이 날고기를 먹는다고 하더니 이 맛에 날고기를 먹는 거였구먼."

고기를 자르는 사람이나 굽는 사람이나 허기를 참지 못해 피 있는 채로 고기를 먹기 시작했답니다.

「백성이 이에 탈취한 물건에 달려가서 양과 소와 송아지들을 취하고 그것을 땅에서 잡아 피 있는 채 먹었더니」(:32)

이를 목격한 한 병사가 그 광경을 사울 왕에게 전했습니다.

"왕이시여, 군사들이 너무 배가 고팠던 나머지 피 있는 채로 고기를 먹고 있습니다. 이스라엘 땅에 있을 수 없는 일입니다. 왕께서 그들을 말리셔야 할 것 같습니다."

「무리가 사울에게 고하여 가로되 보소서 백성이 고기를 피채 먹어 여호와께 범죄하였나이다」(:33)

"아무리 배가 고파도 그렇지 그런 경망스런 행동을 하다니, 점잖치 못한 놈들이구나. 배고픔 정도도 다스릴 줄 모르는 무식한 놈들…"

사울의 말 속에는 이상한 거드름이 있었습니다. 자신의 위대함으로 전쟁에서 승리했는데 무식한 군사 놈들이 배고픔도 참지 못하고 날고기를 먹어 재수 없다는 말투였습니다.

「사울이 가로되 너희가 무신(無信)하게 행하였도다」(:33중)

사울 왕은 이어 말했습니다.

"내가 저 무식한 놈들이 지은 죄를 위해 하나님께 제사를 드리련다. 큰 돌 하나 가지고 와서 제사 드릴 준비를 하거라. 나 사울 왕이 아니면 누가 저들을 생각해 주겠노. 내가 제사를 드려야 하나님이 저 놈들 용서해 줄 게 아니냐!"

역겨운 소리였습니다. 완전히 자기 멋대로 말하고 해석하는 꼴사나운 독재자의 목소리였습니다.

"여봐라, 몇 사람을 풀어서 군사들에게 전하도록 하거라. 피 있는 채로 고기를 먹지 말라고 말이다. 하나님께 죄짓는 일이라고 전하거라!"

꼴사납게 들렸지만 백성들은 왕의 말을 따랐습니다.

사울 왕은 신하들이 준비한 소와 제물을 가지고 근엄하게(?) 제사를 드렸답니다. 왕이 되고 나서 처음으로 세운 공로(?)에 대한 자축이었습니다. 사울… 이번 승리에 대해 무척이나 흐뭇한 모양입니다.

「사울이 여호와를 위하여 단을 쌓았으니 이는 그가 여호와를 위하여 처음 쌓은 단이었더라」(:35)

짐승의 고기를 피 있는 채로 먹은 것…
사울의 말이 맞습니다.
이스라엘의 율법에 고기는 피 있는 채로
먹지 못하게 되어 있답니다.
그런데 오죽 배가 고팠으면
그러면 안 되는 줄 알면서도 먹었을까요.
잘못된 행동을 할 수밖에 없도록 한
쓸데없는 명령 때문이었답니다.
사울 왕이 원인을 만들어 낸 것이지요.
모든 일에는 결과도 중요하지만
그러한 결과가 생기게 된 원인을 아는 것도 중요합니다.
지도자의 잘못된 판단과 쓸데없는 오기가
이스라엘 군사들로 하여금 죄를 짓게 한 것이잖아요.
생각하고 또 생각하고 말해야 하구요,
몇 번이고 생각한 다음 행동해야 합니다.
그것이 지혜 있는 사람이고, 성숙한 사람이랍니다.

9 14:36-42

몸은 숙이면서도 존경은 하지 않는 백성들

저녁 늦게까지 배부르게 잘 먹고나니 이제 좀 살 것 같았습니다. 피곤도 가시구요. 힘도 났습니다. 그런데 군사들의 살아난 모습을 본 사울 왕은 '식사도 잘하고 피곤도 가신 것 같으니 이참에 아주 블레셋 군사를 완전히 박살 내는 게 어떻겠냐?' 고 말했습니다. 자신의 권력을 유지하기 위해서 일을 꾸미는 사람이었잖아요.

「사울이 가로되 우리가 밤에 블레셋 사람을 쫓아 내려가서 동틀 때까지 그들 중에서 탈취하고 한 사람도 남기지 말자」(:36상)

사울 왕의 신하들은 왕의 비위를 맞춰야 했는지 그러라고 합니다. 사실 신하들은 여기서 그만 돌아가고 싶었답니다. 그런데 왕에게 잘 보여야 하잖아요.

「...무리가 가로되 왕의 소견에 좋은 대로 하소서...」(:36중)

유유상종(類類相從)이라는 말이 있습니다.
비슷한 사람끼리 모인다는 말입니다.
사울 왕은 권력을 마음대로 휘두르는 독재자로 변했잖아요.
자신의 인기를 위해 일을 꾸미는 사람...
그것을 아는 건지 그의 신하들 역시
사울 왕의 비위를 맞추기에 정신이 없습니다.
그래야 사울 왕 눈 밖에 나지 않을 거 아니에요.
그래야 그나마 권력을 부지하고 힘 좀 쓰지요.
하여간 왕도 신하도 모두 마음에 들지 않네요.

제사장 아히야는 뭔가 느낌이 좋지 않았나 봅니다. 하나님께 묻는 것이 옳다고 생각했습니다. 사울 왕이 싫어할 줄 알지만 할 말은 해야 했습니다.

「...때에 제사장이 가로되 이리로 와서 하나님께로 나아가사이다」(:36하)

뜻밖의 하나님에 대한 운운... 병신 같은 제사장인 줄 알았는데 감히 왕 앞에서 하나님께 물어야 하지 않겠냐고 더듬거리는 겁니다. '주제에 제사장이라고...' 사울 왕의 속마음이었습니다. 사울 왕은 겸연쩍었습니다. 보기 싫은 아히야 제사장이란 놈이 기껏 한다는 소리가 하나님께 묻고 행동하자는 거니 말입니다. 신하들도 이미 동의했는데 그렇다고 하나님께 묻지 않자니 그것도 그렇고…

"좋다. 하나님께 묻지. 암 물어야 하구 말구 하나님의 뜻이니깐, 내가 전쟁을 계속하자고 한 것인데 제사장이 날 못 믿고 하나님께 묻자고 하는구먼! 물어야지. 그… 래… 야… 지."

신하들과 왕은 뭔가 찝찝했습니다.

신하들과 제사장이 있는 앞에서 사울 왕은 헛기침을 한 번 하더니 또 헛기침을 합니다. 아주 이상한 듯 어색하게… "하나님이시여! 제가 도망가는 블레셋을 따라갈까요?"

「내가 블레셋 사람을 쫓아 내려가리이까?」(:37상)

아무런 대답이 없었습니다. 사울 왕은 곤혹스러웠습니다. 하나님께 물어보자고 한 제사장 놈이 미치도록 미웠습니다. 그러나 대놓고 표현할 수는 없었구요. 신하들이 두 눈 뜨고 보고 있는데 아무런 대답이 없자 속에서 열불이 났습니다. 사울 왕은 자세를 가다듬고 체면에 손상이 가지 않게 침착하게 연기하면서 다시 기도했습니다.

"하나님이시여, 제가 블레셋 군대를 쫓아가면 이기겠습니까?"

「주께서 그들을 이스라엘의 손에 붙이시겠나이까」(:37중)

아무런 대답이 없었습니다. 사울 왕은 신하들에게 쪽팔려서 견딜 수 가 없었습니다.

「…그 날에 대답지 아니하시는지라」(:37하)

하늘로부터 아무런 소리가 없자 사울은 신하들 앞에서 자신의 권위가 무너지는 것 같아서 불안해지기 시작했습니다. 머릿속에는 온통 창피하다는 생각뿐이었습니다. 또한 이 위기를 어떻게 벗어나야 하는지에 대한 생각으로 사울의 머릿속은 복잡합니다.

"이 놈들! 하나님이 내게 왜 아무 소리하지 않으시는 줄 아느냐? 너희 중에 분명 하나님의 마음을 건드린 죄인이 있기 때문이다. 나와라! 어떤 놈이 몰래 죄를 지었지?"

자신의 기도에 대한 응답이 없는 책임을 백성들에게 뒤집어 씌우기 위해 생각한 말이었습니다. 어쨌든 응답이 없는 원인은 백성들 사이에 죄가 있다고 다그쳐 밀어붙이므로 이 위기를 모면하려 하는 것입니다. 사울은 자신이 이야기해 놓고도 기가 막힌 생각이라고 판단했는지 객기를 부리며 말했습니다.

"이 놈들아 내가 나라를 위해 기도했는데 하나님의 응답이 없다는 것은 분명히 너희들 가운데 숨은 죄를 지은 놈이 있다는 거야! 나라를 위하는 일이기에 어떤 놈이든지 간에 그 놈을 내 손으로 죽일 것이다. 그가 내 아들 요나단이라도 내가 죽일 것이야!"

사울은 열정을 다했습니다. 이렇게 해서라도 응답이 없는 자신의 기도에 대한 창피함을 면하기 위해서였습니다.

「사울이 가로되 너희 백성의 어른들아 다 이리로 오라 오늘 이 죄가 뉘게 있나 알아보자 이스라엘을 구원하신 여호와의 사심으로 맹세하노니 내 아들 요나단에게 있다 할지라도 반드시 죽으리라」(:38-39상)

백성들은 사울의 연설을 듣고는 있었습니다만 속으로는 하나 같이 비웃고 있었습니다. '미친 놈, 지가 응답 받지 못한 것을 왜 우리들 탓으로 돌리는 거야!' 사울 왕은 계속해서 말했습니다.

"너희들은 저쪽 편에 서고, 요나단, 너는 이쪽으로 오너라. 분명히 말하는데 어떤 놈이든지 죄 지은 놈이 발각되기만 하면 죽을 줄 알거라."

백성들이 대답했습니다.

"그렇게 합시다!"

사울 왕은 사람들이 보는 앞에서 기도(?)했습니다.

"하나님이시여! 어떤 놈이 죄를 지었길래 당신이 노하셔서 기도에 응답하지 않으시는 겁니까? 그 죄를 지은 놈을 잡아주십시오. 내 아들이 죄를 지었다 하더라도 내가 잡아 죽여 당신을 기쁘게 해 드리겠나이다!"

우렁찬 기도(?)였습니다.

「이에 그가 온 이스라엘에게 이르되 너희는 저편에 있으라 나와 내 아들 요나단은 이편에 있으리라 백성이 사울에게 말하되 왕의 소견에 좋은대로 하소서 하니라 이에 사울이 이스라엘의 하나님 여호와께 아뢰되 원컨대 실상을 보이소서」(:40-41상)

사울은 자기는 절대로 죄를 짓지 않았고 요나단 또한 그럴 리가 없다고 생각했기 때문에 자신만만했습니다. 제비뽑기를 하여 아무나 하나 걸려들면 그 놈을 죄인으로 만들고 나서 죽여버리면 되는 겁니다. 하나님의 응답을 받지 못하게 한 놈을 잡아 죽였으니 무조건 출정 명령을 내리면 된다고 생각했습니다. 이것이 사울 왕이 굴린 잔머리였습니다.

제비를 뽑았습니다. 그런데 단 둘… 사울과 요나단이 있는 쪽에 죄인이 있다는 쪽으로 제비가 뽑혔답니다. 기가 막힐 노릇이었습니다. 사울 왕은 어찌해야 할지 몰랐습니다. 그러나 빠져나갈 방법이 없네요. 누군가 한 사람은 죄인으로 뽑혀야 하는 상황입니다. 사울 왕은 초조해서 견딜 수가 없었습니다. 백성들도 긴장했습니다. '요나단이 뽑혀도 죽인다고 큰 소리쳤는데, 정말 아들을 죽일 건가? 만약 사울 왕이 뽑히면?' 정말 긴장된 순간이었습니다.

사울 왕은 마치 의연한 듯 소리질렀습니다.

"우리 둘 중에 하나님을 거역한 사람이 있다. 이젠 너희들이 뽑아라."

「사울이 가로되 나와 내 아들 요나단 사이에 뽑으라」(:42상)

신하 중 한 사람이 왕에게 말했습니다.

"왕이시여! 이건 잘못된 방법입니다. 왕과 왕자께서 죄를 지었다는 것은 말이 되지 않습니다. 왕께서는 무죄하시고, 왕자께서도 이번 전쟁에

혁혁한 공을 세우셨는데 죄를 지었다는 것은 말이 되지 않습니다. 이번 일은 없었던 것으로 하시는 것이 좋을 듯합니다."

"시끄럽다! 내가 잘못했다면 나라를 위해 목숨을 바칠 터이고, 내 아들이 잘못했다면 내 아들이 나라를 위해서 죽을 것이니라. 다른 소리하지 말고 우리 둘 중에 누가 죄를 지었는지 어서 제비를 뽑거라!"

목소리는 우렁찼지만 사울 왕은 떨고 있었습니다.

신하는 제비를 뽑기 위해 제사장 품에 손을 넣었습니다. 두 개의 제비 가운데 하나를 뽑는 겁니다. 모두들 조용했고 사울 왕은 식은땀을 흘리고 있었답니다. 요나단은 무슨 일을 이렇게 하는지 답답할 뿐이었습니다. 신하는 떨리는 손으로 제비를 뽑았습니다… 요나단을 뽑았답니다.

「요나단이 뽑히니라」(:42하)

⑩ 14:43–46

민중이 사랑하는 사람

요나단이라는 이름이 불려지는 순간, 사울 왕은 마음을 종잡을 수 없었습니다. 자신이 뽑히지 않을 것을 좋아할 수도 없이 자신의 아들이 죄인으로 판정된 겁니다. 자신의 약속대로라면 요나단을 죽여야 합니다. 어쨌든 사울 왕 자신만만하게 소리쳤습니다.

"요나단, 네가 무엇을 잘못했는지 고백하라!"

「사울이 요나단에게 가로되 너의 행한 것을 내게 고하라」(:43상)

요나단은 기가 막혔습니다. 무슨 죄를 지었는지 알 길이 없었기 때문입니다. 아버지가 쓸데없는 일을 벌여 놓고 생사람 하나 잡고 있다는 생각만 들 뿐이었습니다. '이게 지금 하나님께서 벌이시는 일인가? 하나님께서 벌이신 일이라면 하나님께서 아버지에게 내 죄를 말해주셨을 텐데…' 아버지 때문에 부끄러웠습니다. 아니 아버지가 불쌍해 보였습니다. 사람들로부터 존경받지도 못하면서 권력만을 가지고 큰소리 치고 있기 때문입니다.

요나단은 생각해야 했습니다. 죽어 마땅할 죄를 찾아내야 했습니다. 무조건 말도 안 되는 죄를 만들어 내어 죽는다면 아버지 사울의 꼴만 더 우습게 될 것 같아서였습니다. 어차피 죽을 건데 아버지의 체면을 지킬 수 있는 죄를 찾기로 한 겁니다.

생각났습니다. 전쟁 중에 음식을 입에 대면 저주를 받을 것이라고 했다는 왕의 명령 말입니다. 자신이 너무 배가 고파서 싸우던 중에 꿀을 먹었었거든요. 비록 그런 명령이 있던 것도 몰랐지만 어쨌든 왕명을 어긴 것은 부인할 수 없었습니다. 그래서 대답했습니다.

"아버지, 제가 죽을 죄를 지었습니다. 아버지께서 전쟁 중에는 아무것도 먹지 말라고 하셨다면서요? 그런데 제가 막대기 끝으로 수풀에 있는 꿀을 먹었습니다. 아버지의 명령을 어겼으니 제가 죽어야 합니다!"

「요나단이 고하여 가로되 내가 다만 내 손에 가진 지팡이 끝으로 꿀을 조금 맛보았을 뿐이오나 내가 죽을 수밖에 없나이다」(:43하)

사울 왕은 아들을 죽여야 하는데도 이성을 잃지 않았습니다. 자신의 체면을 끝까지 지키기 위해 정신을 똑바로 차렸습니다.

"이 놈아! 네가 내 아들이라고 내가 봐 줄 것 같으냐? 너는 곧 죽게 될 것이다."

백성들로 하여금 자신의 단호함을 들으라는 듯한 목소리였습니다.

"널 죽이지 않으면 하나님이 내게 벌을 내리실 거다!"

사울 왕은 백성들이 자신을 대단한 왕이라고 환호라도 하는 줄 아는가 봅니다.

「사울이 가로되 요나단아 네가 반드시 죽으리라 그렇지 않으면 하나님이 내게 벌을 내리시고 또 내리시기를 원하노라」(:44)

하나님께서 개입하지 않으셨는데도
엉터리 사울 왕이 하나님을 자꾸만 들먹거리니깐
무척이나 신앙적인 것처럼 보이잖아요.
그렇게 속는 경우가 많이 있답니다.
조심하세요.
아무리 하나님을 들먹거린다 하더라도

본문 속에 하나님이 많이 등장합니다. 얼핏 보면 정말로 요나단의 죄 때문에 하나님께서 사울에게 블레셋 공략을 허락하지 않으신 것으로 보기가 쉽습니다. 그러나 전혀 그렇지 않습니다. 하나님께서는 한 번도 개입하시지 않았습니다. 블레셋을 계속 공격할 것인지 말 것인지에 대한 질문도 사울 마음대로 한 것이구요. 누군가의 죄 때문에 사울의 기도에 대한 하나님의 응답이 없다는 것도 사울이 만들어 낸 것이구요. 그 죄인을 잡아내서 죽이겠다는 것도 하나님께서 하라고 하신 것이 아니라 사울이 만들어 낸 작품이랍니다. 사울이 하도 하나님을 들먹여 마치 모두 하나님이 개입하신 것으로 생각하기 쉬우나 사실 하나님과는 전혀 상관없는 일이랍니다.

성경에 비춰볼 때 성경과 다르다면 그것은 신앙이 아니랍니다!

사울은 전쟁을 승리로 이끈 영웅이 자신이라고 생각했습니다.
사람들도 그렇게 인정한다고 믿고 있었습니다.
사람들이 음식을 먹지 말라는 자신의 명령을 따르는 것도
자기를 향한 존경심 때문이라고 생각했던 것 같습니다.
사람들도 겉으로는 그런 척 했습니다.
그런데 사울의 생각은 착각이었습니다, 절대로 착각입니다!
사람들은 이미 사울을 교만한 사람으로 생각하며
사실 속으로는 사울을 비웃고 있었습니다.
우리도 사울처럼 착각하며 살고 있지는 않은지요?

사람들은 말로 표현하지 않습니다.
그러나 속으로는 이상하리만큼 비슷하게 평가하고 있습니다.
겉으로는 존경한다고 말하면서도
속으로는 다른 사람을 존경하고 있을 수 있습니다.
착각하지 맙시다.
단지 주님만을 바라보십시다.
사람들은 그런 사람을 존경합니다.

사울 왕이 아들 요나단을 죽이겠다는 말을 마치자마자 백성들의 함성이 우렁차게 들립니다. 요나단을 죽이지 말라는 함성이었습니다! 사람들의 눈에 살기가 있었습니다. 만일 요나단을 죽이면 사울 왕까지도 죽이

겠다는 눈초리였습니다!

"사울 왕이시여, 요나단이 무슨 죽을 죄를 지었습니까? 이번 전쟁의 영웅은 요나단이 아닙니까? 이번 전쟁에서의 승리는 요나단이 하나님께 기도하고 응답 받은 승리 아닙니까? 하나님의 음성을 듣고 승리를 가지고 온 영웅을 죽이다니요! 절대로 요나단을 죽여서는 안 됩니다!"

「백성이 사울에게 말하되 이스라엘에 이 큰 구원을 이룬 요나단이 죽겠나이까 결단코 그렇지 아니하니이다 여호와의 사심으로 맹세하옵나니 그의 머리털 하나도 땅에 떨어지지 아니할 것은 그가 오늘 하나님과 동사하였음이니이다」(:45)

사람들은 알고 있었습니다, 사울 왕을…
그리고 그의 아들 요나단을…
누가 참된 영웅인지, 누가 미치광이인지를…
여론이 다 옳은 것은 아닙니다.
그러나 적어도 여기서의 사람들의 눈은 정확합니다.
이해(利害)를 떠난 여론은 거의 정확한 겁니다.
사람들은 알고 있답니다, 당신과 나를…
우리가 얼마나 진실하게 살려고 하는지를 알고 있답니다.
객기를 가지고 자신을 속이려고 하지 마세요.
사람들은 속아주는 척 할 뿐이지
사실 우리들의 진실과 거짓을 모두 알고 있답니다.
하물며 사람들도 알고 있는데
하나님은 얼마나 정확히 아시겠어요.

11 14:47–52

통치... 가정... 인맥...

이 부분은 사울 왕이 통치했던 40년간을 대략 요약한 것 같습니다. 왕으로서 행한 일, 그의 가족 관계 그리고 그의 인사 정책 등.

하나님을 의지했든 그렇지 않았든, 자신의 이름만을 남기기 위해서 일한 것이든 간에 사울은 왕으로서 40년 동안 열심히 일했답니다. 동북쪽에 자리 잡고 있는 모압 나라, 동서쪽에 있는 암몬 나라, 암몬 아래에 살고 있는 에돔 족속, 북쪽에 강한 나라들의 연합체인 소바 족속들, 지중해에 붙어 있는 블레셋 나라, 사막의 깡패 집단인 아말렉 족속들 등이 이스라엘을 공격해 오면 나가서 맞서 싸웠구요. 어느 경우에는 놈들을 선제 공격하여 이스라엘을 넘보지 못하게 했답니다.

「사울이 이스라엘 왕위에 나아간 후에 사방에 있는 모든 대적 곧 모압과 암몬 자손과 에돔과 소바의 왕들과 블레셋 사람을 쳤는데 향하는 곳마다 이기었고 용맹 있게 아말렉 사람을 치고 이스라엘을 그 약탈하는 자의 손에서 건졌더라」(:47-48)

과시할 만한 업적들이었습니다.
이스라엘 사람들을 보호하는 임무는 그런대로 잘했지요.
자신이 가지고 있는 역량으로 최선을 다했답니다.
그것을 위해 백성들이 왕을 뽑았잖아요.
그러나 하나님께서 사울을 도우셨다는 기록은 없네요.
하나님께서 그에게 승리를 주셨다는 말도 없구요.
그가 왕으로서 행한 행위들은 하나님을 배제한 것이랍니다.
어떤 일을 성취한다는 것은 위대한 일일 수 있답니다.
칭찬 듣는 일이기도 하구요, 성공적인 일이기도 하답니다.
그런데 그 일에 주님께서 개입하셨나요?
그 업적에 주님의 이름을 기록할 곳이 있나요?

이스라엘 최초의 왕가(王家)에 대한 기록입니다. 왕자는 요나단과 리스위 그리고 말기수아 등 세 명이었구요. 공주는 메랍과 미갈이었답니다. 이스라엘 최초의 왕비는 아히노암이라는 여인이었습니다. 국무총리라고 할 수 있는 최초의 군장은 숙부의 아들, 아브넬이었지요. 이스라엘을 이끌고 간 집안이었습니다.

「사울의 아들은 요나단과 리스위와 말기수아요 그 두 딸의 이름은 이러하니 맏딸의 이름은 메랍이요 작은 딸의 이름은 미갈이며 사울의 아내의 이름은 아히노암이니 아히마아스의 딸이요 그 군장의 이름은 아브넬이니 사울의 숙부 넬의 아들이며 사울의 아비는 기스요 아브넬의 아비는 넬이니 아비엘의 아들이었더라」(:49-51)

사람이 필요했습니다. 무엇보다 국민을 보호하는 일이 중요하잖아요. 그래서 힘 좀 쓴다는 사람이 있으면 모두 불러들여 군인으로 만들었습니다.

「사울의 사는 날 동안에 블레셋 사람과 큰 싸움이 있었으므로 사울이 힘 있는 자나 용맹 있는 자를 보면 그들을 불러 모았더라」(:52)

사람 모으는 일은 중요한 일이고 잘한 일이랍니다.
일은 사람이 하는 거니까요.
그런데 성경은 하나님의 마음을 기록한 책인데
사울 주변에 하나님의 사람이 있었다는 기록은 없습니다.
단지 하나님의 도움 없이 하겠다는 각오였는지
힘 있는 자만 모았답니다.
우리 옆에 힘 있는 자 있어야죠.
그러나 하나님께서 주신 힘을 가진, 하나님의 사람을 모으세요.
그런 사람이 모여 일하면 하나님의 뜻을 이룬답니다!

⓬ 15:1–3

처음 명령

사울이 나라를 다스리고 있을 때…

아마도 십수 년이 지난 것으로 추측됩니다. 주변 여러 나라의 공격도 막아내고 또 못된 나라들을 적극적으로 공격해서 아주 넘보지 못하게 했지요. 그런데 문제는 아말렉이라는 족속이었습니다. 이 놈들은 악질이었습니다. 언제나 게릴라전을 펼치면서 이스라엘을 노략하고 괴롭히는 겁니다. 얼마나 괴로웠는지…

백성들의 원성이 이만저만이 아니었습니다만 그들의 게릴라 공격에는 사울 왕도 속수무책이었습니다. 물론 아말렉의 공격이 있다는 정보를 받으면 곧바로 대비했습니다만 저들의 좀스러운 노략을 막아낼 재간이 없었던 겁니다. 허구한 날 아말렉 족속에게 당해 힘들어하던 사람들이 정부에 하소연을 해도 이렇다 할 대책을 세우지 못하자, 몇몇 사람들은 사무엘 선지자를 찾아갔습니다. 도무지 살 수 없다고…

사무엘이 하나님께 기도했습니다.

"하나님! 아말렉이 또 이스라엘을 괴롭힙니다. 주께서 저들을 없이 하시겠다고 약속하지 않으셨습니까? 이제 우리 백성을 불쌍히 여기시고 조상들에게 약속하신 것처럼 아말렉을 제거하여 주시옵소서!"

사무엘의 진지한 기도에 하나님의 응답이 있었습니다. 사울 왕으로 하여금 아말렉의 뿌리를 뽑게 하라고, 광야에서의 악한 일을 기억하고 있다고 그러니 하나님의 적 아말렉을 천하에서 없애라고 전하라는 응답이었습니다.

사무엘은 사울 왕에게로 갔습니다. 오랜만에 만나는 만남이었습니다. 사울이 왕이 된 지 2년 되던 해에 블레셋과 싸울 때 길갈에서 만난 후로 첫 만남이었습니다. 사울 왕은 많이 변해 있었습니다. 왕으로서 기품이 있었구요. 그 어색해 보이던 왕복이 이젠 제법 어울려 보였습니다. 말투도 많이 달라져 있었습니다. 사람을 대하는 태도 역시 왕다웠습니다. 사무엘을 대하는 태도도 전과는 달랐습니다. 반가워하면서도 함부로 말하지도 않았고 왕실 예법에 따랐습니다. 왕을 만나는 일은 쉽지 않았습니

이스라엘과 아말렉 족속과의 인연

아말렉 족속과의 인연은 이스라엘이 애굽에서 나와 광야를 지나 갈 때로 거슬러 올라갑니다. 출애굽기 17장에 여행 중인 이스라엘을 아말렉 족속이 공격한 내용이 기록되어 있습니다.

출애굽기를 연구하는 학자들의 연구에 따르면 그들이 이스라엘을 공격한 이유는 재미있습니다. 아말렉 사람들은 사막에서 비옥한 땅, 즉 물이 있는 곳에 살았다고 합니다. 그런데 약 2-3백만의 이스라엘 사람들이 물을 찾는다는 소문을 들려왔습니다. 이 소식을 들은 아말렉 사람들은 고민하다가 선제 공격을 하기로 했습니다. 물론 이스라엘이 아말렉을 공격해서 물 있는 땅을 차지하려 하지도 않았지요. 분명히 물을 찾기 위해 자신들을 공격할 것이라고 추측한 아말렉이 이스라엘을 먼저 공격했다는 겁니다. 그 때의 일을 신명기 25장 18절은 이렇게 묘사하고 있습니다.

「곧 그들이 하나님을 두려워하지 아니하고 너를 길에서 만나 너의 피곤(疲困)함을 타서 네 뒤에 떨어진 약한 자들을 쳤느니라」

여행 중이라서 피곤해하는 하나님의 백성을 쳤다는 말씀입니다. 이때 이스라엘이 아말렉의 공격을 어떻게 승리로 이끌었는지에 대해서는 출애굽기 17장 9-13절에 자세하게 기록해 놓고 있습니다.

「모세가 여호수아에게 이르되 우리를 위하여 사람들을 택하여 나가서 아말렉과 싸우라. 내일 내가 하나님의 지팡이를 손에 잡고 산꼭대기에 서리라. 여호수아가 모세의 말대로 행하여 아말렉과 싸우고 모세와 아론과 훌은 산꼭대기에 올라가서 모세가 손을 들면 이스라엘이 이기고 손을 내리면 아말렉이 이기더니 모세의 팔이 피곤하매 그들이 돌을 가져다가 모세의 아래에 놓아 그로 그 위에 앉게 하고 아론과 훌이 하나는 이편에서, 하나는 저편에서 모세의 손을 붙들어 올렸더니 그 손이 해가 지도록 내려오지 아니한지라. 여호수아가 칼날로 아말렉과 그 백성을 쳐서 파하니라」

이 아말렉은 얼마나 치사한 놈들이었는지 하나님이 천하에서 없이 하겠다고 하셨답니다.

「…내가 아말렉을 도말하여 천하에서 기억함이 없게 하리라」(출 17:14하)

「여호와께서 맹세하시기를 여호와가 아말렉으로 더불어 대대로 싸우리라…」(출 17:16)

그리고 이스라엘 백성에게 명령하셨습니다.

「그러므로 네 하나님 여호와께서 네게 주어 기업(基業)으로 얻게 하시는 땅에서 네 하나님 여호와께서 너로 사면에 있는 모든 대적(對敵)을 벗어나게 하시고 네게 안식(安息)을 주실 때에 너는 아말렉의 이름을 천하에서 도말(塗抹)할찌니라 너는 잊지 말찌니라」(신 25:19)

다. 그러나 국가의 어른인 사무엘은 잘 모셔야 할 분이기에 최고의 예의를 갖추면서 아주 정중히 모셨답니다.

사무엘 선지자가 입을 열었습니다.

"왕이시여! 제가 하나님의 말씀을 들었습니다. 왕을 이 나라의 왕으로 세우신 하나님께서 왕께서 하셔야 할 일을 제게 말씀해 주셨습니다."

사울 왕은 의아했습니다.

"말씀하시지요 선지자 어르신, 제가 무엇이든지 순종하겠습니다."

"작금에 이스라엘 변방을 심히 괴롭히는 아말렉 족속을 치시랍니다. 조상들이 애굽에서 나올 때 하나님께서 아말렉을 천하에서 도말하겠다고 하신 그 일을 왕에게 명하신 겁니다. 장정은 물론 여자든 어린아이든

노인이든 심지어는 젖 먹는 아이라 하더라도 모두 죽이셔야 합니다. 짐승까지도 전부 죽이셔야 합니다. 아주 철저하게 아말렉을 도말하십시오. 그들은 하나님의 적이기 때문입니다."

「사무엘이 사울에게 이르되 여호와께서 나를 보내어 왕에게 기름을 부어 그 백성 이스라엘 위에 왕을 삼으셨은 즉 이제 왕은 여호와의 말씀을 들으소서 만군의 여호와께서 이같이 말씀하시기를 아말렉이 이스라엘에게 행한 일 곧 애굽에서 나올 때에 길에서 대적한 일을 내가 추억하노니 지금 가서 아말렉을 쳐서 그들의 모든 소유를 남기지 말고 진멸하되 남녀와 소아와 젖 먹는 아이와 우양과 약대와 나귀를 죽이라 하셨나이다」(:1–3)

사울 왕은 무척이나 기분 좋았습니다. 무엇보다 사무엘 선지자의 방문 때문이었습니다. 그동안 소원해졌던 나라의 대선지자와 다시 만났다는 자체가 정치적인 힘을 얻게 된 것이기 때문이었지요. 뿐만 아니라 하나님의 명령을 받았다는 것이 그를 흥분케 한 겁니다. 사실 지금껏 한 번도 하나님의 명령을 받아본 적이 없었거든요. 사울 왕은 격앙된 목소리로 대답했습니다.

"선지자 어르신 제가 그 일을 잘 수행하겠나이다. 염려 붙들어 매십시오. 하나님을 기쁘게 해 드려야죠."

성도를 향한 하나님의 명령이 있습니다.
우리 안에 있는 아말렉을 진멸하라는 것이지요.
아말렉은 육신적인 것을 말합니다.

육신적인 것이 지금은 아무런 영향력 없는 모습으로
우리 속에 있을 수 있습니다.
어떤 면으로는 귀엽고 깜찍한 모습으로
우리에게 재미와 즐거움을 가져다주고 있을 수도 있습니다.
우리는 그것이 나쁘다고 생각하기는커녕
오히려 아무런 문제가 되지 않도록
다스릴 수 있다고 생각하기도 합니다.
그런 것들을 제거한다는 것은
너무 잔인하다고 생각하기도 합니다.
그러나 하나님은 우리 속에
육신적인 것을 제거하지 않을 경우,
그것이 언제까지 귀엽고 다루기 쉬운 존재로만
있지 않을 것을 알고 계시지요.
반드시 그 놈은 자라서 우리를 죽이려고 달려들 것을
하나님은 알고 계십니다.
그래서 육신에 속한 것들을 잔인한 것 같지만
진멸하라고 명령하시는 거랍니다.
이 명령의 깊은 곳에
자기 백성에 대한 하나님의 사랑이 있습니다.
하나님은 지금도 당신의 백성을 사랑하시지만
당신의 백성이 내일을 잘 살아가도록 인도하시는 분이심을
잊지 마세요!

13 15:4-9

순종 같은 불순종

사울 왕은 신났습니다. 사무엘 선지자를 통해 하나님으로부터 명령을 받았기 때문입니다. 하나님의 명령대로 아말렉을 완전히 진멸하기 위해 군사를 모았습니다. 의지가 대단했습니다. 속으로 혼자 중얼거렸습니다. '아말렉 이놈들, 너희가 역사에서 사라지는 순간이다. 이 사울이 너희 이름을 역사 속에 묻어버리마!'

군사들이 모인 곳은 아말렉과 가까운 유다의 남쪽에 있는 들라임이었습니다. 사울 왕에게 보고된 군사들의 숫자가 21만 명이었습니다.

「사울이 백성을 소집하고 그들을 들라임에서 계수하니 보병이 이십 만이요 유다 사람이 일 만이라」(:4)

사울 왕은 군사들을 이끌고 아말렉으로 전진했답니다. 엄청난 행렬이었습니다. 사울 왕의 군대는 아말렉 족속이 살고있는 땅과 성을 완전히 포위했습니다. 생쥐 한 마리도 빠져나갈 수 없게 동서남북에서 포위한 겁니다. 아말렉의 땅과 성은 이스라엘 사람들이 포위하여 초죽음에 있었답니다.

「사울이 아말렉성에 이르러 골짜기에 복병하니라」(:5)

누군가 사울 왕을 찾아와 그의 앞에 무릎을 꿇었습니다. 자신들은 겐 사람의 대표랍니다. 그들은 지금 아말렉 땅에서 아말렉 사람들과 함께 살고 있답니다. 자신들은 이스라엘을 존중히 여기며 이스라엘이 애굽으로부터 나올 때 도와 준 사람들이랍니다. 그런데 아말렉 때문에 자신들까지도 죽는다고 생각하니 너무 억울하기에 살려달랍니다. 사울 왕은 웃으면서 대답했습니다. 권력자의 자비(?)였습니다.

"좋소! 겐 사람까지 죽일 수는 없지요. 우리가 아말렉 성 공격을 지연할 테니깐 어서 빨리 아말렉 성을 빠져 나오시오. 시간이 지난 후에 남아 있으면 남아 있는 자들은 죽게 될 거요. 그 땐 우리에겐 책임이 없소. 그러니 속히 성을 빠져 나오도록 하시오."

사울 왕의 말을 들은 겐 사람 대표는 속히 성으로 돌아가서 말을 전했습니다. 그러고는 아말렉 성을 모두 빠져 나와 피난을 갔답니다.

「사울이 겐 사람에게 이르되 아말렉 사람 중에서 떠나 내려가라 그들과 함께 너희를 멸하게 될까 하노라 이스라엘 모든 자손이 애굽에서 올라올 때에 너

희가 그들을 선대하였느니라 이에 겐 사람이 아말렉 사람 중에서 떠나니라」(:6)

오래 전에 베푼 선행…

연기처럼 사라지지 않았답니다.

남에게 베푼 작은 친절과 은혜가

지금 도움을 주어 돌아온 겁니다.

친절을 많이 베푸세요.

은혜를 많이 베푸세요.

그것들이 언젠가는 반드시 돌아온답니다.

심은 것은 반드시 거둔다는 말이 있잖아요.

겐 사람의 조상들이 심은 선(善)을 자손들이 거뒀네요.

사울 왕은 21만 명의 대군과 함께 아말렉 성을 공략했습니다. 아말렉은 이스라엘의 일방적인 공격에 완전히 정복되었습니다. 이미 승리가 결정된 전쟁인 탓인지 전쟁은 무척 쉽게 끝났습니다. 하나님의 말씀대로 모든 아말렉에 속한 생명체는 다 죽이도록 명령했습니다. 남자는 물론이요 여자까지도 죽였습니다. 아이들을 죽일 때는 마음이 아팠습니다만 하나님의 명령이기에 눈 딱 감고 죽였습니다. 그 중 갓난 아기를 죽이는 일은 가장 힘들었습니다.

순종… 힘이 없어서가 아니라

정 때문에 하기 어려운 경우가 많답니다.

나를 죽이려는 사람들을 죽이는 건 쉬워요.
이성이 있는 사람을 죽이는 건 그런 대로 할 수 있어요.
그런데 인생 끝에 사는 노인을 죽이는 일은 어렵구요,
아무 것도 모르는 어린아이를 죽이는 일은 더욱 어렵답니다.
갓난 아기는 더 말할 것도 없구요.
그러나 하나님의 명령이므로 하기 싫어도 하는 겁니다.
이스라엘 사람들은 하라는 대로 잘 했답니다.
순종을 요구하시는 하나님의 음성 들었기에
눈 딱 감고 하세요.
정... 단호하게 끊어야 합니다.

전쟁이 끝날 무렵이었습니다. 아말렉 사람들을 거의 다 죽였고 아말렉의 왕 아각만 사로잡아 놓았습니다. 그래도 한 족속의 왕이었는데 그 우두머리의 목은 사울 왕이 베도록 해야겠기에 사로잡아 놓은 겁니다.

"사울 왕이시여, 아각은 왕께서 친히 목을 베십시오! 왕께서 마무리하시는 것이 이스라엘의 영광입니다!"

아각을 끌고 온 장군의 제안이었습니다. 아각 왕의 떨고 있는 모습은 측은하고 불쌍해 보였습니다. 아각 왕은 눈물을 흘리며 살려달라고 애원했습니다. 살려주면 목숨 다해 사울 왕을 모시겠다고 말입니다. 숨겨 놓은 보물까지 드리겠다면서. 사울 왕은 칼을 다시 집어넣었습니다. 아각 왕에게 자비를 베풀었답니다.

한 신하가 물었습니다.

"폐하, 밖에 짐승이 많이 있습니다. 어찌할까요? 이스라엘에서는 보기 드문 최상급의 좋은 양들입니다. 소도 그렇구요. 제 생각에는 좀 떨어지는 것은 여기서 죽이고 나머지는 이스라엘을 위해 끌고 가는 게 어떨까 하는데요."

사울 왕이 시원스럽게 대답했습니다.

"그렇게 해라!"

사울 왕의 말을 듣던 누군가가 말했습니다.

"폐하, 그건 안 됩니다. 아각을 죽이고 짐승들도 죽여야 합니다. 하나님께서 한 생명도 남겨 두지 말라고 하지 않으셨습니까? 아무리 좋은 종자의 짐승이라 하더라도 미련을 두면 안 됩니다. 죽이십시오!"

사울 왕은 찝찝했습니다. 아각을 죽이는 것은 당연하다고 하더라도 사실 짐승들까지 죽이기는 아까웠거든요. 하나님의 말씀을 알고 있었지만 모르는 척하고 넘어가려고 했는데 귀찮은 놈 하나가 하나님이 다 죽이라고 했다는 말로 똑똑한 체하는 겁니다. 사울 왕은 그냥 넘어가기엔 창피했습니다. 순간 흔들리고 있었습니다. 누군가가 재빨리 사울 왕을 도왔습니다.

"폐하! 승리를 주신 하나님께 제사를 드려야 하지 않겠습니까? 아주 풍성한 제사를 드려야지요. 제사용으로 사용할 소와 양으로 저만큼 최상급의 좋은 짐승을 찾기는 어려울 것입니다."

사울 왕은 어색하게 대답했습니다.

"그... 그...렇...지, 나도 그래서 남겨 둔거야... 으흠..."

「아말렉 사람의 왕 아각을 사로잡고 칼날로 그 모든 백성을 진멸하였으되 사울과 백성이 아각과 그 양과 소의 가장 좋은 것 또는 기름진 것과 어린 양과 모든 좋은 것을 남기고 진멸키를 즐겨 아니하고 가치 없고 낮은 것은 진멸하니라」(:8-9)

순종합니다.
그런데 가려서 순종합니다.
내 마음과 하나님의 마음이 같으면
하나님의 뜻이라고 하면서 행동합니다.
그런데 하나님의 말씀이 내 생각과 다르면 갈등합니다.
그리고 불순종할 수는 없으니깐
불순종한 후에
그것을 능숙한 말장난으로 순종한 것처럼 눈가림을 합니다.
자신은 이 못된 가짜 순종을 알고 있답니다.
그러나 이 못된 합리화를 자기 생각에 정착시키면서
어느 덧 자신도 순종했다고 믿어버리게 됩니다.
사울은 이러한 과정의 문으로 들어가고 있습니다.

⓮ 15:10-16

과시를 위한 몸부림

불에 타는 아말렉의 땅과 성을 뒤로 하고 사울 왕과 그의 군사들은 이스라엘 땅으로 복귀하고 있었습니다. 사울 왕의 얼굴은 행복으로 만색이었구요, 하나님이 명령을 성실히 수행했다는 뿌듯함이 있어 보였습니다. 군사들은 승리의 기쁨과 더불어 포상 받을 생각으로 즐거운 길을 걷고 있었지요. 뒤에는 포동포동한 양들이 따르고 있었구요, 기름진 소들의 행렬 또한 대단했습니다.

사울 왕은 신하들에게 유다 남쪽 갈멜로 가자고 말했습니다. 그 곳에 가서 아말렉이란 족속을 이 땅에서 사라지게 한 사울의 이름을 기억하도록 기념비를 세우고 축제를 하자고 했습니다. 사울 왕은 갈멜에 진을 치고 축제를 벌였구요, 큰 기념비 제막을 준비하고 있었답니다.

사울 왕 행렬이 갈멜에서 축제가 벌어지고 있을 때 라마에 있던 사무엘에게 하나님이 나타나셨습니다. 하나님의 음성은 무서웠습니다.

"사무엘아, 내가 사울을 세워 왕으로 삼은 것을 후회하고 있느니라. 나를 좇지 않는구나. 내 명령을 지키지 않고 멋대로야."

「여호와의 말씀이 사무엘에게 임하니라 가라사대 내가 사울을 세워 왕 삼은 것을 후회하노니 그가 돌이켜서 나를 좇지 아니하며 내 명령을 이루지 아니하였음이니라 하신지라」(:10-11상)

하나님의 말씀 듣고 있던 사무엘은 무척 힘들었습니다. 잠이 오질 않았습니다. 밤새 눈물만 날 뿐이었습니다. 그리고 기도했답니다.

"하나님… 어떻게 해야 합니까?"

그는 절규했습니다만 할 말이 없었습니다.

"하나님! 그에게 다시 한 번 기회를 주실 수는 없습니까? 진정 그는 당신께 버림받은 겁니까?"

「사무엘이 근심하여 온 밤을 여호와께 부르짖으니라」(:11)

사무엘의 기도를 한번 거꾸로 생각해 보았습니다.
그를 믿고 왕으로 삼았는데 제멋대로 하는 사울로 인해
하나님이 상처받으신 거 아닌가요?

하나님께서 받으신 상처 때문에
사무엘이 울고 있는 건 아닌지요?

나의 삶… 하나님 아버지의 마음에 상처를 남겼습니다.
나를 용서하시기 위하여
하늘의 영광을 버리시고 이 땅에 오셨는데
그리고 날 위해 고난 받으시고 찢기시고 죽으셨는데
영광스런 왕같은 제사장으로 삼으셨잖아요.
그런데 그 은혜와 사랑 속에 있으면서도
그 사랑에서 벗어나면서 날카로운 송곳 같은 것으로
하나님을 찌르는 삶을 살아가고 있습니다.
하나님 사랑의 품은 생각지도 않고 말입니다.
하나님의 마음에 너무나 많은 상처를 내곤 합니다.
하나님께서 사울 때문에 상처를 받으신 것보다
오늘 나 때문에 받으시는 상처가 더 크지 않은지요?

하나님의 음성을 들은 사무엘 선지자는 사울 왕을 만나기 위해 먼 여행을 나섰습니다. 하나님께서 왕으로 삼은 것을 후회하신다는 그 사람이 대체 무슨 일을 하는지 직접 봐야겠다는 겁니다. 유다 남쪽으로 갔습니다. 아말렉과 싸우러 가는 길은 그 길뿐이기 때문이었습니다. 사울 왕이 군대와 함께 아말렉을 물리치기 위해 간 길이 어디냐고 물었습니다. 그런데 전쟁은 이미 끝났고 사울 왕과 군인들은 갈멜에서 축제 중이랍니다.

갈멜로 갔습니다. 힘들어도 가야하겠기에 갔습니다. 그런데 군대가 지나간 흔적이 보이지 않았습니다. 그래서 사울 왕과 그 군대가 갈멜의 어디에 있는지를 다시 물었습니다. 사울 왕이 왔었답니다. 군대도 왔었답니다. 며칠동안 큰 잔치를 벌였답니다. 그리고 아말렉을 친 승리를 기념하기 위해서 그리고 위대한 사울 왕을 기리는 큰 기념비를 만들어 놓고 제막식을 한 후 길갈로 떠났답니다.

「사무엘이 사울을 만나려고 아침에 일찍이 일어났더니 혹이 사무엘에게 고하여 가로되 사울이 갈멜에 이르러 자기를 위하여 기념비를 세우고 돌이켜 행하여 길갈로 내려갔다 하는지라」(:12)

사람들은 그렇게 살고 있습니다.
그래서 생긴 말이 "호랑이는 죽어서 가죽을 남기고
사람은 죽어서 이름을 남긴다"는 말이겠죠.
하나님을 모르는 사람이라면 이 말이 매력적으로 들릴 겁니다.
그러나 성도는 경계해야 할 말입니다.
호랑이는 죽어서 가죽을 남길지 모르지만
성도는 하나님의 이름과 영광을 남겨야 하는 겁니다.
그것이 성도의 삶입니다.
그래서 바울은 이렇게 말했답니다.

「그런즉 너희가 먹든지 마시든지 무엇을 하든지
다 하나님의 영광을 위하여 하라」(고전 10:31).

하나님만을 존중히 여겨야 합니다.

자신을 위한 기념비를 만들지 맙시다.
우리의 이름을 남기고 싶은 숨겨진 욕망이 있다면
지금 하는 일이 선한 일이라 할지라도 그치는 게 낫습니다.
왜냐하면 사람들은 좋은 일이라고 할지 모르지만
하나님을 빙자하여 자신의 기념비를 세우는 것은
훗날 자신을 망치는 일이기 때문입니다.
그러나 진정 하나님을 높히는 일이라면 계속하십시오.
그런 일을 하는 사람은
하나님의 마음에 남아 있는 사람입니다.

길갈에 있던 사울 왕은 사무엘 선지자가 왔다는 전갈을 받았습니다. 아주 반가웠습니다. 전쟁에서 승리한 결과를 보고해야 했거든요.

"사무엘 선지자님, 어서 오십시오. 오늘은 은혜와 감사가 넘치는 날입니다. 제게 하나님의 명령을 가지고 온 선지자께서 복을 받으실 겁니다. 제가 당신이 가지고 온 하나님의 명령을 멋지게 해냈거든요!"

「사무엘이 사울에게 이른즉 사울이 그에게 이르되 원컨대 당신은 여호와께 복을 받으소서 내가 여호와의 명령을 행하였나이다」(:13)

사무엘 선지자는 어두운 얼굴이었습니다. 왕에게 물었습니다.

"왕이시여! 밖에 양이 많이 있군요. 소도 못 보던 것인데 양과 소의 우는 소리가 천지를 울리고 있습니다."

사울 왕은 겸연쩍은 표정을 지었습니다.

"선지자 어르신, 양과 소는 제가 끌고 온 겁니다. 아말렉을 물리치고 좋은 것들만 골라서 끌고 왔죠. 당신의 하나님께 제사를 드려야지 않습니까? 빈손으로 제사를 드릴 순 없잖아요. 그래서 최상급의 양과 소들을 가지고 왔지요."

사무엘 선지자가 비꼬듯이 응수했습니다.

"하나님께 제사 드리기 위한 제물로 끌고 오셨다. 하나님께 저 많은 양과 소를 다 드릴 겁니까?"

"암, 암, 그렇고 말구요! 이... 이... 스라엘 사람들의 숫자가 얼마인데요... 으흠..."

사울 왕의 궁색한 변명이었습니다.

"내가 아말렉을 진멸할 때 얼마나 많은 양과 소를 죽였는지 선지자께선 상상도 못하실 겁니다."

죽은 사람은 감각이 없습니다.
뜨거운 것에도, 날카로운 것에 찔려도 감각이 없습니다.
더워지지도 않고 변하지도 않고 단지 차가울 뿐입니다.
있는 그대로 일뿐입니다.
그러나 살아있는 사람은 감각이 있습니다.
더 나아가서 건강한 사람은 그 감각이 매우 민감합니다.
잠자는 사람도 감각이 없을 수 있습니다만 그래도 살아있다면
작은 느낌에는 무감각하더라도 큰 느낌에는 반응합니다.
살아있기 때문입니다.

병원에 입원한 중병 들린 사람을 방문했었습니다. 그는 너무 큰 병이 들었기에 말소리도 듣지 못했습니다. 물론 눈을 뜨고 있었습니다만 알아보지도 못했습니다. 그런데 숨을 쉬고 있었습니다. 간호사가 들어와서 그의 죽지 않은 신경을 건드렸습니다. 그는 움직였습니다. 그것은 중병에 걸려있지만 아직 생명이 있음을 의미합니다.

감각이 있다는 것은 살아있다는 것입니다.
살아있다는 것은 희망이 있다는 것입니다.
사울 왕은 사무엘의 날카로운 말에도 감각이 없네요.
그의 영혼이 죽었나봅니다.
죄에 대한 감각, 성령의 인도하심에 대한 감각…
당신의 감각은 살아 있습니까?
당신의 감각은 얼마나 민감합니까?
죽었다면 아무런 감각이 없을 것입니다.
중병이 들었다면 웬만한 감각에는 반응하지 않을 것입니다.
건강하다면 미세한 움직임을 느끼지 못할 정도의 바람에도
흔들리는 나뭇잎과 같이 작은 반응을 보일 것입니다.

사울 왕은 신하들에게 무척 화가 났습니다.

"빌어먹을 놈들 잘 좀 숨겨둘 것이지. 대가리들이 나빠가지고 도무지 도움 되는 놈들이 없어!"

이젠 사무엘에 대한 분노입니다.

"늙은이가 사사건건 걸고 넘어진단 말이야! 대충 넘어가면 어디가 덧나나? 모르는 척하면 될 걸 꼭 따지고든단 말이여! 내가 저 놈의 영감을 싫어하는 게 저 융통성 없는 고집 때문이라구!"

사무엘 선지자는 할 말이 있답니다. 아니 하나님께서 하신 말씀이 있답니다.

「가만히 계시옵소서 간밤에 여호와께서 내게 이르신 것을 왕에게 말하리이다」(:16)

경건을 구실로 자신의 잘못을
은폐시키려는 것은 아주 좋지 않습니다.
제사를 구실로 자신의 양과 소에 대한 욕심 그리고 불순종을
은폐하려는 사울 왕의 행동이 그런 거랍니다.
지저분한 잡담과 음담패설을 즐기면서
그것이 마음 문을 열기 위한 것이라고
혹은 성도의 교제라고 하진 않나요?
자녀를 학대하면서 성경적 교육이라고 하진 않나요?
직장일을 소홀히 하면서 교회 일 때문이라고 하진 않나요?
교회를 핑계로 자녀의 학교성적이 나쁘다고 하진 않나요?
경건을 핑계로 자신의 악한 것을
합리화하고 은폐하려는 것은 나쁜 겁니다.
하나님은 속지 않으신답니다.
「스스로 속이지 말라 하나님은 만홀히 여김을 받지 아니하시나니 사람이 무엇으로 심든지 그대로 거두리라」(갈 6:7).

⓯ 15:17–23

사울 왕이 받은 성적표

사무엘 선지자는 하나님의 말씀이라 고 하면서 자신의 목숨을 쥐고 있는 왕 앞에서 말했습니다. 겸손할 때 참 좋았었는데, 하나님이 왕으로 세우고 싶으실 만큼 좋았었는데 아말렉을 진멸하라고 명령했더니 하나님의 말씀에 순종하기 보다는 전쟁을 통해 자신을 세우기에 바빴다고…

「사무엘이 가로되 왕이 스스로 작게 여길 그때에 이스라엘 지파의 머리가 되지 아니하셨나이까 여호와께서 왕에게 기름을 부어 이스라엘 왕을 삼으시고 또 왕을 길로 보내시며 이르시기를 가서 죄인 아말렉 사람을 진멸하되 다 없어지기까지 치라 하셨거늘 어찌하여 왕이 여호와의 목소리를 청종치 아니하고 탈취하기에만 급하여 여호와의 악하게 여기시는 것을 행하였나이까」(:17–19)

사울은 늙은이 사무엘에게
말장난(?)을 하면 넘어갈 줄 알았습니다.
사무엘만 넘어가면 되는 줄 알았습니다.
그런데 그게 아니네요, 그냥 넘어가질 않네요.
우리들도 사람만을 속이면 되는 줄 알 때가 있답니다.
사람을 속이는 것은 쉬운 일이 아닙니다.
물론 능청맞게 하면 감쪽같이 속일 수도 있겠죠.
그런데 하나님을 속인다는 것, 그것은 불가능합니다.
사울 왕은 하나님을 우습게 보고 있었답니다.

궁지에 몰린 사울 왕은 숨겨진 자신의 마음을 들켰다고 생각했는지 굳어진 표정에 말이 급해지고 목소리가 커졌습니다.

"선지자여, 도대체 지금 무슨 말씀을 하시는 겁니까? 내가 하나님의 말씀대로 즉각 군사들을 이끌고 죽을 고비를 넘기면서 아말렉 놈들을 진멸하지 않았습니까? 여기 아말렉 왕이었던 아각이란 놈까지 끌고 온 걸 보면 모르시겠습니까?"

사울 왕의 얼굴이 시뻘개져 있었습니다.

"내가 소와 양을 가지고 온 것 때문에 그러시는 건가 본데 내가 아까도 분명히 말했지만 그 소와 양은 제일 좋은 것만 일부러 골라 가지고 온 거요! 당신이 섬기는 그 하나님께 제일 좋은 것을 바쳐 제사 드리려고 일부러 가지고 온 거란 말이요! 왜 이리도 사람을 못 믿는 거요?"

사울 왕은 큰 소리로 변명하고 있었답니다.

「사울이 사무엘에게 이르되 나는 실로 여호와의 목소리를 청종하여 여호와께서 보내신 길로 가서 아말렉 왕 아각을 끌어 왔고 아말렉 사람을 진멸하였으나 다만 백성이 그 마땅히 멸할 것 중에서 가장 좋은 것으로 길갈에서 당신의 하나님 여호와께 제사하려고 양과 소를 취하였나이다」(:20-21)

결코 잘못했다고 하지 않네요.
그럴 수밖에 없었겠죠.
옆에 신하들이 시퍼렇게 눈을 뜨고 있잖아요.
신하들이 듣고 있잖아요.
잘못했다고 하면 체면이 무너지잖아요.
그래서 양심의 소리가 있음에도 불구하고 거부하는 겁니다.
자신이 잘못하지 않았다고 버티는 겁니다.

우리는 하나님의 음성을 듣고도 버티고 있지는 않나요?
기회를 잃지 마세요.
성령의 소리 있을 때 인정하고 돌이키세요.
그것이 지혜이고 용기랍니다.
물론 사는 길이구요.

사무엘 선지자는 사울 왕이 흥분하여 떠드는 소리를 다 듣고 있었습니다. 사울 왕이 다시 조용히 입을 열었습니다.

"왕이시여! 하나님께서 왕이 드리는 제사를 좋아하시겠습니까, 아니면 하나님의 말씀에 순종하는 것을 좋아하시겠습니까? 순종이 제사 드리는 것보다 나은 겁니다. 수십 마리의 양이 제물로 드려지고 기름이 타 올라간다 하더라도 말씀에 순종하는 것이 나은 겁니다."

사무엘은 잠시 침묵하더니 아주 화가 난 목소리로 말했습니다.

"하나님의 말씀을 거역하는 것은 점술을 보지 말라는 말씀을 거역하고 점보는 것과 같은 거요! 하나님의 말씀을 자기 멋대로 해석하고 듣지 않는 것은 우상 앞에서 절하는 것과 같은 거란 말이요! 왕이 하나님을 우습게 알고 하나님을 버렸기에 하나님도 왕을 버리셨소! 하나님께서 당신으로 하여금 더 이상 이스라엘의 왕이 되지 못하게 하실 것이요!"

「사무엘이 가로되 여호와께서 번제와 다른 제사를 그 목소리 순종하는 것을 좋아하심 같이 좋아하시겠나이까 순종이 제사보다 낫고 듣는 것이 수양의 기름보다 나으니 이는 거역하는 것은 사술의 죄와 같고 완고한 것은 사신 우상에게 절하는 죄와 같음이라 왕이 여호와의 말씀을 버렸으므로 여호와께서도 왕을 버려 왕이 되지 못하게 하셨나이다」(:22-23)

순종…

믿음을 가늠하는 시금석이랍니다.

믿음이 있다고 하면서 순종하지 않는다면

아직 멀었다는 겁니다.

내 생각… 버리는 것이 순종입니다.

내 판단… 버리는 것이 순종입니다.

내 이익… 버리는 것이 순종입니다.

내 뜻과 전혀 맞지 않는다고 해도

하나님의 말씀이라면 무조건 따르는 것,

그것이 바로 순종입니다.

순종하세요. 놀라운 축복과 기적을 체험한답니다.

그러나 순종하지 않으면

하나님께 사울과 같은 평가를 받게 된답니다.

예쁜 사람, 귀한 사람, 같이 일하고 싶은 사람…

순종하는 사람이지요.

예배보다 더 중요한 것이 있습니다.

순종입니다.

오늘날 사람들은 세상에서의 말씀에 따른 순종보다

예배 시간에 앉아있는 것을 더 가치 있게 생각한답니다.

그리고 헌금을 드리고나면

하나님께 대한 도리를 다 했다고 스스로 위안을 삼습니다.

교회에서도 예배를 강조합니다.

예배를 위해서 모든 것을 희생하도록 가르칩니다.

그러나 그렇지 않습니다.

물론 예배가 중요합니다.

그러나 삶의 현장에서 말씀에 순종하지 않는 사람의 예배는

하나님이 기뻐하지 않으십니다.

하나님이 기뻐하시는 것이 있습니다.

제물이 아닙니다.

십일조나 감사 헌금이라고 드리는 명목의 돈이 아닙니다.

그것은 바로 상한 심령입니다(시 51:17).

이사야의 말씀을 읽어봅시다.

「여호와께서 말씀하시되 너희의 무수한 제물(祭物)이 내게 무엇이 유익하뇨 나는 수양의 번제(燔祭)와 살진 짐승의 기름에 배불렀고 나는 수송아지나 어린 양이나 수염소의 피를 기뻐하지 아니하노라. 너희가 내 앞에 보이러 오니 그것을 누가 너희에게 요구하였느뇨 내 마당만 밟을 뿐이니라. 헛된 제물(祭物)을 다시 가져오지 말라 분향(焚香)은 나의 가증(可憎)히 여기는 바요 월삭(月朔)과 안식일(安息日)과 대회로 모이는 것도 그러하니 성회와 아울러 악을 행하는 것을 내가 견디지 못하겠노라. 내 마음이 너희의 월삭과 정한 절기(節期)를 싫어하나니 그것이 내게 무거운 짐이라 내가 지기에 곤비(困憊)하였느니라. 너희가 손을 펼 때에 내가 눈을 가리우고 너희가 많이 기도할찌라도 내가 듣지 아니하리니 이는 너희의 손에 피가 가득함이니라. 너희는 스스로 씻으며 스스로 깨끗케 하여 내 목전에서 너희 악업을 버리며 악행을 그치고 선행을 배우며 공의를 구하며 학대받는 자를 도와주며 고아를 위하여 신원(伸寃)하며 과부(寡婦)를 위하여 변호(辯護)하라 하셨느니라」(사 1:11–17)

사울 왕은 충격을 받았습니다. 하나님께서 자신을 더 이상 왕으로 세우지 않으신답니다. 벌써 두 번째 듣는 말입니다. 사울 왕은 사무엘 선지자가 죽도록 미웠겠죠.

16 15:24-31

감출 수 없게 된 마음

노(老)선지자 사무엘의 진노에 사울 왕은 두려웠습니다. 그 속에 있는 권위가 사울 왕을 무섭게 만들었답니다. 사울 왕은 더 이상 버틸 수 없다고 생각했는지 아니면 폐위된다는 말에 충격을 받고 일단 한 발 물러서야겠다고 마음을 먹었는지 사무엘의 옷깃을 잡았습니다. 그리고 잘못했다고 빌었습니다.

「사울이 사무엘에게 이르되 내가 범죄하였나이다」(:24상)

사무엘을 붙잡고 잘못했다면서 용서를 빌던 사울 왕의 눈에 신하들이 보였습니다. 무척 쪽팔렸습니다. "내가 소와 양을 탐냈습니다"라고 해야 되는데 차마 그럴 순 없었는지 사울 왕은 이렇게 말했습니다.

"선지자여, 내가 말씀을 어긴 것은 백성들이 소와 양을 죽이지 말자고 했기 때문입니다. 난 순종하려 했습니다. 그런데 백성들이 아말렉의 질 좋은 소와 양을 보자 이스라엘에 끌고 가서 키워야겠다고 한 겁니다. 나는 안 된다고 했습니다. 그랬더니 날 죽이려는 듯 달려들었습니다. 난 백성이 무서워서 하나님을 거역한 겁니다! 어쨌든 내가 잘못한 것이니 날 용서해 주십시요."

사울의 간사한 핑계와 회개입니다.

「...내가 여호와의 명령과 당신의 말씀을 어긴 것은 내가 백성을 두려워하여 그 말을 청종하였음이니이다」(:24)

사무엘은 침묵하고 있었습니다. 사울의 능청스런 거짓말이 불쌍해 보여서였을까요? 잔꾀를 부려 백성을 핑계 삼는 추태가 한심스러워서 그랬을까요? 그는 사울을 보면서 한참동안이나 침묵하고 있었답니다. 사울 왕은 사무엘의 침묵에 무슨 생각이 들었는지 다시 입을 열어 옆에 있는 신하들에게는 들리지 않도록 들리는 둥 마는 둥 작은 목소리로 더듬거리며 속삭였습니다. 아주 간신 같은 말이었습니다.

"선지자여, 저... 저... 저와 함께... 저... 저와 함께 돌아가서 제가 하나님께 제사를 드릴 테니 같이 가 주시면 안되겠는지요?"

「청하오니 지금 내 죄를 사하고 나와 함께 돌아가서 나로 여호와께 경배하게 하소서」(:25)

사무엘은 사울 왕이 지금 왜 저러는지 알고 있었습니다. 신하들 앞에서 당한 망신 때문에 발악하는 겁니다. 자신을 질타한 선지자와의 관계가 깨졌다는 정치적 비판을 듣고 싶지 않은 겁니다. 보기 민망할 정도로 불쌍하기도 하고 측은하기도 했습니다.

사무엘이 허리를 숙여 사울의 귀에 대고 조용히 말했습니다.

"왕이시여, 하나님이 당신을 버리셨는데 내가 어찌 왕과 함께 가겠습니까? 이제 그만 억지 부리시고 일어나십시오. 나는 당신과 함께 가지 않을 겁니다."

말을 마친 사무엘은 허리를 펴고 사울 왕을 떠나려 했습니다. 사울 왕이 사무엘의 옷자락을 붙잡네요. 사무엘은 아랑곳하지 않고 돌아섰습니다. 얼마나 세게 붙잡았는지 사무엘의 옷이 찢어졌답니다. 그런데도 사울은 사무엘의 옷자락 놓지 않았답니다.

「사무엘이 사울에게 이르되 나는 왕과 함께 돌아가지 아니하리니 이는 왕이 여호와의 말씀을 버렸으므로 여호와께서 왕을 버려 이스라엘 왕이 되지 못하게 하셨음이니이다 하고 사무엘이 가려고 돌이킬 때에 사울이 그의 겉옷자락을 붙잡으매 찢어진지라」(:26-27)

사무엘은 모두가 듣는 가운데 다시 한번 말했습니다.

「사무엘이 그에게 이르되 여호와께서 오늘 이스라엘 나라를 왕에게서 떼어서 왕보다 나은 왕의 이웃에게 주셨나이다 이스라엘의 지존자는 거짓이나 변개함이 없으시니 그는 사람이 아니시므로 결코 변개치 않으심이니이다」(:28-29)

하나님은 이미 마음을 정하셨답니다.
이젠 기회가 없다는 말이네요.
하나님은 변하지 않으실 거랍니다.
그동안 기회는 많았잖아요.
그런데 그 때마다 기회를 놓쳤답니다.
이제 와서 잘못을 인정하기에는,
돌이키기에는 너무 멀리 온 겁니다.
하나님의 마음이 굳어지기 전에
회개해야 한다면 회개해야 합니다.
잔꾀 부리지 말구요, 말장난하지 말구요,
정직하게 하나님께 항복하고 나오세요.

사울 왕은 하나님께 버림받았다고 하는데도 불안하지 않은 모양입니다. 오직 관심은 사람들이 나를 어떻게 볼까 하는 데만 있었습니다. 구겨진 왕의 체면에 대한 걱정뿐이었습니다.

"사무엘 선지자 어른, 내가 범죄했다 하더라도 내가 왕이 아닙니까? 신하들이 보고있고 백성들이 보고있습니다. 부탁합니다. 제발 부탁드립니다. 제 체면 좀 살려 주십시오. 백성들과 신하들 앞에게 조롱거리가 되지 않도록 한 번만 도와주십시오."

불쌍했습니다. 처절했습니다. 그래서 물었습니다.

"내가 어떻게 해야 당신의 체면이 살겠소?"

"선지자 어른, 사람들 앞에서 웃으십시오. 저와 친한 척하시면 됩니다. 그리고 저를 칭찬해 주십시오. 그러면 백성들이 무시하지 않을 겁니다. 선지자께서 저를 인정하신다는 제스처만 해 주시면 됩니다. 그리고 제가 제사를 드리러 갈테니 저와 함께 자리만 같이 해 주시면 됩니다. 선지자 어른 간절히 부탁드립니다."

「사울이 가로되 내가 범죄하였을지라도 청하옵나니 내 백성의 장로들의 앞과 이스라엘의 앞에서 나를 높이사 나와 함께 돌아가서 나로 당신의 하나님 여호와께 경배하게 하소서」(:30)

제 이야기를 하는 것 같아서 괴롭습니다.
내 안에 사울과 같은 모습이 있습니다.
하나님 앞에 서있는 자세가 아니라
사람들에게 인정 받기 위한 방법에만
관심이 있던 나였음을 부인할 수 없습니다.
위급할 때 나도 사울처럼 나의 본심이
나를 높이는 것으로 드러나지 않을까 하는 생각이 듭니다.
하나님의 말씀이 나를 두렵게 만듭니다.

주님, 내 모습을 불쌍히 여겨 주십시오.
내 속에 있는 사울과 같은 모습을 처리하여 주십시오.

사무엘은 마음이 아팠습니다. '그래, 따라가 주자.' 너무 불쌍하잖아요. 사무엘은 측은한 마음이 들어 따라가 주기로 했답니다. 사울 왕은 신났습니다. 얼굴에는 웃음이 가득했구요, 점잖은 표정을 지었답니다. 사무엘과 아주 친한 척 했구요. 사울 왕은 제사를 드리면서도 온통 사무엘의 태도에만 관심을 두었습니다. 사무엘이 쓸데없는 소리라도 할까 싶어서 불안했기 때문입니다. 사울은 가능한 한 정성스런 모습으로 제사를 드려야 사무엘 선지자가 딴 짓을 못 할거라 생각하기도 했습니다.

「이에 사무엘이 돌이켜 사울을 따라가매 사울이 여호와께 경배하니라」(:31)

제사를 빙자해서 자기 체면을 살리려는 사람…
제사 드리는 모습은 웅대하고 멋있었겠죠.
왕이 드리는 제사이니 얼마나 대단했겠습니까?

우리의 예배…
우리의 교양을 위한 쇼가 아니어야 한답니다.
체면을 풍성하게 하기 위한 예배…
웃기잖아요…
날 위한 예배가 아니라 하나님께 드리는 예배여야 합니다.
하나님은 그렇게 예배하는 자를 찾고 계신답니다.

17 15:32-33

하나님을 시원케 해드리는 사람

사울 왕의 쇼... 제사가 끝났습니다.

사무엘은 긴 시간 동안 인내하면서 지켜보고 있었습니다. 사울 왕의 처절한 부탁을 마지막으로 들어주고 싶어서였습니다. 사무엘의 마음은 많이 아팠습니다.

제사가 끝나자 사무엘은 아각 왕을 끌고 오랍니다. 아각 왕은 묶여 있지도 않았습니다. 아마 한 족속의 왕이라는 이유에서인지 아니면 재물을 약속한 탓이었는지 아각 왕은 묶여 있지도 않았습니다. 오히려 뭐가 그리 좋은지 웃는 얼굴에 콧노래까지 흥얼거리고 있는 겁니다. 사무엘 선지자 앞에 선 아각은 기분이 좋아 보였습니다.

“이젠 새로운 삶을 살아야겠구먼.”

사무엘은 능청스럽기만한 아말렉 왕 아각을 저주하고는 칼을 취해 그를 죽였답니다.

「사무엘이 가로되 네 칼이 여인들로 무자케 한 것같이 여인 중 네 어미가 무자하리라 하고 그가 길갈에서 여호와 앞에서 아각을 찍어 쪼개니라」(:33)

아말렉을 진멸하시겠다던
하나님의 계획을 사무엘이 마무리했습니다.
사울은 귀한 기회를 얻었는데 욕심 때문에 놓치고 말았구요.
하나님의 마음을 아는 사무엘…
노인의 몸으로 원수의 수장을 죽였답니다.
사무엘의 평생에 사람을 죽인 경험이 없었을 텐데
아각을 죽였습니다.
아니 하나님의 마음을 알기에
하나님의 원수를 죽인 겁니다.

18 15:34-35

사무엘의 슬픔

제사를 마치고, 아각을 죽인 사무엘은 말없이 자기 길을 갔습니다. 사울도 자기 길로 갔습니다. 사무엘이 간 곳은 자기 집이 있는 라마랍니다. 사울이 간 곳도 자기 집이 있는 기브아랍니다. 그리고 둘은 사무엘이 죽는 날까지 만나지 못했답니다.

「이에 사무엘은 라마로 가고 사울은 사울 기브아 본집으로 올라가니라 사무엘이 죽는 날까지 사울을 다시 가서 보지 아니하였으니」(:34-35)

사람은 한 곳에서 함께 살아도 그 속마음은 서로 모른답니다.
어떤 사람은 하나님을 사랑하면서 살고있구요,
어떤 사람은 하나님을 이용하려는 마음으로만 살아간답니다.

같은 시대와 장소에서 살지만 언젠가는 헤어져야 하고
그 때가 되면 각자의 자기 집으로 가야 하겠죠.
어떤 사람은 그 집이 천국이기에 그리로 갈 겁니다.
어떤 사람은 그 집이 음부이기에 그리로 갈 겁니다.
그런 후에 둘은 영원히 만나지 못할 겁니다.
사무엘과 사울이 그 모델입니다!

한 시대를 멋지게 살 수 있었던 촉망받던 사람, 사울…
모든 것을 갖췄으나 진정한 왕이신 하나님을 폐위시키고
자신을 과시하고 드러내려 하다가
하나님으로부터 폐위된 이스라엘의 초대 왕, 사울…
사무엘은 노년에 이 사람의 영혼 때문에 고통스럽습니다.

「사무엘이 죽는 날까지 사울을 다시 가서 보지 아니하였으니 이는 그가 사울을 위하여 슬퍼함이었고…」(:35)

사람들은 개혁(Reformation)되어야 한다고 말합니다.
그러나 성경은 어디에서도 개혁되어야 한다고 하지 않습니다.
반면에 변형(Transformation)될 것을 말하고 있습니다.
이 변형이라는 것은 외적인 형태만 변하는 것을 뜻하지 않습니다.
물리적인 변화가 아니라는 말이지요, 화학적인 변형입니다.
다시는 원래의 모습으로 돌아갈 수 없는 변화를 의미합니다.
이 변형(Transformation)은 누구나에게 요구되는 것입니다.
이것을 거듭남이라고 말합니다.
성경은 거듭난 사람을 생명 있는 사람이라고 합니다.

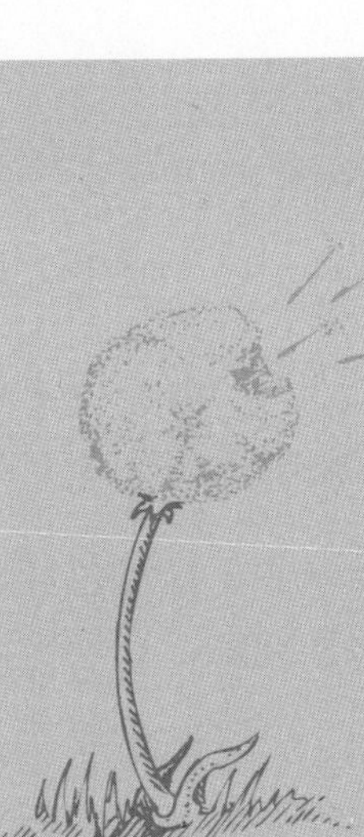

〉〉 다섯 번째 이야기 16-17장

신나는 훈련소

사무엘은 가지고 온 보자기를 풀었습니다. 뿔이 하나 나왔습니다. 손이 약간은 떨리는 듯했지만 사무엘은 천천히 뿔을 잡아들더니 다윗의 어깨를 눌러 앉게 했답니다. 다윗은 무릎 꿇었습니다. 아버지 이새와 어머니, 베들레헴의 어른들 그리고 이새의 아들들 모두가 보고 있는데… 사무엘의 떨리는 손에 잡혀 있는 뿔이 다윗의 머리로 가네요. 사람들은 사무엘이 무엇을 하는지 몰랐습니다. 그런데 노인네가 사람들 앞에서 낮은 목소리로 아주 천천히 그리고 또박또박한 소리로 말했습니다. "하나님께서 내게 말씀하셨습니다. 이 아 이에게 기름을 부어 이스라엘의 왕을 삼으라고… 그래서 이제 이새의 아들 다윗에게 기름 부어 이스라엘의 왕을 삼는 것입니다." 다윗… 어리둥절했습니다. 자기가 왕이랍니다. 아직 20살도 되지 않는 자기에게 왕이라네요. 아는 것도 없고… 겨우 할 수 있는 거라고는 양치는 일뿐인데… 왕이라네요. 양들 중에 왕이라면 그럴 듯한데… 아니 목자들 중에 왕을 삼는 다면 이해가 될

1 16:1–5

새로운 사명을 지고

사무엘은 마음이 무척 아팠나 봅니다.

사울 왕이 하나님으로부터 폐위되었다는 소리 때문인지 아니면 그의 태도가 한심스러워서인지 몰라도 마음이 무척 무거웠습니다. 속이 상할만 했지요. 자신의 잘못을 어떻게 하든지 간에 변명하려고만 하는 사울의 모습이 불쌍해 보였구요, 하나님께서 폐위하셨다는데도 불구하고 자신의 체면을 위해 연극이라도 해 달라고 하니 사무엘의 마음이 얼마나 답답했겠는지요. 그래서 사무엘은 아무 일도 못하고 슬픔 가운데 있었답니다.

하나님 보시기에 이번엔 사무엘이 답답해 보였습니다. 허구한 날 무겁고 우울한 모습으로 지내고 있었기 때문입니다. 그래서 사무엘에게 말씀하셨답니다.

「내가 이미 사울을 버려 이스라엘 왕이 되지 못하게 하였거늘 네가 그를 위하여 언제까지 슬퍼하겠느냐」(:1)

사울을 왕의 자리에서 물러나게 하도록 하신 하나님께서 새로운 왕을 준비해 두셨답니다. 이제 슬픔을 거두고 하나님이 직접 세운 왕에게 가서 기름을 부으라네요. 벌써 선택해 놓으셨는가 봅니다. 뿔에 기름을 채워 가지고 베들레헴 마을에 사는 이새라는 사람의 집으로 가랍니다. 그 집안에 새로운 왕이 될 사람이 있답니다.

「너는 기름을 뿔에 채워 가지고 가라 내가 너를 베들레헴 사람 이새에게로 보내리니 이는 내가 그 아들 중에서 한 왕을 예선하였음이니라」(:1)

사울은 하나님께서 이스라엘 사람들이 원하는 스타일의 사람을 찾아 왕으로 세운 사람이었습니다. 그러나 이번에는 그렇지 않습니다. 이스라엘 사람들의 마음에 맞는 사람을 찾는 것이 아니라 하나님의 마음에 맞는 사람을 찾으셨습니다. 심지어는 사무엘의 마음에 드는지도 묻지 않으셨습니다. 일방적으로 하나님의 마음에만 드는 사람입니다.

사람이 좋아하는 것만을 따라 간다면 파멸입니다.
이스라엘 사람들이 원하던 왕이 가져온 결과가 그렇잖아요.
진정한 행복을 원한다면 '하나님 원하시는 대로 하십시오' 하고 모든 것을 맡겨야 합니다.
그러면 처음에는 혹 초라해 보일지 모르지만
확실히 축복되고 아름다운 미래를 맞이할 것입니다!
우리가 섬기는 하나님은 실수가 없는 분이시거든요!

사울 왕이 시퍼렇게 살아 있는데 새로운 왕이 될 사람에게 기름을 부어 왕으로 삼으라네요. 사무엘은 두려웠습니다. 사람을 살리기도 하고 죽이기도 하는 권력이 아직은 사울 왕의 손에 있잖아요. 그런데 다른 사람에게 기름을 부어 왕으로 삼으라니요. 이는 역모요 반역입니다. 역모의 죄값은 죽음입니다. 비록 하나님의 명령이지만 이런 일은 목숨을 내놓아야 하는 일이었답니다.

목숨을 걸어서라도
하나님의 말씀에 순종해야 할 때가 있습니다.
이것을 우리는 순교하는 자세의 순종이라고 말합니다.
그래요 순교하는 자세의 순종…
하나님께서 원하신다면 해야죠!

"하나님… 저를 죽이려 하시나요? 제가 기름 뿔을 들고 베들레헴으로 간다면 사람들이 얼마나 궁금하게 생각하겠습니까? 가뜩이나 사람들이 이미 새로운 왕에 대해 들었기 때문에 왕이 될 사람에게 기름 부으러 가는 줄 알 텐데요. 사울의 첩자들이 제 일거수 일투족을 감시하고 있는

판인데 저를 가만 놔두겠습니까? 저는 베들레헴에 가기도 전에 사울의 사람들에 의해 죽을 겁니다."

「사무엘이 가로되 내가 어찌 갈 수 있으리이까 사울이 들으면 나를 죽이리이다」(:2상)

성도에게도 두려움이 있습니다.
사무엘처럼 말입니다.
사무엘은 신앙의 거장이잖아요
백발과 수염이 그의 긴 세월을 말해주는 노인이잖아요.
그런데도 두려움이 있는 법이랍니다.
우리에게도 순간순간마다 두려움이 있답니다.
그 두려움을 감추려고 하지 마십시오.
오히려 하나님께 두려움을 고백하는 겁니다.
하나님께서는 사람들이 가지고 있는 두려움을 이해하신답니다.

하나님의 음성이 들려왔습니다. 암송아지를 끌고 가랍니다. 제사장이 송아지를 끌고 가면 사람들은 제사 드리러 가는 줄 알고 누구도 의심하지 않을 거랍니다. 베들레헴 이새의 집에 가서도 제사 드리러 왔다고 말하랍니다. 그리고 의심받지 않기 위해 이새의 온 식구들을 청하랍니다. 제사가 진행되는 중에 왕이 될 사람에게 기름 부을 때를 알려 주시겠답니다. 하나님을 위하여 한 사람에게 기름 부어 왕으로 삼으라고 하셨답니다.

「여호와께서 가라사대 너는 암송아지를 끌고 가서 말하기를 내가 여호와께 제사를 드리러 왔다 하고 이새를 제사에 청하라 내가 너의 행할 일을 가르치리니 내가 네게 알게 하는 자에게 나를 위하여 기름을 부을지니라」(:2-3)

하나님께서 자신을 위해 일해 달라시네요.
사무엘이 무섭다고 하는데도 하나님을 위해 일해 달랍니다.
자신을 위해, 이스라엘 백성을 살리고 싶으신 자신을 위해
일해 달라고 하시네요.
당신의 백성을 향한 사랑 때문에
사무엘에게 간곡히 부탁하시는 거랍니다.

우리를 위해 아들 예수에게 부탁하셨답니다.
하늘의 영광 버리고 육신의 몸을 입지 않겠느냐고…
우릴 위해 아들에게 부탁하셨답니다.
땅에 내려가 고난 받지 않겠느냐고…
사탄의 저주를 받고 십자가에서 죽지 않겠느냐고…
부탁하셨답니다.

노(老) 제사장 사무엘은 암송아지 한 마리를 끌고 어디론가 가고 있었습니다. 왕실 첩자들은 의심하지 않았습니다. 늘 하던 일을 한다고 생각한 거지요. 이번엔 어디에서 제사 드리냐고 묻기에 베들레헴이라고 대답했지요. 조심해서 잘 다녀오랍니다.

베들레헴으로 가는 길은 멀었습니다. 가는 내내 사무엘은 많은 생각이 들었습니다. 왕을 세운 일을 후회하기도 하고, 새로운 왕에 대해 기대하기도 하고, 이새의 집에서 새 왕이 될 사람에게 기름을 붓기는 하겠지만 어떻게 정권이 교체될지도 궁금했습니다. 피비린내 나는 싸움이 있을 것 같기도 했구요. 그러나 사무엘은 하나님께서 모든 것들을 순조롭게 하시리라 믿었습니다.

사무엘 제사장이 암송아지를 끌고 베들레헴에 나타났네요. 사람들은 매우 감격했습니다. 나라의 큰 제사장께서 예고도 없이 작은 마을에 오셨기 때문에 베들레헴 장로들은 두렵기도 했습니다. 사람들과 인사를 나눈 사무엘은 조용히 이새의 집을 찾아갔답니다.

2 16:6–13

비밀스런 사람 고름

이새의 집은 난리가 났습니다. 큰 제사장께서 오셨기 때문입니다. 이새는 가족들을 다 모았습니다. 아이들도 모두 모이게 했습니다. 대식구였습니다. 이새와 그의 아내 그리고 아들들만 해도 일곱 명이 모였습니다.

이새 집에서 드리는 제사를 마을 사람들이 모두 보고 있었습니다. 하루종일 드리는 제사에 사무엘은 침묵하고 있었답니다. 아니 그의 머릿속에는 온통 '누가 왕일까?' 하는 생각뿐이었지요.

제사를 마치고 음식을 나눌 때입니다. 아주 근엄하게 생긴 녀석 하나가 아버지를 대신해서 사람들을 부리는 겁니다. 이새의 장남 엘리압이었습니다. 사무엘의 얼굴에 미소가 돌았습니다. 생긴 것도 장군감인데다가 사람 부리는 능력이 보통이 아니었기 때문입니다. '하나님이 선정하신 왕이 저 녀석이로구나!' 하는 생각이 들었습니다.

「그들이 오매 사무엘이 엘리압을 보고 마음에 이르기를 여호와의 기름 부으실 자가 과연 그 앞에 있도다 하였더니」(:6)

사무엘이 엘리압에 대해 생각하고 있는데, 하나님의 소리가 들렸습니다. 정신 똑바로 차리랍니다. 겉모습만으로 사람을 평가하지 말고 사람의 중심을 보라고 하시네요.

「여호와께서 사무엘에게 이르시되 그 용모와 신장을 보지 말라 내가 이미 그를 버렸노라 나의 보는 것은 사람과 같지 아니하니 사람은 외모를 보거니와 나 여호와는 중심을 보느니라」(:7)

우리의 눈이 아무리 정확하다 하더라도
사무엘 선지자만큼이나 정확하겠습니까?
사무엘의 영성에 비하면 우리의 상태는 영성도 아닐 겁니다.
그런데 우리는 종종 '사람을 한 번 보면 알 수 있다'라고
교만하게 말하곤 합니다.
그러나 우리가 안다고 하는 것은
그의 외모에 대한 느낌에 불과합니다.
사울에 대한 느낌이 얼마나 좋았는데요.
지금 엘리압에 대한 느낌도 상당히 좋습니다.

그런데 하나님의 생각은 전혀 아니란 말입니다.

겸손한 사람은

'사람을 한 번 보면 대충 알 수 있어' 라고 말하지 않습니다.

사무엘은 이새의 아들이라고 소개 받은 젊은이마다 눈여겨 보고 있었습니다. 이새가 아들을 소개할 때마다 신중하게 보았습니다만 그때마다 하나님의 음성이 들렸습니다. 하나님께서 선택한 사람이 아니랍니다. 이새의 아들들 일곱 명을 모두 보고는 이새에게 물었습니다.

"아들이 일곱뿐이요?"

이새가 대답했습니다.

"아닙니다. 한 놈이 또 있는데 막내지요. 그 녀석은 들에서 양을 치고 있습니다. 그 녀석은 양 치는 걸 무척 좋아해요. 자기 형들은 양에 관한 일이라면 냄새나고 구질구질하다면서 싫어하는데 그 놈은 어떻게 된 것인지 양에 관한 일이라면 발 벗고 나선답니다. 아주 양들과 함께 잠을 잔다구요. 자기 말로는 양을 지키다가 곰도 잡았다나요. 어느 때는 들어와서 하는 이야기가 사자가 양 무리 곁에서 어슬렁거리다가 양에게 달려드는 것을 보고는 그 사자의 입을 찢어놓았다고 하더라구요. 아주 재밌는 녀석이지요. 그 놈은 들에 나가있는데 제사장 어른께서 만나고 싶으시다면 누굴 보내서 데려오라고 하지요. 데려오면 많이 축복해 주세요."

「또 이새에게 이르되 네 아들들이 다 여기 있느냐 이새가 가로되 아직 말째가 남았는데 그가 양을 지키나이다」(:11)

사무엘이 이새에게 말했습니다.

"그 막내도 오라고 하시지요. 기왕 제사를 드리고 식사를 나누려면 온 식구가 함께 앉아 먹어야 좋을 것 같소. 우리가 시장하긴 하지만 그 아이가 올 때까지 기다렸다가 함께 식사하도록 합시다."

이새가 말을 받았습니다.

"무슨 말씀이십니까? 제사장 어른, 먼저 식사하시지요. 그 놈이 곧 올 겁니다."

"아닙니다. 막내 아드님이 오기 전까지 기다리렵니다."

「사무엘이 이새에게 이르되 보내어 그를 데려오라 그가 여기 오기까지는 우리가 식사 자리에 앉지 아니하겠노라」(:11)

한참이 지나 멀리서 다윗이 오는 모습이 보였습니다. 형들 가운데 누군가 소리를 질렀습니다.

"다윗, 얼른 뛰어와라! 너 때문에 사무엘 제사장께서 식사도 안 하고 기다리신다!"

하나님의 마음에 들어 왕으로 택하셨다고 하는 아이는 이새의 막내아들로 그 이름은 다윗이랍니다. 다윗의 얼굴은 붉었습니다. 들에서 양들과 지내면서 붉게 탄 것 같았습니다. 뛰어 와서 그런지 얼굴에 땀이 흐르고 있었구요. 붉은 얼굴에 흐르는 땀... 조그마한 녀석의 큼지막한 눈이 반짝반짝 빛나고 있었습니다. 귀엽기도 하고 당차 보이기도 했습니다. 다윗은 어리둥절해하고 있었습니다. 이새가 사무엘에게 다윗을 인사 시켰습니다.

"제사장 어른, 이 녀석이 제 막내 아들입니다. 다윗이라고 합니다."

다윗을 보는 순간, 사무엘의 마음에 감동이 왔네요. 하나님의 음성이었습니다.

"사무엘! 이 아이란다. 이스라엘의 왕으로 내가 선택한 인물이란다. 기름을 부어 왕으로 삼거라."

사무엘의 가슴이 터질 것 같았습니다. 하나님의 마음에 드는 사람을 보았기 때문입니다.

「이에 보내어 그를 데려오매 그의 빛이 붉고 눈이 빼어나고 얼굴이 아름답더라 여호와께서 가라사대 이가 그니 일어나 기름을 부으라」(:12)

사무엘은 앉았던 자리에서 일어나더니 다윗의 손을 꼭 잡았습니다.

"네가 다윗이냐? 양치는 걸 좋아한다고? 양 치다가 곰도 잡고 사자도 잡았다는데 사실이냐?"

사무엘의 말을 들은 다윗은 사무엘이 자기의 무용담을 이야기하자 기분이 무척 좋았습니다.

"그럼요! 제가 곰도 잡고 사자도 잡았지요. 그 놈들이 양을 물어 가려고 하기에..."

신나게 이야기하려다가 형들의 눈치를 보더니 이내 말꼬리를 흐렸습니다. 사무엘의 얼굴에 인자한 미소가 흐르고 있었습니다.

사무엘은 가지고 온 보자기를 풀었습니다. 뿔이 하나 나왔습니다.

손이 약간은 떨리는 듯했지만 사무엘은 천천히 뿔을 잡아들고는 다윗의 어깨를 눌러 앉게 했답니다. 다윗은 무릎을 꿇었습니다. 아버지 이새와 어머니, 이새의 아들들 그리고 베들레헴의 어른들 모두가 보는 가운데… 사무엘의 떨리는 손에 잡혀 있는 뿔이 다윗의 머리로 가네요. 사람들은 사무엘이 무엇을 하는지 몰랐습니다. 그런데 노인네가 사람들 앞에서 낮은 목소리로 아주 천천히 그리고 또박또박하게 말했습니다.

"하나님께서 이 아이에게 기름을 부어 이스라엘의 왕으로 삼으라고 내게 말씀하셨습니다."

사람들은 놀랐습니다만 아무 말도 못했구요.

"내가 하나님의 명령을 따라 이새의 아들 다윗에게 기름을 부어 이스라엘의 왕을 삼노라!"

다윗은 어리둥절했습니다. 자기가 왕이랍니다. 아직 스무 살도 되지 않은 자기에게 왕이라네요. 아는 것도 없고 겨우 할 수 있는 거라고는 양치는 일뿐인데 왕이라네요. 양들 중에 왕이라면 그럴 듯한데 아니 목자들 중에 왕을 삼는다면 이해가 되겠지만 이스라엘의 왕이랍니다. 장난 같기도 했습니다만 머리에 부어진 기름이 얼굴에 흐르는 것을 보니 장난은 아닌 것 같았습니다. 그것도 이스라엘의 대선지자요 제사장인 사무엘이 부은 기름이잖아요. 다윗은 이상하게도 눈물이 흘렀습니다. 자신도 모르는 눈물이었습니다.

「사무엘이 기름 뿔을 취하여 그 형제 중에서 그에게 부었더니 이 날 이후로 다윗이 여호와의 신에게 크게 감동되니라」(:13)

다윗, 그는 꿈을 가진 사람이 아닙니다.
그는 왕이 되려고 하지도 않았고,
왕이 되겠다는 야망도 없었습니다.
그는 하나님의 역사의 맥 속에서
하나님의 일방적인 선택으로 기름부음을 받았답니다.
하나님의 역사는 우리가 말하는 것처럼
꿈의 사람 혹은 비전(Vision)의 사람이 이어가는 것이 아닙니다.
성경에 나오는 하나님 역사의 맥을 이어간 사람들은
스스로가 하나님 역사의 맥을 이어가겠다는
꿈이나 비전을 가진 적이 없습니다.
하나님께서 일방적으로 선택하신 사람들에 의해 이어집니다.
이것을 하나님의 절대 주권이라고 하는 거지요.
다윗이 선택된 과정을 보면 알 수 있잖아요.
그는 자신이 생각지도 못한 상태에서
하나님의 역사의 맥을 이어가는 사람이 된 겁니다.
우리가 꿈의 사람으로 손꼽는 대표적인 모델인 요셉도 그렇습니다.
요셉은 잠자다가 꿈을 꾼 사람에 불과합니다.
그것은 비전이 아닙니다.
잠자다가 자신의 의지와는 상관없이 꿈을 꾼 겁니다.
그가 꾼 꿈은 스스로가 만든 것이 아닙니다.
하나님께서 그의 머릿속에 일방적으로 집어넣으신 거지요.
하나님의 역사의 맥을 이어가기 위한
하나님의 절대 주권의 행동이셨습니다.
단지 요셉이 애굽의 총리가 된 후에 수십 년 전의 꿈이 이런 것을 예표한 것이었음을 깨달았을 뿐입니다.

비전을 갖는 것보다 더 중요한 것이 있습니다.
성실하고 겸손하게 하나님을 사랑하는 겁니다.
하나님을 향해 가진 꿈이
훌륭해 보이고 멋져 보일지 모르지만,
사실상 그것이 신앙인으로서 성공하기 위해
거룩이라는 포장지에 가려진 야심 혹은 욕심일 수 있는 거지요.
하나님은 이 포장지 속에 자신의 야망을 감추고 있는 사람을
가증스럽게 여기십니다.

다윗…
그는 성실하게 살았을 뿐입니다.
그는 겸손하게 살았을 뿐입니다.
그는 하나님을 사랑했을 뿐입니다.
그의 이런 삶은 자기 성공을 위한 수단이 아니었습니다.
하나님 사랑하는 것, 그것이 그의 전부였습니다.

③ 16:14–23

버려진 사람과 선택된 사람의 만남

사울은 여호와께서 그 마음에 맞는 사람을 구하여 그 백성의 지도자를 삼으실 것이며, 여호와께서 자신을 버려 왕이 되게 하지 못하게 하신다는 사무엘의 말을 잊을 수가 없었습니다. 홀로 누워 있을 때면 사무엘 선지자의 눈빛까지 떠오르면서 그의 말이 자꾸 생각나고, 누군가와 이야기를 하다가도 '혹 저 놈이 내 자릴 빼앗을 놈이 아닌가?' 하는 생각이 번뜩 들기도 했습니다. 체격이 좀 좋은 놈이라든가 말 잘하는 놈이 나타나면 그런 생각부터 들었답니다. 지방에서 소요가 있다는 보고가 들어오면 어떤 놈이 역모를 꾸민 것은 아닌가 하는 생각도 했답니다. 암살 당할 것 같은 생각에 잠자리까지 불안했습니다.

누구한테 말할 수도 없었구요. 시간이 흐를수록 사무엘이 한 말의 노예가 되었습니다. 입맛도 없어져 신하들이 귀하고 맛난 음식을 가져와도 먹기 싫었습니다. 불면증으로 인해, 식욕부진으로 인해, 걱정과 두려움으로 인해 사울 왕은 점점 초췌해져 가고 있었답니다. 매사 짜증과 신경질만 부리더니 이젠 성격마저 포악해져 마치 정신병자 같았습니다. 사람들은 그의 옆에 가는 것을 무척이나 싫어했답니다. 누군가가 사울 왕이 귀신들린 것 같다고 말했습니다. 아니 그는 정말 귀신 들린 사람이었습니다!

「여호와의 신이 사울에게서 떠나고 여호와의 부리신 악신이 그를 번뇌케 한지라」(:14)

사울이 하나님께 관심을 두었다면
왕위 때문에 신경쇠약에 걸리지 않았을 것입니다.
하나님께 관심을 둔 사람은
다른 것을 잃어버린다 하더라도 불안해하지 않습니다.
하나님을 향한 마음과 생각이 일직선으로 되어 있기 때문입니다.
하나님께 관심을 두면 평안하답니다.
나의 하나님을 향한 일직선의 통로를 타고
하나님의 은혜가 내려오기 때문입니다.
그래서 하나님이 말씀하셨습니다.
「너는 마음을 다하고 성품(性稟)을 다하고
힘을 다하여 네 하나님 여호와를 사랑하라」(신 6:5)고…

사울 왕도 미칠 것 같았습니다. 자신도 그러면 안 된다는 것을 알면서도 절제할 수 없었습니다. 의료진들이 주는 약을 먹기도 했고 다양한 방법의 치료를 받았지만 아무런 소용이 없었습니다.

한 신하가 용기를 내어 왕에게 진언했습니다.

"왕이시여! 왕의 병은 하나님이 부리시는 악신이 장난하는 겁니다. 그것은 정신적인 문제에서 온 것으로 생각됩니다."

사울 왕은 깜짝 놀랐습니다. '혹 이놈이 사무엘의 말을 알고 있는 놈인가? 내가 폐위된다는 것을 아는 놈이 없는데...' 신하는 말을 계속이었습니다.

"병의 치료를 위해서는 안정을 취하는 것이 제일입니다. 좋은 음악을 들으셔야 할 줄 압니다. 음악으로 치유하는 것을 말합니다. 영감 있는 음악은 악신을 쫓아내거든요!"

> 「사울의 신하들이 그에게 이르되 보소서 하나님의 부리신 악신이 왕을 번뇌케 하온즉 원컨대 우리 주는 주의 앞에 모시는 신하에게 명하여 수금 잘 탈 줄 아는 사람을 구하게 하소서 하나님의 부리신 악신이 왕에게 이를 때에 그가 손으로 타면 왕이 나으시리이다」(:15–16)

다윗은 사무엘이 자신에게 기름 부으며 이스라엘의 왕이 될 거라고 했던 일을 잊을 수가 없었습니다. 양을 치다가도 가끔 생각하곤 했습니다. '왕은 어떻게 살고 있을까? 내가 왕이 되면? 진짜로 내가 왕이 될까?' 다윗은 생각이 많았습니다. 이런저런 생각하다가 귀찮은 듯 수금을 타면서 노래 부르곤 했답니다.

다윗의 수금 타는 솜씨는 기가 막혔습니다. 베들레헴의 장로들까지도 칭찬할 만큼 다윗의 수금 솜씨는 아주 유명했답니다. 사울 왕이 파견한 정보원들도 다윗의 수금 솜씨에 감탄했습니다. 사울 왕에게 보고하러 간 정보원들은 베들레헴 마을에 사는 다윗이라는 꼬마 녀석의 수금 솜씨가 정말 기가 막히다고 말하곤 했습니다. 다윗의 수금 솜씨에 대한 정보원들의 칭찬이 사울 왕의 건강을 맡고 있던 의료진들에게 들렸습니다. 의료진들은 정보원을 불러 물었습니다. 다윗이란 아이가 수금을 정말 잘 타더냐고, 나이는 몇 살이나 되어 보이더냐고, 집안은 괜찮은 집안이냐고, 사울 왕을 반대하는 측에 동조하는 집안은 아니냐고... 정보원들은 칭찬까지 곁들여 사실대로 말했답니다.

의료진들은 사울 왕에게 보고했습니다. 다윗이라는 소년이 수금을 잘 타는데 데려다가 왕을 위해 연주하는 게 어떻겠냐고... 사울 왕은 상세히 물었습니다. 집안을... 성격을... 신앙을... 나이를... 신하가 대답했습니다. 이름은 다윗이고... 아버지는 이새라고 하는데 아들만 8명을 두었다고... 아들 가운데 몇 명은 왕실 군대에서 충성을 다하고 있답니다. 사상도 괜찮다는 보고였습니다. 다윗은 양 치는 목동으로 어린 녀석이지만 용기도 있고 말도 잘 한다고 칭찬했답니다. 왕을 위해 아주 좋은 신하가 될 거라고 했답니다.

> 「소년 중 한 사람이 대답하여 가로되 내가 베들레헴 사람 이새의 아들을 본즉 탈 줄을 알고 호기와 무용과 구변이 있는 준수한 자라 여호와께서 그와 함께 계시더이다」(:18)

다윗에 관해 들은 사울 왕은 모든 것이 안심할 만 했습니다. 더욱이 아들 요나단과 비슷한 나이이기에 역모 내지는 왕을 해칠만 한 놈은 아니라는 생각이 들었답니다. 그래서 일단 데리고 오라고 했지요.

이새의 집에 왕실에서 나왔다는 사람들이 찾아 왔습니다. 다윗을 데리러 왔다네요. 이새와 그의 아들들은 덜컥 겁이 났습니다. 혹시 지난번 사무엘이 다윗에게 기름 부은 일을 알고 잡으러 온 것이 아닌가 하는 생각이 들었기 때문입니다.

왕실에서 온 사람이 다윗의 수금 솜씨가 유명해서 왕실 수금 연주자로 부르는 거라고 말했습니다. 이새와 가족들은 한시름 놓았습니다. 한 아들에게 다윗을 불러오라고 시켰구요, 다른 자식들에게는 다윗이 갈 때 빈손으로 가게 할 수 없으니 왕에게 바칠 음식을 준비하게 했답니다.

> 「사울이 이에 사자를 이새에게 보내어 이르되 양 치는 네 아들 다윗을 내게로 보내라 하매 이새가 떡과 한 가죽부대의 포도주와 염소 새끼를 나귀에 실리고 그 아들 다윗의 손으로 사울에게 보내니」(:19-20)

다윗은 신났습니다. 왕을 볼 수 있기 때문입니다. 왕의 입은 옷, 왕이 사는 집, 왕이 먹는 음식 등이 궁금했거든요. 그런데 왕이 부르신답니다. 왕을 위해 수금만 타면 되는 것이구요. 그러면서 생각했습니다. '내가 진짜 왕이 되는 걸까?'

왕궁에 도착했습니다. 훌륭한 집이었습니다. 사람도 많았지만 입고 있는 옷들이 무척이나 멋있었습니다. 수금 하나 들고 이스라엘의 왕인 사울 앞으로 갑니다. 두리번거리는 다윗은 촌스러웠습니다.

멋있는 방으로 들어갔습니다. 아주 조용했구요, 제일 좋은 자리에 아주 멋지게 보이는 분이 있었습니다. 아버지 이새만큼 늙어 보였습니다. 데리고 간 사람이 저 분이 사울 왕이라고 말해 주었습니다. 절을 하랍니다. 절했습니다. 그리고 아버지가 보낸 왕을 위한 선물을 드렸습니다. 사울 왕은 무척이나 기분이 좋은가 봅니다.

사울 왕은 다윗을 보고 첫눈에 반했습니다. 그러더니 자기 옆에 언제나 있어달랍니다. 나쁜 놈들이 혹시 있을지 모르니 자신을 경호하는 사람이 되어달랍니다.

「다윗이 사울에게 이르러 그 앞에 모셔 서매 사울이 그를 크게 사랑하여 자기의 병기 든 자를 삼고」(:21)

참 기구한 만남입니다.
사울은 누군가 자신의 왕좌를 찬탈할 것이라는 예언 때문에
정신분열증에 빠져 있고
다윗은 사무엘 선지자로부터 왕으로 기름 부음을 받은 사람이고
다윗은 왕궁과 사울의 집무실에 들어서면서
무슨 생각을 했을는지 무척이나 궁금합니다.

왕궁으로의 입성은 단순히 음악가로서의 입성이 아닙니다.

정치 수업을 위한 하나님의 훈련이 시작되었음을 의미합니다.

왕은 어느 날 갑자기 되는 것이 아닙니다.

왕에게도 수업이 필요합니다.

나라를 어떻게 움직여야 하는지 배워야 합니다.

그래서 다윗을 왕궁으로 들여보내신 것입니다.

그는 잘 배우고 있습니다.

사울은 자신의 자리를 빼앗길까봐

두려워하면서 모든 사람을 의심했지만

다윗은 의심의 대상에 끼지도 못했습니다.

왜냐하면 그는 어리고 바보같고 시골스러웠기 때문입니다.

다윗에게서 풍기는 양의 냄새는 사울로 하여금

다윗을 의심하지 않게 하는 방패 역할을 하였답니다.

사울 왕이 다윗의 아비 이새에게 사람을 보냈습니다.

이제부터 다윗은 왕궁에서 살 거랍니다.

사울 왕의 병기 드는 직책을 얻어 왕을 지킬 것이고

왕 옆에서 수금을 타면서 사울을 도울 것이랍니다.

그러니 걱정하지 말라네요.

「이새에게 사람을 보내어 이르되 청컨대 다윗으로 내 앞에 모셔 서게 하라 그가 내게 은총을 얻었느니라 하니라」(:22)

다윗은 바빠지기 시작했습니다. 마음대로 살았던 어제와는 달랐습니다. 짜여진 시간표에 따라 움직여야 하고, 입어야 하는 옷도 정해져 있었습니다. 때에 맞춰 식사해야 했으며 그 방법도 무척이나 어려웠습니다. 왕실에서의 생활은 정말 적응하기 힘들었습니다. 자유가 없네요. 이런 생활을 왜 하는지 모르겠습니다. 또 매일 짜여진 시간표에 따라 회의를 합니다. 정말 지겨웠습니다. 근엄한 신하들이 들어와 왕과 한참 이야기합니다. 군인들도 들어와 심각하게 이야기합니다. 다윗은 그럼에도 불구하고 왕 옆에 항상 붙어 있어야 했습니다. 왕의 그림자와도 같았습니다. 무척 힘들었습니다. 왕이 된다는 것은 정말 어렵다는 것을 배우기 시작했답니다.

하나님의 치밀하심…
저절로 되는 것은 아무 것도 없답니다.
갑작스럽게 되는 것도 아무 것도 없답니다.
과정이 필요합니다.
훈련이 필요합니다.
다윗에게 하나님이 훈련을 시키시는 겁니다.
왕실이 어떤 것인가를…
왕이 어떤 일을 하는가를…
왕이 만나는 사람들이 어떤 사람인가를…
아주 세세히 보여주고 계셨답니다.
하나님의 치밀하심…
잘 이겨내고 극복해야 합니다.
그래야 왕이 되는 겁니다.

사울 왕이 다윗을 믿을만 하도록, 그래서 항상 최측근에 두고 왕 수업을 하도록 하나님이 역사하셨습니다. 다윗이 수금을 타면 사울의 질병이 없어지게 하신 것이지요.

「하나님의 부리신 악신이 사울에게 이를 때에 다윗이 수금을 취하여 손으로 탄즉 사울이 상쾌하여 낫고 악신은 그에게서 떠나더라」(:23)

4 17:1–11
다가오는 괴물

이스라엘 땅 여기저기에 틈만 나면 못된 놈들의 침략이 있었습니다. 그러나 그리 큰 어려움은 없었습니다. 지파들 스스로가 잘 이겨냈기 때문입니다.

블레셋 놈들이 또 쳐들어 왔답니다. 툭하면 쳐들어오는 놈들이니 그러려니 했습니다만 이번에 보고된 내용은 심상치 않았습니다. 괴물 같이 덩치가 큰 놈을 앞장세우고 쳐들어왔다는 겁니다. 왕이 직접 나가야 한답니다. 사울 왕은 큰 싸움에는 직접 나가 지휘하기도 했고, 적군의 우두머리와 협상하기도 했으며, 어떤 경우에는 직접 적장과 싸우기도 했었습니다. 그러나 직접 나가는 일은 무척이나 귀찮은 일이었습니다. 그런데 이번에는 사울 왕이 직접 나서지 않으면 나라가 위태로워질 거라네요. 사울 왕은 많은 군사들을 데리고 전쟁터로 나갔답니다. 전쟁터에 나가보니 진을 친 엘라 골짜기가 가득 찰 정도로 많은 이스라엘 군사들이 있었습니다. 그런데 이스라엘 군사들은 모두가 움추리고 있을 뿐 도무지 싸울 생각은 하지 않아 한심해 보였습니다. 이스라엘 군사들은 사울 왕이 전쟁터에 나타났다는 소리를 듣고 환호하기 시작했습니다. 이스라엘 군의 지휘관 중에 한 명인 다윗의 맏형 엘리압도 사울 왕이 등장하자 무척이나 반가워했습니다.

"사울 왕 만세! 사울 왕 만세! 이스라엘 만세!"

사울 왕은 이스라엘 군사들 앞에서 방문 연설을 시작했습니다.

"이스라엘 형제들이여! 나는 여러분을 위해 우리 앞에 있는 블레셋 놈들을 때려잡기 위해 이곳에 왔느니라. 우리의 원수 블레셋에 어떤 장수가 있는지는 몰라도 이스라엘의 영원한 번영을 위협하는 어떤 놈도 내가 가만히 둘 수 없도다! 단칼에 그 놈의 목을 베어 이스라엘을 넘보는 놈들이 어떻게 된다는 것을 보여주마!"

사울 왕의 연설은 이스라엘 군사들의 사기를 세워 주기에 충분했습니다.

"어떤 놈이 이스라엘에 들어온 놈이냐?"

맞은 편 골짜기에 진 치고 있는 블레셋 진영을 향해 고함을 질렀습니다. 그 때 블레셋 진영에서 한 사람이 나타났습니다. 괴물 같이 엄청나게 큰 놈이었습니다. 그 놈 앞에 조그만 놈 하나가 방패를 들고 있었구요 뒤에는 블레셋 군사들이 따라오고 있었습니다. 보통 놈이 아니었습니다. 키가 3m 정도로 보통 사람의 두 배는 족히 되어 보였습니다. 그 큰 덩치에 눈을 제외하곤 얼굴 전체를 가리는 놋 투구를 썼구요, 다리까지 놋으로 만든 경갑으로 싼 훌륭한 갑옷을 입고, 어깨 위에는 놋으로 만든 단창이 있었습니다. 허리춤에는 멋진 칼집에 칼이 꽂혀 있었고, 손에는 엄청나게 큰 창이 들려 있었습니다. 이 놈이 소리를 벅벅 지르면서 걸어오는 겁니다.

사울 왕은 황당했습니다. 자신도 작은 덩치가 아닌데 자신과는 비교도 할 수 없는 겁니다. 자신보다 1m 이상 더 클 것 같았습니다. 그야말로 괴물이었습니다. 사울 왕은 아무 말도 못하고 바라보고만 있는데 누군가 말했습니다.

"전하, 저 괴물 같은 놈의 이름은 골리앗이라는 놈이랍니다. 블레셋 가드 놈이라네요."

「블레셋 사람의 진에서 싸움을 돋우는 자가 왔는데 그 이름은 골리앗이요 가드 사람이라 그 신장은 여섯 규빗 한 뼘이요 머리에는 놋 투구를 썼고 몸에는 어린갑을 입었으니 그 갑옷의 중수가 놋 오천 세겔이며(약 57kg) 그 다리에는 놋 경갑을 쳤고 어깨 사이에는 놋 단창을 메었으니 그 창 자루는 베틀 채 같고 창날은 철 육백 세겔이며(약 10kg) 방패 든 자는 앞서 행하더라」(:4-7)

"전하! 전하가 나서셔야 합니다! 저 놈이 일단 일대일 대결을 먼저 벌이자고 합니다. 한판에 끝내자는 거에요! 우리 군사 중엔 전하만한 인물이 없습니다."

누군가 섬뜩한 이야기를 하자 신하들은 왕의 눈치를 보면서 쥐 죽은 듯 조용히 있었습니다. 골리앗은 이스라엘 진영의 코 앞까지 걸어와서 이스라엘 군사들을 향해 다시 소리 지릅니다.

"이 놈들아! 싸우려고 나온 놈들이 왜 그렇게 벌벌 떨고만 있는 거여? 칼 가지고 창 가지고 싸우러들 왔으면 덤벼보라구! 너희 왕인지 뭔지 하는 놈이 나오든지 아니면 한 놈씩 내보내서 나와 한판 붙으면 될 것 아니여! 너희가 나를 이기면 우리 블레셋이 너희 종이 될 것이고, 너희가 보낸 놈이 내게 지면 너희 이스라엘이 우리 블레셋의 종이 되면 될 것 아니여?"

소리 지르던 골리앗은 입에 침이 고였는지 이스라엘 진영을 향해 침을 뱉었습니다.

"이 머저리같은 이스라엘 놈들아! 병신같이 그러고들만 있지 말고 어서 나오란 말이여! 근질근질해서 못 살겠다! 안 나오면 싸그리 죽여버릴 거여! 알겠는가? 이 놈들아 너희들은 배알도 없냐? 나 같으면 자존심 상해서라도 한판 붙겠다"!

「그가 서서 이스라엘 군대를 향하여 외쳐 가로되 너희가 어찌하여 나와서 항오를 벌였느냐 나는 블레셋 사람이 아니며 너희는 사울의 신복이 아니냐 너희는 한 사람을 택하여 내게로 내려 보내라 그가 능히 싸워서 나를 죽이면 우리가 너희의 종이 되겠고 만일 내가 이기어 그를 죽이면 너희가 우리의 종이 되어 우리를 섬길 것이니라 그 블레셋 사람이 또 가로되 내가 오늘날 이스라엘의

군대를 모욕하였으니 사람을 보내어 나로 더불어 싸우게 하라 한지라」(:8-10)

사울 왕은 넋을 잃고 있었습니다. 이스라엘 군사들은 숨소리도 낼 수 없었습니다. 골리앗이 무서웠기 때문이었답니다.

「사울과 온 이스라엘이 블레셋 사람의 이 말을 듣고 놀라 크게 두려워하니라」(:11)

이스라엘을 위해 싸워야 할 사람은 사울 왕이잖아요.
그런데 그 일을 해야 할 왕이 두려워하고 있답니다.
그 일을 위해 뽑은 왕이 아무 것도 못하고 있답니다.
전에는, 왕이 없을 때는 그러지 않았습니다.
철 병거를 수백 대 몰고 온다 하더라도
수만 명 아니 수십 만 명이
굉장한 무기를 갖고 온다 하더라도 떨지 않았답니다.
하나님께 기도하면 하나님께서 처리해 주실 줄 알았거든요.
그런데 지금은 겨우 한 사람이 소리를 지르고 있는데도
어쩔 줄 몰라 하고 있는 겁니다.
사람을 믿고 있는 사람들의 모습입니다.
사람을 의지하지 마세요.
사람은 의지하거나 믿을 대상이 아니랍니다.
(사람은 사랑할 상대일 뿐입니다.)
이스라엘 사람들이 깨달았으면 좋겠습니다.
왕이 자신들을 구원하는 것이 아니라
구원자는 오직 하나님뿐이라는 것을 말입니다.

5 17:12-16
전쟁터에 있는 다윗 형들

골리앗이 소리를 지르고 있는 전쟁터로 다윗의 형들도 불려 나갔습니다. 큰 형 엘리압, 둘째 형 아비나답 그리고 셋째 형 삼마가 갔답니다. 형들은 나이가 많기도 하고 싸움 경력도 제법 있었답니다. 사울 왕이 전쟁을 위해 강제로 징집한 거겠지요. 왕에게는 그런 권한이 있으니까요. 다윗은 아직 어려서였는지 불려나가지 않았습니다. 그래서 집에 남아 형들을 대신해 양 치는 일까지 해야 했답니다.

「다윗은 유다 베들레헴 에브랏 사람 이새라 하는 자의 아들이었는데 이새는 사울 당시 사람 중에 나이 많아 늙은 자로서 여덟 아들이 있는 중 그 장성한 세 아들은 사울을 따라 싸움에 나갔으니 싸움에 나간 세 아들의 이름은 장자 엘리압이요 그 다음은 아비나답이요 제 삼은 삼마며 다윗은 말째라 장성한 삼인은 사울을 좇았고」(:12-14)

사울 왕은 마음이 초조했습니다. 전쟁의 끝은 보이지 않고 괴물같은 골리앗은 한 사람을 내보내라고 지랄하고 있고, 이러한 틈을 타서 블레셋 놈들은 마을을 쳐들어와 노략질을 한다 하고, 그런 상태로 40일이 지나도록 실마리가 풀리지 않는 겁니다. 전쟁터에 있다가 피곤하면 왕궁에 돌아와 쉬기도 했지만 마음이 편치 않았습니다. 그럴 때면 머리 아픈 왕을 위해 신하들은 수금 타는 녀석을 불러 수금을 연주하게 했답니다. 어느 녀석인지 수금 하나는 잘 탔답니다. 그 소리를 듣고 있노라면 슬그머니 잠들었고 깨어나면 아침이었습니다.

다윗은 그래서 바빴답니다. 집에서는 전쟁터에 나간 형들의 몫까지 해야 했기에 바빴구요, 또 어느 날은 왕실에서 부른다고 해서 달려가 수금을 타야 했기에 바빴습니다. 다윗은 왕께서 잠이 깊이 드실 때까지 수금을 타야 했기에 이만저만 피곤한 것이 아니었습니다.

「다윗은 사울에게로 왕래하며 베들레헴에서 그 아비의 양을 칠 때에」(:15)

성실한 다윗의 모습, 예쁘네요.
맡겨진 양을 성실히 돌보고 있는 모습이 아름답구요.
바쁜 중에서도 사울 왕을 위해

성실하게 수금을 타는 모습도 아름답네요.
우리도 맡겨진 일을 열심히 하자구요.
내 일은 물론이구요
다른 사람이 부탁한 일이라 할지라도 성실히 해야겠죠.

아니 다른 사람의 일이라면 더 열심히 하는 겁니다.

그게 정말 멋진 사람 아닐까요?

사실 다윗의 이 아름다움 때문에

하나님이 그를 왕으로 선택하셨답니다.

그랬더니 그가 왕이 된 후에도 어렸을 때와 같이

백성을 잘 지도하였답니다.

「또 그 종 다윗을 택하시되 양의 우리에서 취하시며
젖양을 지키는 중에서 저희를 이끄사
그 백성인 야곱 그 기업인 이스라엘을 기르게 하셨더니
이에 저가 그 마음의 성실함으로 기르고
그 손의 공교함으로 지도하였도다」(시 78:70-72)

다윗은 가끔 왕실에서 블레셋과의 전쟁이 잘 풀리지 않는다는 소리를 들을 때마다 걱정이 많았습니다. 그로 인해 괴로워하는 왕과 전쟁터에 나가 있는 형들에 대한 걱정 때문이었습니다. 벌써 전쟁이 시작된 지 사십 일이나 지났다네요.

⑥ 17:17-30
전쟁터 상황

그 때 다윗의 나이는 17-18세 정도였습니다. 붉은 머리카락에 반질반질한 얼굴, 똘망똘망한 몸놀림의 덜 익은 듯한 청년 다윗, 그는 막내였기에 심부름을 도맡아 하는 신세였을 것이 뻔합니다. 사랑도 많이 받았고 구박도 많이 받았을 테지요. 막내잖아요. 늙은 이새의 마음은 장남에게 있었는가 봅니다. 아니 그럴 수밖에 없었겠죠. 목숨을 걸고 전쟁터에 있었으니까요. 집안을 이끌고 갈 엘리압에 대한 늙은 이새의 걱정, 전쟁터에 나간 다른 두 아들에 대한 걱정... 어쩔 수 없는 아버지의 마음이었습니다.

다윗은 사울 왕에게 갔다 올 때면 전쟁터 소식을 아버지에게 전하곤 했습니다. 아버지가 궁금해서 물었기 때문입니다. 다윗은 들은 대로 전쟁이 잘 풀리지 않는 것 같다고 말했습니다. 늙은 이새는 걱정이 많았습니다. 그래서 다윗을 붙들고 부탁했답니다.

"다윗아, 형들에게 다녀올 수 있겠냐? 내가 음식 좀 만들어 줄 테니 형들에게 갖다 주고, 형들이 어떻게 지내고 있는지 잘 살피고 오너라. 애비가 궁금해서 못 살겠다."

다윗은 아버지 말을 원래부터 잘 들었거든요. 아버지 말대로 전쟁터로 가겠다고 했답니다. 아버지가 다시 불렀습니다.

"다윗, 반드시 형들이 속한 부대의 천부장 어른을 만나서 그분께 이 치즈 열 덩어리를 드리거라."

혹시 아들들을 위험한 곳에 배치시키지 않을까 하는 늙은 아버지의 마음이었습니다.

「이새가 그 아들 다윗에게 이르되 네 형들을 위하여 이 볶은 곡식 한 에바와 이 떡 열 덩이를 가지고 진으로 속히 가서 네 형들에게 주고 이 치스 열 덩이를 가져다가 그들의 천부장에게 주고 네 형들의 안부를 살피고 증표를 가져오라」(:17–18)

아버지의 마음... 이런 겁니다.

아버지의 마음은 전쟁터에 나간 아들들에게 있답니다.

혹 부상을 입지는 않을까?

배고프지는 않을까?
잠은 제대로 자고 있을까?
아들들이 전쟁터에 가 있는 동안
아버지는 잠을 잘 수가 없는 거지요.
그러면 안 되지만 뇌물을 주고서라도
위험한 곳에서 싸우지 않도록 하고 싶은 마음이
아버지의 마음이랍니다.
우리 하나님 아버지의 우리를 향한 마음은 이와 똑같답니다!

다윗은 아버지의 말을 듣는 것이 행복해했던 것 같네요. 아침 일찍 아버지께서 싸놓은 작지 않은 보따리를 허리와 어깨에 붙들어 맸습니다. 아버지께 꾸벅 인사하고 이스라엘과 블레셋이 싸우고 있다는 엘라 골짜기로 갔답니다. 다윗의 집에서 빠른 걸음으로 사흘은 걸어야 하는 무척 먼 거리였지요. 다윗은 아버지께 인사하고 집을 떠나 엘라로 가기 전 친구에게 부탁했습니다.

"친구야! 부탁이 있는데, 내가 지금 아버지 심부름으로 엘라 골짜기에 갔다 와야 하거든. 아마 넉넉잡고 닷새는 걸릴 것 같아. 근데 양 있잖아... 양을 좀 부탁하려고. 그 때까지 잘 좀 돌봐 줘야 해!"

"그래 걱정하지 말고 잘 다녀와라!"

친구의 대답이었습니다.

"근데 그 양 가운데 말이야. 요즘 아픈 놈이 있어. 반드시 그늘에서

쉬게 하고 물을 먹이도록 해. 고집이 센 놈 몇 마리가 있는데 귀찮다고 그 놈들 때리면 안 된다. 양은 말이야 사랑해 주면 된다구."

다윗은 양을 맡기면서도 한 마리 한 마리를 챙겼답니다. 아버지는 이런 다윗을 지켜보고 있었습니다.

「다윗이 아침에 일찍이 일어나서 양을 양 지키는 자에게 맡기고」(:20)

다윗은 양을 사랑했습니다.
어리석고 고집 세며 단순하여 스스로는 살지 못하는 불쌍한 양…
그렇지만 다윗에게 양은 귀찮은 존재가 아니었습니다.
자신이 돌보아야 하는 미물이었습니다.
자신이 없으면 불안해하는 양임을 알고 있었습니다.
다윗은 양을 사랑했답니다.
이때 양을 키우면서 하나님을 생각하곤 했는가 봅니다.
'양이 어리석고 고집 세고 단순한 것이 아니라
내가 양과 같은 존재로구나…' 하면서 말입니다.
양이 자신을 그토록 필요로 하듯
자신도 하나님 없이는 살 수 없음을 느끼곤 했습니다.
그래서 다윗은 이렇게 노래했습니다.

「여호와는 나의 목자시니
내가 부족함이 없으리로다.
그가 나를 푸른 초장에 누이시며
쉴 만한 물가으로 인도하시는도다.
내 영혼을 소생(蘇生)시키시고

자기 이름을 위하여 의의 길로 인도하시는도다.
내가 사망의 음침한 골짜기로
다닐지라도 해(害)를 두려워하지 않을 것은
주께서 나와 함께 하심이라.
주의 지팡이와 막대기가 나를 안위(安慰)하시나이다.
주께서 내 원수의 목전에서 내게 상을 베푸시고
기름으로 내 머리에 바르셨으니 내 잔이 넘치나이다.
나의 평생에 선하심과 인자하심이 정녕 나를 따르리니
내가 여호와의 집에 영원히 거하리로다」(시 23:1-6)

양들을 걱정하면서 걸었습니다. 그러면서도 이스라엘을 괴롭히는 블레셋 놈들이 어떻게 생겼는지 보고 싶기도 했습니다. 감히 하나님의 백성을 괴롭히는 놈들이라고 생각하니 기분이 나빴습니다. 기분 같아서는 하나님을 욕하는 어떤 놈이든지 한방 날려 주고 싶었습니다. 전에 곰의 발톱에서 양을 뽑아냈던 생각이 났습니다. 사자가 양을 물고 갈 때 달려들어서 사자의 입을 찢어 버린 일도 생각났습니다. 블레셋 놈들도 그렇게 한방에 날릴 수 있을 것 같다는 기분이 들었답니다.

가는 길은 무척 멀었습니다. 어두워지면 싸늘함을 피할 수 있는 곳을 찾아 잠을 잤답니다. 양을 치면서 밤을 지샜던 적이 많아서 그런지 밤을 지새기는 그리 어렵지 않았답니다.

엘라 골짜기 도착한 것 같습니다. 군사들이 모여 있는 것을 보니 이스라엘 군사들이 틀림없었습니다. 군사들은 전쟁에 나가려는 듯 보이지 않는 쪽을 향하여 소리를 지르고 있었답니다. 다윗은 전쟁을 직접 보게 되어 흥분되었습니다. 엘라 골짜기에 다다르니 정말 대단했습니다. 이스라엘 군사들이 지르는 소리도 대단했지만 블레셋 군사들이 지르는 소리 또한 대단했습니다. 양쪽 군사들이 금방이라도 달려들어 싸울 것 같은 모습이었습니다.

「다윗이…가서 진영에 이른즉…싸우려고 고함하며 이스라엘과 블레셋 사람이 항오를 벌이고 양군이 서로 대하였더라」(:20하-21)

이스라엘 군사들과 블레셋 군사들이 서로 마주보고 소리 지르는 모습을 보고 있던 다윗은 형들이 생각났습니다. 군인들이 전쟁터로 싸우러 나가기 전 얼른 형들을 만나 아버지의 소식을 전해야겠다는 생각이 든 겁니다. 형들이 아버지의 소식을 듣고는 더욱 힘을 낼 수 있으리라 생각했기 때문이었지요. 사람들에게 물었습니다. 엘리압이 어디 있냐고, 아비나답이 어디 있냐고, 삼마가 어디 있냐고… 형들은 전쟁터로 나갔답니다. 다윗은 전쟁터에 있는 형들을 만나기로 마음먹었습니다. 한 구석에 군사를 면회하기 위한 안내소에 아버지가 준 짐들을 맡기고는 형들이 있다는 곳으로 갔지요. 그 곳에서 블레셋 군을 가까이서 볼 수 있었습니다. 정말 대단한 소리들이었습니다.

다윗은 마침내 형들을 발견했네요. 무척 반가웠습니다.

"형!"

시끄러운 소리를 뚫기 위해 고함치듯 지른 소리였습니다. 형들은 들리지 않는 모양입니다. 다윗은 또 소리를 질렀습니다.

"형! 형!"

그래도 엘리압과 아비나답, 삼마는 뒤도 돌아보지 않았습니다. 다윗은 형들 가까이로 갔습니다. 아무도 다윗을 막지 않았습니다. 자기들도 정신이 없었거든요. 엘리압, 아비나답 그리고 삼마는 뭔가 소리만 지르고 있었지 활도 쏘지 않고 앞으로 나가지도 않았습니다. 다윗은 소리지르고 있는 형들을 툭툭 쳤습니다.

"형! 나 다윗이야! 와 이제 블레셋 놈들하고 싸우려는 거야?"

엘리압은 깜짝 놀랐습니다. 생각지도 않게 막내가 나타났기 때문입니다.

"야, 막내야! 너 여긴 어떻게 왔냐?"

아비나답도 다윗이 왔다는 소리에 놀라 다윗을 쳐다보았습니다. 저쪽에 있던 삼마도 왔습니다.

"형! 고생이 많겠다. 나? 아버지가 형들 때문에 마음 고생이 많으신가봐. 그러더니 형들에게 갔다 오라고 하시더라구. 잘 있나 보고 오랬어. 형들 고생은 하지만 내가 보니 다들 멀쩡하네."

「다윗이 그 짐을 짐 지키는 자의 손에 맡기고 군대로 달려가서 형들에게 문안하고」(:22)

"형! 그런데 왜 싸움은 안 하고 소리들만 지르고 있는 거야? 저 블레셋 놈들 그냥 한 방에 날려 버리면 되잖아. 내가 물매로 한 놈씩 때려눕힐

까? 형 내 물매 솜씨 알지?"

다윗의 말이었습니다.

"야! 다윗, 까불지 마라. 여기가 양 치는 들판인 줄 아냐? 잘못하다가는 큰일난다. 저 블레셋 놈들 중에 괴물이 있는데 그 놈이... 글쎄..."

형이 이야기하고 있는 중에 갑자기 블레셋 군인들의 소리가 더 커졌습니다. 이스라엘 군사들은 바짝 긴장하기 시작했지요. 그런데 다시 조용해지더니 큰 목소리가 들렸습니다.

"이 놈들아! 한 놈 내보내라는데 뭣하고 있냐? 벌써 사십 일이 지났다, 이 놈들아. 이젠 항복하는 게 어떠냐? 너희들은 우리 블레셋의 노예니라! 이 골리앗이 쳐들어간다! 죽을 줄 알아라!"

골리앗이라는 놈이 한 걸음씩 다가오고 있었습니다. 잡히면 죽는답니다. 벌써 몇 사람이 골리앗에게 잡혀 개죽음을 당했답니다. 이스라엘 군사들은 다가오는 골리앗을 보고 도망가기 시작했습니다. 엘리압... 다윗의 팔을 잡아 당겼습니다.

"다윗! 빨리 따라와! 거기 있으면 위험해!"

다윗도 이스라엘 군사들을 따라 도망갔답니다.

「그들과 함께 말할 때에 마침 블레셋 사람의 싸움 돋우는 가드 사람 골리앗이라 하는 자가 그 항오에서 나와서 전과 같은 말을 하매 다윗이 들으니라 이스라엘 모든 사람이 그 사람을 보고 심히 두려워하여 그 앞에서 도망하며」(:23-24)

다윗도 보았습니다. 블레셋의 괴물, 골리앗이란 놈 말입니다. 정말 어마어마했습니다. 그러면서도 잘만하면 저 놈을 잡아 눕힐 수 있다고 생각했습니다. '물매를 만들어 저 놈 이마를 맞추면 한 방에 쓰러질 텐데…' 골리앗이 자기 진영으로 들어갈 때까진 숨어 있어야 한답니다. 그러면서 군사들이 이야기하는 소리를 들었습니다.

"저 놈 골리앗 툭하면 나와서 저렇게 지랄하고 있으니 이를 어쩌냐? 앞에 방패를 든 놈까지 있으니 활을 쏴도 소용없고 저 놈과 싸우자니 엄두도 나지 않고…"

옆에 있던 다른 군사가 말을 받았습니다.

"아 오죽하면 사울 왕이 그렇게 크게 포상하겠다고 하겠어! 재물을 주고 딸까지 주어 사위로 삼겠다지. 세금도 면제해 주고 징집까지 면제해 준다지."

"아무리 좋은 상주면 뭘 하나? 어느 놈이 저 괴물과 싸우려고 하겠어?"

또 다른 군사의 푸념이었답니다.

「더러는 가로되 너희가 이 올라온 사람을 보았느냐 참으로 이스라엘을 모욕하러 왔도다 그를 죽이는 사람은 왕이 많은 재물로 부하게 하고 그 딸을 그에게 주고 그 아비의 집을 이스라엘 중에서 자유하게 하시리라」(:25)

다윗은 군사들이 하는 이야기가 흥미로웠습니다. 그러더니 한 마디 끼어드네요.

"저 골리앗을 물리치면 그렇게 좋은 상을 준데요? 이스라엘을 향해 입을 막 놀리고 있는 놈, 저 놈 할례도 받지 않은 놈, 아주 웃기는 놈이네요. 하나님의 군대를 모욕하다니…"

"아무렴 큰 상을 받지. 왜? 상이 탐나냐? 온갖 재물에 예쁜 공주 마마를 얻어 왕의 사위까지 되고 세금도 면제해 준다는데 골리앗이란 놈 한 번 눕혀 볼래?"

「백성이 전과 같이 말하여 가로되 그를 죽이는 사람에게는 여차여차히 하시리라 하니라」(:27)

형들은 다윗이 군사들과 하는 이야기를 들었습니다. 모두 긴장한 가운데 다윗이 쓸데없는 잡담을 늘어놓자 다른 군사들에게 미안했습니다.

"야 다윗! 그만두지 못해! 너 지금 여기가 어딘 줄 알고 떠들고 그러냐? 여긴 죽고 사는 일이 벌어지는 곳이야. 이제 그만 집으로 돌아가거라. 너 양들은 어쩌고 온 거야? 빨리 돌아가서 아버지를 보살펴 드리고 양들이나 돌봐!"

맏형 엘리압의 말이었습니다.

"형! 나도 여기 좀 있을게. 저 골리앗 놈만 보면 속이 뒤집히거든. 내가 저 놈과 한 번 싸워 보면 안 될까? 내가 저 놈을 한 방에 넘어뜨릴 수 있을 것 같은데…"

다윗의 말을 듣고 있던 형이 화가 났습니다.

"이 놈이… 너 미쳤냐? 저 놈 덩치만 봐도 몰라? 죽으려고 환장을 했구먼!"

다윗이 말을 받았습니다.

"아니야 형! 내게 생각이 있는데 저 놈 내가 넘어뜨릴 수 있다구! 형, 내 물매 솜씨 알잖아. 저 놈의 이마에 정확히 맞추면 되거든. 그럼 한 방이면 끝난다구."

엘리압은 막내 동생에 대한 사랑 때문에 화가 났답니다.

"야 ,이놈아! 그 건방진 말 집어치우지 못해! 여기가 양 치는 곳인 줄 아냐? 여긴 전쟁터야! 전쟁터!"

"형, 왜 이리 화를 내는 거야? 말도 못하나… 내가 뭘 했기나 했나? 그냥 말해본 거 뿐이지…"

다윗은 형에게 혼나자 멋쩍어하더니 다시 군인 아저씨들과 이야기를 합니다. 군인 아저씨들은 꼬마 다윗의 철없는 이야기를 위안 삼아 들었답니다.

「장형 엘리압이 다윗의 사람들에게 하는 말을 들은지라 그가 다윗에게 노를 발하여 가로되 네가 어찌하여 이리로 내려왔느냐 들에 있는 몇 양을 뉘게 맡겼느냐 나는 네 교만과 네 마음의 완악함을 아노니 네가 전쟁을 구경하러 왔도다 다윗이 가로되 내가 무엇을 하였나이까 어찌 이유가 없으리이까 하고 돌이켜 다른 사람을 향하여 전과 같이 말하매 백성이 전과 같이 대답하니라」(:28-30)

사람은 세상적인 이력서가 뒤쳐지면
영적인 것도 뒤쳐진다고 생각합니다.
한 사람의 영성을
그 사람의 지식, 학력 혹은 재산과 명성에 연결시킵니다.
교회에 출석하고 등록하는 사람이

세상에서의 이력이 화려한 사람이면 교회는 좋아하고 벌벌 떱니다.
웃기는 현상이라고 우리는 비웃지만 실제로 그렇습니다.
사람들은 그 사람이 거듭나야 하는 죄인임을 보지 못합니다.
교회는 사람의 영혼을 보아야 합니다.
거듭난 사람인지 아닌지를 보아야 합니다.
세상 죄악에서 뒹굴다가 온 사람임을 보아야 합니다.
그리스도의 보혈과 사랑이 필요한 사람임을 보아야 합니다.
세상에서 유명하기에
만나기도 어려운 사람이라는 것에 관심을 두면 안 됩니다.
그런 것은 소개할 필요가 없습니다.
그런 것만 좋아하던 교회가 라오디게아 교회입니다.
그 교회는 유명하고 실력 있는(?) 사람들로 구성되어 있었지요.
그러나 그 교회는 주님이 토하고 싶은 교회였답니다.
구역질나는 교회였습니다.

엘리압은 다윗의 깊은 곳에
흐르는 영성에는 전혀 관심이 없었습니다.
엘리압이 보기엔
초라하고 철없는 막내에 불과했습니다.
기껏해야 양이나 치는,
숫자에 들어갈 자격 없는 제외된 존재였습니다.

7 17:31-40

사울에게 불려 간 다윗

다윗과 군사들이 나눈 이야기는 이스라엘 진영에 재미있는 소문이 되었습니다. 꼬마 녀석이 괴물같이 큰 골리앗을 물리칠 수 있다고 떠든 소문이었습니다. 자기가 양을 지키다가 곰의 발톱에서 양을 빼앗았다는 둥, 사자의 입에 들어갈 뻔했던 양을 살려냈다는 둥, 자신의 주특기는 물매를 만들어 돌을 던지는 건데 명중률이 90%가 넘는다는 둥, 게다가 블레셋 놈도 물매 한 방이면 날려버릴 수 있다는 둥...

사울 왕은 골리앗 문제로 머리가 터질 듯이 아팠습니다. 지푸라기라도 잡고 싶은 심정이었습니다.

"일이 어떻게 진행되어 가고 있느냐?"

의례적인 질문이었습니다.

"별 진전이 없습니다."

"싸울만한 놈 하나 없단 말이냐?"

사울 왕의 애처로운 혼잣말이었습니다. 누군가 왕에게 병영에서 떠도는 이야기를 하기 시작했습니다. 별다른 이야기가 없잖아요, 그래서 다윗 이야기로 시간을 때우려고 했습니다.

"엘리압의 동생이 형을 면회 온 일이 있습니다."

사울 왕은 들은 척도 하지 않았습니다. 아니 귀찮았습니다.

"그 놈이 자신이 골리앗과 싸워 보고 싶다고 한답니다. 쪼그만 녀석이 잘난 체를 얼마나 하는지. 그렇지만 그 놈이 이야기를 하도 재미있게 해서 지친 병사들이 그 녀석이 떠드는 허풍 섞인 무용담을 들으며 위안을 삼고 있답니다."

사울 왕은 그 이야기에 귀를 쫑긋했습니다. 엘리압의 동생이 골리앗과 싸우고 싶어 한다는 이야기 말입니다. 사울 왕은 그 아이를 데리고 오라고 급히 명했습니다.

「혹이 다윗의 한 말을 듣고 그것을 사울에게 고하였으므로 사울이 다윗을 부르지라」(:31)

"다윗아! 왕께서 널 데리고 오라신다. 얼른 오너라."

다윗은 무슨 이유에서인지 몰랐습니다. '혹 수금을 타라는 건가? 수금을 가지고 오지 않았는데...'

"제가 왜 사울 왕께 가는 건가요?"

자기를 데리고 가는 사람에게 물었습니다.

"아마 너를 골리앗에게 보내 싸우게 하시려나 보지?"

농담이었습니다.

사울 왕 앞에 온 다윗은 왕께 인사하고 먼저 말을 꺼냈습니다.

"전하, 골리앗 때문에 고민이 많으시지요? 제가 나가서 그 놈과 싸우면 어떻겠습니까? 보내 주십시오! 제가 한 방에 날려 버리겠습니다."

「그를 인하여 사람이 낙담하지 말 것이라 주의 종이 가서 저 블레셋 사람과 싸우리이다!」(:32)

사울 왕은 기가 막혔습니다. 어린아이잖아요. 자기 앞에서 고작 수금을 타는 아이였기 때문이었습니다. 그런데 이 아이가 큰 소리 치고 있는 겁니다. 농담 같지 않았습니다. 다윗의 얼굴에는 자신감과 확신이 있었습니다. 그러나 아무리 골리앗과 싸울 사람이 없기로서니 보기에도 어린 소년을 내 보낸다는 것은 말도 되지 않았습니다.

"다윗, 골리앗이 누군 줄 아느냐? 네가 싸울 상대가 아니지. 저 놈의 덩치를 봐라. 그리고 저 놈은 어려서부터 싸움을 배운 싸움쟁이란다."

「네가 가서 저 블레셋 사람과 싸우기에 능치 못하리니 너는 소년이요 그는 어려서부터 용사임이니라」(:33)

그럴 수밖에 없었을 것입니다.
사울은 물론 누가 봐도 다윗은 골리앗의 상대가 되지 않습니다.
겉모습이 그렇잖아요.
사울은 전적으로 겉모습으로만 사람을 평가하고 있는 것이지요.
보통 우리도 그럴 수밖에 없지만
믿음으로 볼 수 있는 눈을 가져야 합니다.
겉모습이 아닌 속사람을 볼 수 있는 눈 말입니다.

골리앗은 어려서부터 용사였답니다.
세상은 어려서부터 힘을 키워줍니다.
부모들이 하는 일입니다.
자녀들로 하여금 스스로 살아 갈 수 있는 힘을 키워주는 것이
부모의 의무입니다.
그러나 더 중요한 것은 하나님을 의지하고 하나님을 섬기고
하나님을 경배하는 사람이 되도록 양육해야 하는 것입니다.
그렇게 양육하지 않으면 세상에서의 골리앗처럼
세상 기준의 성공자가 될 수 있을지 모르지만
하나님 기준의 성공자는 될 수 없습니다.
세상 기준의 성공자는 남을 누르고 군림하는 사람입니다.
하나님 기준의 성공자는 하나님의 영광을 위해 사는 사람입니다.
어려서부터 하나님을 의지하고 사는 법을 가르치세요!

다윗은 골리앗과 꼭 싸워보고 싶은 생각에 흥분되어 사울 왕을 설득

하기 시작했습니다.

"전하, 제 이야기 좀 들어 보세요. 제가 비록 나이는 어리지만 이래 봬도 사자를 때려눕힌 경험이 있습니다. 곰을 이긴 적도 있구요. 사자가 나에게 덤빈다 하더라도 물러나거나 도망한 적이 없어요. 그 놈의 수염을 잡고 때려 죽였었습니다. 그 힘으로 블레셋 놈을 한방에 날려 보낼 수 있어요. 감히 할례 없는 놈이 하나님의 백성을 모욕하다니… 제가 저 놈을 죽이겠습니다."

「다윗이 사울에게 고하되 주의 종이 아비의 양을 지킬 때에 사자나 곰이 와서 양떼에서 새끼를 움키면 내가 따라가서 그것을 치고 그 입에서 새끼를 건져 내었고 그것이 일어나 나를 해하고자 하면 내가 그 수염을 잡고 그것을 쳐 죽였었나이다 주의 종이 사자와 곰도 쳤은즉 사시는 하나님의 군대를 모욕한 이 할례 없는 블레셋 사람이리이까 그가 그 짐승의 하나와 같이 되리이다」(:34-36)

사울 왕은 신기한 듯 듣고 있더니 말했습니다.

"가라! 가서 싸워라!"

우리도 하나님을 의식하고 있어야 합니다.
살다보면 하나님을 잊고
내 힘으로만 해결하려고 할 때가 많습니다.
내 힘보다 작은 문제라면 내 힘으로 해결할 수 있지요.
그러나 나보다 능력 있고

힘이 센 문제와 만나면 어떻게 하겠습니까?
사울처럼 벌벌 떨고만 있을 수는 없지요.
능력자이신 우리 하나님께로 가야 합니다.
다윗은 문제의 크기를 보고 있는 것이 아니라
하나님을 보고 있는 겁니다.

얼간이 같은 다윗의 모습, 사울 왕이 자신의 갑옷을 입혔기 때문이었습니다. 어쨌거나 어린 다윗을 내 보내는 사울 왕은 민망했는지 자신의 전신 갑주를 입혔습니다. 그런데 다윗의 몸에는 맞지도 어울리지도 않는 겁니다. 얼간이 같았습니다. 다윗은 아직 더 성장해야 하는 아이였지만 사울 왕은 보통 사람보다도 어깨 위나 더 큰 체구의 사람이었기 때문입니다.

"다윗, 걸어 보아라. 골리앗이란 놈이 달려들면 이것이라도 입고 있어야 한다. 이건 들판에서 짐승과 싸우는 싸움이 아니야. 칼을 휘두르고 활이 날아오는 싸움이야. 이 갑옷은 웬만해서는 뚫어지지 않는 특수한 갑옷이다. 한번 걸어 봐라."

걷던 다윗은 불편했는지 갑옷을 벗었습니다.

"갑옷은 감사하지만 저는 입을 수가 없네요. 이 옷은 없어도 될 것 같구요. 저는 제 방식대로 싸우렵니다. 걱정하지 마세요!"

그러더니 옆에 좋은 막대기를 하나 주웠습니다. 단단하고 매끄러운 막대기였습니다. 사울 왕에게 인사를 하고 시내로 갔습니다. 허리를 구부려 뭘 하고 있네요.

"너 뭘 하냐?"

군사가 물었습니다.

"예, 돌을 주어요. 물매를 만들어 골리앗 이마에 맞추려고 하거든요."

돌을 다 골랐나 봅니다. 다섯 개였습니다. 주머니에 넣었답니다.

「이에 사울이 자기 군복을 다윗에게 입히고 놋 투구를 그 머리에 씌우고 또 그에게 갑옷을 입히매 다윗이 칼을 군복 위에 차고는 익숙치 못하므로 시험적으로 걸어보다가 사울에게 고하되 익숙치 못하니 이것을 입고 가지 못하겠나이다 하고 곧 벗고 손에 막대기를 가지고 시내에서 매끄러운 돌 다섯을 골라서 자기 목자의 제구 곧 주머니에 넣고 손에 물매를 가지고 블레셋 사람에게로 나아가니라」(:38-40)

사람들은 전쟁을 하려면 갖추어야 할 것이 있다고 생각합니다.
적어도 갑옷 정도는 있어야 한다고 생각합니다.
칼도 필요하구요 방패까지 있으면 더 좋겠지요.
그러나 최고급의 무기를 준비하는 일보다도
더 중요한 것은 하나님을 의지하는 마음입니다.
신앙의 싸움을 위해서는
세상 사람들이 준비하는 것과는 다른 것을 준비해야 합니다.
성도가 열심히 준비해야 할 것은 믿음입니다.
오직 믿음이랍니다.
하나님이 준비해 두신 전신갑주를 말합니다.

「마귀의 궤계를 능히 대적하기 위하여

하나님의 전신갑주를 입으라…

하나님의 전신갑주를 취하라…

진리로 너희 허리띠를 띠고

의의 흉배(胸背)를 붙이고

평안의 복음의 예비한 것으로 신을 신고 …

믿음의 방패(防牌)를 가지고…

구원의 투구와 성령의 검

곧 하나님의 말씀을 가지라」(엡 6:10-17).

그리스도인에게 이러한 무기가 없다면?

우리는 세상적인 것으로 무기를 삼으려 하면 안 됩니다.

하나님의 전신갑주를 입어야 합니다!

세상적인 것을 잘못 입으면 얼간이 같이 보이게 됩니다.

8 17:41–49

한방에 끝난 싸움

고함치던 골리앗은 벙쪘습니다. 쪼그만 다윗이 걸어 나오고 있기 때문이었습니다. 싸우러 나오는 건지 분간할 수 없었습니다. 싸우러 나오는 놈 치고는 이상했기 때문입니다. 군복도 입지 않았을 뿐만 아니라 투구도 없고 칼이나 창도 없었습니다. 그건 그렇다 치더라도 언뜻 보기에도 젖비린내가 가시지 않은 애였기 때문입니다.

골리앗이 물었습니다.

"너 왜 나왔냐?"

"너랑 싸우러 나왔다!"

다윗의 대답이었습니다. 골리앗은 기가 막혔는지… 다른 놈이 있는가 해서 두리번거리며 둘러보았습니다만 아무도 없었습니다. 다시 다윗을 보았습니다. 집에서 엄마 젖을 빨고 있어야 할 만한 놈이 싸우러 왔다고 하는 게 웃겼습니다. 게다가 다윗의 손에 막대기 하나가 들려 있으니 우스울 수밖에 없었지요.

"야, 이놈아! 네가 나랑 장난치냐? 내가 개인 줄 아냐, 이 놈아? 막대기 하나 가지고 나오게! 별 이상한 놈들이 다 있네 정말! 이 골리앗을 뭘로 보고! 이스라엘 놈들이 미쳤구먼! 아니 우릴 무시하고 있는 거로구먼! 이 놈아, 네가 어리다고 내가 돌려보낼 줄 아느냐? 네 놈을 공중의 새 밥으로 만들어주마!"

「그 블레셋 사람이 둘러보다가 다윗을 보고 업신여기니 이는 그가 젊고 붉고 용모가 아름다움이라 블레셋 사람이 다윗에게 이르되 네가 나를 개로 여기고 막대기를 가지고 내게 나아왔느냐 하고 그 신들의 이름으로 다윗을 저주하고 또 이르되 내게로 오라 내가 네 고기를 공중의 새들과 들짐승들에게 주리라」(:42-44)

업신여김 당하는 다윗입니다.
괜찮습니다.
속에 자신 있는 사람은 업신여김 당하는 것에 대해
속상해하거나 억울해하지 않습니다.
반면에 속이 빈 사람은 작은 일에도 자신에 관한 일이라면
매우 민감한 반응을 보입니다.

다윗은 자신을 업신여기고 있는 골리앗의 떠벌리는 말에
신경 쓰지 않았습니다.
몇 분만 있으면 그는 이 세상 사람이 아닐 것이기 때문입니다.

다윗은 골리앗이 소리를 지르고 열 받고 있는데도 별 반응을 보이지 않았습니다. 아주 침착하게 막대기에 묶인 실에 돌 하나를 끼우고 있을 뿐입니다. 그러더니 골리앗의 말이 끝나자 한 마디 했습니다.

「너는 칼과 창과 단창으로 내게 오거니와 나는 만군의 여호와의 이름 곧 네가 모욕하는 이스라엘 군대의 하나님의 이름으로 네게 가노라 오늘 여호와께서 너를 내 손에 붙이시리니 내가 너를 쳐서 네 머리를 베고 블레셋 군대의 시체로 오늘날 공중의 새와 땅의 들짐승에게 주어 온 땅으로 이스라엘에 하나님이 계신 줄 알게 하겠고 또 여호와의 구원하심이 칼과 창에 있지 아니함을 이 무리로 알게 하리라 전쟁은 여호와께 속한 것인즉 그가 너희를 우리 손에 붙이시리라」(:45-47)

하나님의 이름, 능력의 이름입니다.
이 이름을 가지고 사도들은 병을 고쳤습니다.

「베드로가 가로되 은과 금은 내게 없거니와
내게 있는 것으로 네게 주노니
곧 나사렛 예수 그리스도의 이름으로 걸으라 하고
오른손을 잡아 일으키니 발과 발목이 곧 힘을 얻고」(행 3:6-7).

성도의 무기는 하나님의 이름입니다.

하나님은 당신의 명예를 위하여 스스로 싸우시는 것입니다.

다윗의 싸움의 목적이 있습니다.

골리앗을 이겨야 하는 목적입니다.

「온 땅으로 이스라엘에 하나님이 계신 줄 알게 하겠고」

「여호와의 구원하심이 칼과 창에 있지 아니함을
이 무리로 알게 하리라」

우리의 싸움의 목적이 무엇입니까?

우리의 이름을 내자는 것은 아니겠지요.

우리의 영토를 넓히거나

우리의 영향력을 내자는 것이 아니길 바랍니다.

우리는 하나님의 살아 계심을

사람들에게 알리기 위해 싸워야 합니다.

화가 난 골리앗은 허리에서 창을 뺐습니다. 그리고 다윗에게 다가갔습니다. 이스라엘 군대는 비참하다는 듯, 안타깝다는 듯 다윗과 골리앗의 모습을 보고 있었습니다. 블레셋 군대 역시 한편으로는 다윗을 불쌍하게 여기고, 다른 한편으로는 골리앗의 멋진 승리를 보고 싶어 했답니다. 블레셋 사람들은 소리를 지르고 있었습니다. 그러나 이스라엘의 군사들은 숨죽이고 있었습니다. 엘리압, 아비나답, 삼마 등 다윗의 형들은 동생을 보낸 사울 왕을 원망하고 있었지요.

다윗은 골리앗이 오는 걸 보고 막대기를 휘두르며 도망가듯 아니면 피하듯 달렸습니다. 형들은 다윗이 물매 휘두르는 모습을 보고 간절히 기도했습니다.

"하나님! 우리 동생, 다윗의 물매를 축복해 주십시오!"

다윗이 물매를 던졌습니다. 아주 짧은 순간, 졸지에 "딱" 하는 소리와 함께 블레셋의 괴물 골리앗이 그 자리에 쓰러졌답니다!

「블레셋 사람이 일어나 다윗에게로 마주 가까이 올 때에 다윗이 블레셋 사람에게로 마주 그 항오를 향하여 빨리 달리며 손을 주머니에 넣어 돌을 취하여 물매로 던져 블레셋 사람의 이마를 치매 돌이 그 이마에 박히니 땅에 엎드러지니라」(:48-49)

싱거운 싸움이었습니다. 소리를 지르며 기세등등했던 골리앗은 창 한 번 휘두르지 못하고 쓰러졌습니다. 그가 전쟁터에 나와서 한 일은 단지 소리 지르는 일 뿐이었습니다.

싸움의 승패는 하나님께 있습니다.
잠언 21장 31절의 말씀입니다.

「싸울 날을 위하여 마병을 예비하거니와
이김은 여호와께 있느니라」

사람의 준비가 아무리 철저하다 하더라도

하나님은 그 사람의 빈틈을 보시는 분입니다.

골리앗이 아무리 철저하게 자신을 가리고 무장했다 하더라도

하나님의 눈을 가진 다윗에게는 빈틈이 보였습니다.

놋 투구가 가리지 못한 곳입니다.

눈과 눈 사이입니다.

약간 보인 빈틈, 그 곳에

하나님은 다윗이 던진 물맷돌을 명중(命中) 시키셨습니다.

군대로 구원을 얻는 것이 아닙니다.

힘이 센 용사도 스스로 구원하지 못합니다.

하나님의 허락이 있어야 합니다.

다윗은 이것을 알고 이렇게 노래했습니다.

「많은 군대로 구원 얻은 왕이 없으며

용사가 힘이 커도 스스로 구하지 못하는도다」(시 33:16).

❾ 17:50–54

현재의 왕과 미래의 왕

적막이 찾아왔습니다. 블레셋 진영도 약속이나 한 듯 갑자기 지르던 소리를 멈추었습니다. 이스라엘 진영도 마찬가지구요. 모두가 넋을 잃고 있었습니다.

다윗은 쓰러진 골리앗에게로 달려갔습니다. 그러더니 그의 허리춤에 있는 칼집에서 칼을 뽑았습니다. 무척이나 큰 칼이었습니다. 다윗이 들기에 벅차 보였습니다. 그러나 그 칼을 들어 쓰러져 있는 골리앗의 목을 치네요. 머리를 베었습니다. 완전히… 깨끗이 끝난 싸움이었습니다.

블레셋 사람들은 하나 둘씩 도망하기 시작했습니다. 무기도 버리고 도망가네요. 그걸 보고 있던 이스라엘 군사들은 일제히 일어나더니 도망가는 블레셋 군사들을 따라 가는 겁니다. 이번에는 이스라엘 군사들의 소리가 하늘을 찌르고 있었습니다. 숱한 블레셋 군사들이 죽었답니다. 길은 블레셋 군사들의 시체들로 채워졌습니다.

「다윗이 달려가서 블레셋 사람을 밟고 그의 칼을 그 집에서 빼어 내어 그 칼로 그를 죽이고 그 머리를 베니 블레셋 사람들이 자기 용사의 죽음을 보고 도망하는지라 이스라엘과 유다 사람들이 일어나서 소리 지르며 블레셋 사람을 쫓아 가이와 에그론 성문까지 이르렀고 블레셋 사람의 상한 자들은 사아라임 가는 길에서부터 가드와 에그론까지 엎드러졌더라」(:51–52)

블레셋 군사를 죽이고 돌아온 군사들은 지난 사십 일 동안 블레셋 군사들이 지냈던 진영에 들어갔지요. 수많은 군수 물자들이 그대로 있었습니다. 모두가 수거해서 나눠 가졌답니다. 골리앗의 갑옷을 벗겨 그것은 다윗이 기념으로 자기가 가졌구요, 골리앗의 베인 목은 예루살렘으로 가지고 갔답니다.

「이스라엘 자손이 블레셋 사람을 쫓다가 돌아와서 그들의 진을 노략하였고 다윗은 블레셋 사람의 머리를 예루살렘으로 가져가고 갑주는 자기 장막에 두니라」(:53–54)

현재의 왕, 사울은 기가 막힐 뿐입니다.

상상할 수 없었던 승리입니다.

그렇다면 그는 승리 속에서 하나님을 생각했을까요?

미래의 왕, 다윗은 사람들의 관심을 집중시킵니다.
그는 무명(無名)인이었습니다.
무명인 정도가 아니라 촌놈이었습니다.
형들을 만나러 올 때만해도 몸에서는 양 냄새를 풍겼습니다.
그런데 지금은 아닙니다.
여전히 양 냄새를 풍기고 있지만
그 냄새는 사람들에게 행복을 주는 냄새입니다.
지금 다윗은 영웅입니다.

사울이 왕이 된 후 이스라엘이 블레셋을
이처럼 깨끗하고 화끈하게 물리쳐 본 적은 없었습니다.
사무엘 선지자가 활동할 때,
미스바 집회 때 몰래 쳐들어 왔던 블레셋 사람들을 이긴 것은
이스라엘 사람의 손이 전혀 가지 않은
하나님의 전적(全的)인 활동하심이었습니다.
사울의 통치 초기에 블레셋을 이긴 것은
요나단의 용기로 인해 이기긴 했습니다만
사울의 쓸데없는 명령으로 흐지부지해진 승리였습니다.
그런데 이번 싸움은 한 영웅이 만들어낸 승리입니다.
모두의 공력이 아니라
다윗 한 사람의 능력으로 한 나라를 이긴 것입니다.
그것도 완벽한 승리였습니다.
믿음의 사람이 끌어낸 승리랍니다.

10 17:55–58

넋을 잃은 사울

사울은 쓰러진 골리앗에게로 가는 다윗을 보자 얼굴이 굳어졌습니다. 아니 심장이 멎는 것 같았습니다. 믿을 수 없는 기가 막힌 일이 일어났기 때문입니다. 옆에 있던 군장 아브넬에게 물었습니다.

"저 녀석이 누구냐? 누구 아들이냐?"

다윗이라는 걸 모른 게 아니었습니다. 자신을 위해 수금을 타는 아이라는 걸 모를 리가 없지요. 너무 기가 막혀서 물은 겁니다.

> 「다윗이 블레셋 사람을 향하여 나감을 사울이 보고 군장 아브넬에게 묻되 아브넬아 이 소년이 뉘 아들이냐」(:55)

아브넬은 몰랐습니다. 다윗이 왕궁에서 사울 왕을 위해 수금을 타는 것을 본 적은 있지만 그의 이름과 그가 누구의 아들인지는 몰랐거든요. 아브넬은 군대 장관으로 변방에 많이 있었기 때문인 것 같습니다.

"전하, 죄송하지만 저는 저 녀석이 누구인지 잘 모릅니다."

"물어보거라. 저 꼬마 녀석 대단한 녀석이로구나."

다윗은 골리앗의 머리를 베어 사울 왕 앞으로 가지고 왔습니다.

"전하, 골리앗을 베어왔습니다. 전하의 승리이십니다."

사울 왕의 얼굴에 미소가 돌았습니다. 다윗이 사랑스러웠답니다.

"네 아비의 이름이 무엇이냐?"

"예, 아버지의 이름은 베들레헴에 사는 이새이옵니다."

「사울이 그에게 묻되 소년이여 누구의 아들이뇨 다윗이 대답하되 나는 주의 종 베들레헴 사람 이새의 아들이니이다」(:58)

사울 왕이 다윗을 모르는 것처럼 보이는 본문에 대해서 이런 생각이 드네요. 사울은 골리앗을 죽이는 사람에게 약속한 것이 있잖아요. 재물을 많이 주겠다고 한 것, 딸을 주어 사위로 삼겠다고 약속한 것, 그리고 가족에게 해당되는 세금을 면제해 주면서 자유케 하겠다고 한 것 등 이 약속들을 지켜야 합니다. 그래서 자신의 사위가 될 사람에 대하여 물어보는 것이 아닐까 하는 생각이 듭니다

〉〉 여섯 번째 이야기 18-19장

무차별 받는 훈련

다윗은 사람들을 열심히 만났습니다. 새로운 것들을 많이 보고 느끼고 배웠답니다. 목동으로 있을 땐 전혀 몰랐던 건데, 왕 옆에서 수금 탈 때는 전혀 알지 못했던 건데, 군대장관으로 있을 때도 전혀 모르던 건데, 천부장 되어 백성들과 부딪치면서 사는 것이 무척이나 재미있고 흥미로웠습니다. 사는 맛이 났습니다. 아무도 다윗을 비난하지 않습니다. 다윗도 부끄러워하거나 비관하지 않습니다. 그는 여전히 여유를 가지고 지혜롭게 행하고 있었답니다. 국방부 장관이든, 수금을 타는 악사든, 아니면 왕의 무기를 들고 다니는 비서 든, 야전 사령관 천부장이든… 다윗은 관직에 관심이 없었기 때문입니다. 그는 오직 하나님의 마음을 편하게 해 드리는 데 관심이 있을 뿐이었죠. 사람들의 눈에도 다윗의 그러한 마음이 보였는지 다윗을 오히려 사랑했답니다. 또한 다윗을 얼굴조차 보기 어려운 영웅으로만 알았던 사람들은 (다윗에게는 미안하지만) 다윗이 비록 좌천 당했지만 그로 인해 영웅과 함께 살게 되어 더욱

❶ 18:1–5

시작되는 광야 학교 수업

사울 왕의 아들, 왕자 요나단이 다윗을 보고 있었습니다. 그때만 해도 요나단의 눈에는 다윗은 아버지 사울의 신경쇠약을 치료하기 위해 고용된 수금 타는 소년에 불과했었고, 아버지의 눈에 들어 운 좋게도 아버지의 병기를 드는 비서가 된 재수 좋은 녀석일 뿐이었습니다. 왕궁에 들어 올 때는 깨끗한 옷을 입고 왔겠지만 이미 다윗의 몸에 베어있는 양 치던 냄새를 감출 수는 없었습니다. 요나단이 볼 때 다윗은 목동으로 출세한 한 시골 청년에 불과했습니다. 전에 왕궁에서 가끔 다윗을 보았지만 관심 밖의 인물이었을 뿐입니다.

그런데 뜻밖에도 전쟁터에서 다윗을 보았습니다. 다윗의 말은 요나단의 관심을 끌기에 충분했답니다. 이스라엘 사람 어느 누구에게서도 들을 수 없었던 용맹하고 담대한 소리를 들은 겁니다. 자신도 그런 말을 하고 싶었는데 용기가 나지 않았었거든요. 아니 자신도 잠시 잊고 있었던 '여호와 하나님!' 을 말하고 있었습니다. 다윗의 말은 요나단의 마음을 사로잡기에 충분했습니다. 요나단은 다윗에게 관심을 갖기 시작했습니다.

골리앗을 물리치고 당차게 그의 앞으로 걸어가는 다윗의 모습, 요나단은 그 광경을 신비롭게 바라보고 있었습니다. 골리앗 앞에 선 다윗은 아주 침착했고 두려움이 전혀 없어 보였습니다. 보이지는 않지만 자신감과 확신 그리고 흥분에 사로 잡혀 있는 것처럼 보였답니다.

골리앗의 고함 소리는 분에 차 있었습니다. 그러나 골리앗의 고함에 대한 다윗의 응수는 침착하고도 신앙적이었습니다. 마치 승패를 이미 알고 있는 사람처럼 여유 있어 보였답니다. 그는 움직였습니다. 그러더니 그는 작은 돌 하나로 자신은 물론 왕인 자신의 아버지 사울과 온 이스라엘 군사들이 두려워하고 있는 골리앗을 아주 싱겁게 쓰러뜨린 겁니다. 자신이 사랑하고 의지하는 만군의 여호와, 그 이름을 의지하고 말입니다.

왕자 요나단은 다윗을 다시 보기 시작합니다. 양을 치던 시골 청년이 출세해서 왕궁에서 생활하는 것으로 보이지 않았습니다. 단순히 수금 타는 녀석이 아닙니다. 요나단에게 다윗은 자신 속에 있는 영성을 일깨워

주는 동반자로, 하나님을 사랑하는 '시대의 인물' 로 보여졌습니다. 이 시대에 하나님을 의지하는 사람이 남아 있음을 발견한 것입니다. 골리앗을 죽이고 왕인 자신의 아버지와 담소를 나누는 것을 보던 요나단의 마음에 다윗에 대한 사랑이 일어나기 시작했습니다.

「다윗이 사울에게 말하기를 마치매 요나단의 마음이 다윗의 마음과 연락(聯絡)되어 요나단이 그를 자기 생명 같이 사랑하니라」(:1)

신분이 다를 수 있습니다.
배운 수준이 다를 수 있습니다.
가진 재산의 차이가 있을 수 있습니다.
그래서 같은 테이블에 앉아서 음식을 먹기도
서먹서먹한 다른 수준의 삶을 살 수도 있습니다.
그런데 신앙은 그렇지 않습니다.
그리스도 안에 있는 사람은 어느 것으로도
차별과 구분이 없습니다.
왕자와 목동이 어우러집니다.
최고의 학위를 가진 자와 배우지 못한 자가
함께 이야기를 나눌 수 있습니다.
가진 자와 그렇지 못한 자가 어울릴 수 있습니다.
신분, 지식, 재산 등 이런 모든 것들은 사람이 만든 것입니다.
그러나 신앙, 영적인 문제는 사람이 만든 이런 것들에 의해
결코 침해되거나 방해받지도 않습니다.

요나단이 다윗을 불렀습니다. 왕자의 부르심이기에 부담을 갖고 갔지요. 다윗이 왕자를 얼추 보니 자신의 나이와 비슷한 또래로 보였습니다. 아니 몇 살 더 들은 것 같기도 하구요. 왕자 앞에서 주눅이 들었답니다. 왕자께서 입은 옷이 무척이나 멋있었구요, 가지고 있는 활도 멋져 보였습니다. 왕자가 가지고 있는 활을 한번 당겨 보고 싶었습니다. 그걸 가지고 쏘면 무엇이든지 명중을 시킬 수 있을 것 같았습니다.

왕자께서 칭찬하셨습니다. 골리앗을 한 방에 날려 버린 것, 대단해 보였다고 말입니다. 다윗은 기분이 무척 좋았습니다. 왕자와 함께 있다는 것, 무척 기분이 좋았습니다.

사울 왕께서 부르신답니다. 집에 가지 말라네요. 당분간 전쟁이 마무리 될 때까지 자기와 함께 있어 달라고 하시네요. 아니 가능하면 아주 집에 가지 말고 같이 있자고 하십니다.

「그 날에 사울은 다윗을 머무르게 하고 그 아비의 집으로 다시 돌아가기를 허락지 아니하였고」(:2)

왕의 부탁이기에 거절할 수 없었습니다. 아니 옆에 계시는 왕자께서 그렇게 하라는 말을 하시기에 더 거절 못했습니다. 왕자와 함께 있다는 것이 무척 좋았거든요. 왕자와 친구가 되고 싶었습니다. 사울 왕은 다윗이 계속 머물겠다고 하는 말에 기분이 좋았습니다. 게다가 아들 요나단이 좋아하니 더할 나위 없었습니다. 요나단과 다윗이 나이도 비슷하니 친구가 될 수 있겠다고 생각한 거지요.

왕자는 다윗을 데리고 장소를 옮겼습니다. 전쟁터이지만 왕자가 머무는 곳은 무척이나 좋았습니다. 시중드는 사람도 몇이나 있었구요, 먹을 것도 무척이나 많았습니다. 다윗은 친절한 왕자에게 무척 고마웠답니다. 그렇게 지내고 있었습니다. 많이 가까워졌습니다. 많은 이야기를 나누구요, 하나님의 이야기도 많이 했습니다. 왕자와 목동은 친구가 되어가고 있었답니다. 왕자가 말했습니다.

"다윗, 너는 나의 가장 좋은 친구야. 왕자와 목동이 아니라 우린 친구야 친구. 알겠지?"

다윗은 조용히 고개만을 끄떡일 뿐이었습니다. 행복했습니다.

왕자께서 군복을 보여 주시더라구요. 정말 멋있었습니다. 입어 보랍니다. 키도 비슷하고 덩치도 비슷하니 맞을 거랍니다. 얼추 비슷하게 맞았습니다. 칼도 옆에 채워 주었습니다. 활도 메게 하였구요. 띠로 군복을 단단하게 묶게 했습니다. 띠가 무척 좋아보였습니다.

"야, 멋있는데! 다윗, 너 왕자 같다! 정말 멋진데!"

"정말 멋져요? 어울려요?"

다윗의 말이었습니다.

"그럼. 정말 훌륭해! 너 다 가져라!"

"…"

다윗은 놀랐답니다.

「요나단은 다윗을 자기 생명 같이 사랑하여 더불어 언약(言約)을 맺었으며 요나단이 자기의 입었던 겉옷을 벗어 다윗에게 주었고 그 군복과 칼과 활과 띠도 그리하였더라」(:3-4)

요나단이 다윗을 사랑합니다.
다윗이 요나단을 사랑한 것이 아니라
요나단이 다윗을 사랑한 겁니다.
왕자가 목동을 사랑한 것입니다.
성경이 그렇게 표현하고 있습니다.
다윗이 왕자로부터 사랑 받은 이유가 있습니다.
그것은 목동 다윗이 하나님을 사랑하고 신뢰하였기 때문입니다.
하나님을 사랑하고 신뢰하는 그 모습이 너무도 아름다웠습니다.
그래서 요나단은 다윗에게 모든 것을 주어도 아깝지 않았답니다.
왕자는 목동에게 자신의 모든 것을 주어도 아깝지 않은 겁니다.
목동은 왕자의 옷을 입고 군복도 입고
왕자의 좋은 칼도 차고 활도 차고 띠도 둘렀습니다.
다른 사람들이 보고 목동을 건방지다고 말하지 못합니다.
왜냐하면 왕자가 목동을 그렇게 만들었기 때문입니다.
목동 다윗은 왕자 요나단 때문에 왕자 행세를 하고 있네요.

하늘의 왕자께서 나를 사랑하십니다.
사랑 받을 만한 품위나 자격이 있는 것이 아닌데
하늘의 왕자께서 나를 사랑하십니다.

내가 하나님을 사랑하고 하나님을 신뢰하는 것을 보면서

나를 좋아하십니다.

내 몸에서 더러운 오물의 냄새가 납니다만

그래도 그 모습 그대로를 사랑하십니다.

냄새가 나지만 왕자께서는 나에게 당신의 옷을 입혀 주십니다.

왕자만이 가질 수 있는

영적인 군복도 입혀 주시고 칼과 활도 주십니다.

만일 위급한 일이 있으면

왕자께서 주신 칼과 활을 가지고 싸우라고 준 것입니다.

왕자께서 주신 칼과 활은

일반 사람들이 가진 무기와는 아주 다른 것이지요.

왕자께서는 근사한 띠도 주셨습니다.

내 몸에서는 냄새가 납니다.

그런데 아무도 나에게

그 멋진 옷을 벗으라고 말하지 못했답니다.

왕자께서 직접 옷을 입혀 주시고

칼도 활도 띠도 주셨기 때문입니다.

그 왕자께서는 나를 자신의 생명처럼 사랑하신답니다.

그 왕자의 이름은 예수입니다.

사울 왕은 흩어져 있는 부대를 관리하는 일을 다윗에게 맡겼습니다. 사람들을 만나게도 했구요, 각각의 부대를 방문해서 상황이 어떤지를 보고하게 했답니다. 다윗은 가는 곳마다 칭찬을 들었습니다. 골리앗을 눕힌 영웅으로 칭찬이 자자했구요 또 어린 나이임에도 불구하고 용맹이 대단하다고들 말했답니다. 사람들은 다윗과 친해지고 싶어 했답니다. 다윗… 그럼에도 불구하고 겸손했습니다. 그래서 사람들에게 더 인기가 있었는가 봅니다.

「다윗이 사울의 보내는 곳마다 가서 지혜롭게 행하매…」(:5상)

사울 왕… 다윗의 행동으로 인해 무척이나 기분이 좋았습니다. 그래서 그에게 군대 장관이라는 큰 벼슬을 주었답니다. 사람들도 좋아했지요. 아니 그런 자리에 앉을 만한 자격도 있을 뿐만 아니라 그만한 인물이라고들 칭찬했답니다.

「사울이 그로 군대의 장을 삼았더니 온 백성이 합당히 여겼고 사울의 신하들도 합당히 여겼더라」(:5)

다윗은 사람들에게 칭찬 들었답니다.
칭찬을 듣는 것은 기쁜 일이지요.
그렇다면 우리도 칭찬 듣는 일 하면서 살자구요.
정직하고 진실하게
성실하고 지혜롭게 살자구요.
그래서 모든 사람에게 인정을 받는다면
그 사람은 행복한 사람이랍니다.

우리에게 내일을 모른다는 것이 행복입니다.

내일 받을 수업이 어떤 것인지
하나님은 알려 주시지 않습니다.
내일 받을 수업이 골머리를 썩히는 수학 수업인지,
육체를 힘들게 할 유격 수업인지,
잠을 자지 못하게 하는 극기 수업인지,
먹지 못하게 하는 금식 수업인지,
우리는 모릅니다.
그러기에 오늘은 내일을 걱정하지 않고 살아갑니다.
어떤 수업을 준비하셨든지 간에
모든 수업을 통해
자신의 역사의 맥을 잇는 하나님께서는
선을 이루신다는 것만 알 뿐입니다.

❷ 18:6–9

위험한 순간

엘라 골짜기에서 벌인 블레셋과의 전쟁이 끝나고 이젠 승전가를 부르며 복귀하는 일만 남았습니다. 백성들도 지긋지긋한 블레셋 놈들 때문에 마음 고생한 생각을 하면 이번 승리가 얼마나 통쾌한지 말할 수 없이 기뻤답니다. 전쟁터에 나간 가족들이 돌아온다는 것에 대한 설레임도 있었구요.

백성들은 전쟁에 관한 소문을 이미 잘 알고 있었습니다. 골리앗이란 놈의 횡포는 물론 골리앗이 어떻게 쓰러졌는지에 대해서도 훤히 알고 있었답니다. 백성들 사이에 다윗은 이미 영웅이었습니다. 사울 왕이 골리앗을 쓰러뜨린 공로를 인정해서 다윗에게 군대장관이라는 벼슬을 주었다는 것도… 원래 소문은 빠르잖아요. 백성들은 승리의 깃발을 들고 돌아오는 군사들을 맞이하기 위해 환영식을 대대적으로 준비했습니다. 마을은 온통 축제 분위기였답니다. 처녀들의 입은 영웅 다윗에 관한 이야기로 풍성했습니다. 베들레헴 이새의 막내아들, 다윗에 관한 이야기뿐이었죠. 아가씨들은 무척이나 다윗이 보고 싶었답니다. 총각이잖아요. 그래서인지 길거리는 아가씨들로 북적거리고 있었답니다. 어떤 아가씨는 노래하기도 하고, 어떤 아가씨는 춤을 추기도 하고, 어떤 아가씨는 경쇠를 굴리면서 환영 행사에 참여하고 있었답니다. 모두가 다윗 총각을 보고 싶어 했지요.

「무리가 돌아올 때 곧 다윗이 블레셋 사람을 죽이고 돌아올 때에 여인들이 이스라엘 모든 성에서 나와서 노래하며 춤추며 소고와 경쇠를 가지고 왕 사울을 환영하는데」(:6)

사울 왕이 선두로 나타나기 시작했습니다. 그리고 그 뒤에는 왕자 요나단이 있었고 그 옆에는 다윗이 있었습니다. 사람들은 꽃잎을 뿌리고 노래하고 박수를 치며 대대적으로 환영했답니다. 사울 왕은 무척이나 기분이 좋았습니다. 여인들의 노래 소리가 들려옵니다. 그런데 갑자기 사울 왕은 그 노래 소리에 불쾌해지기 시작했답니다. 그 노래는 다윗을 높이는 노래였기 때문이었습니다.

「여인들이 뛰놀며 창화하여 가로되 사울의 죽인 자는 천천이요 다윗은 만만이로다 한지라」(:7)

사울 왕은 갑자기 견딜 수 없이 화가 치밀었습니다. 하지만 속마음을 숨겨야지요. 백성들을 향해 씁쓰름한 웃음을 지어 보이면서 지나가고 있었답니다. 그의 눈에 젊은 여인들의 춤추는 모습이 보였습니다. 그의 귀에 다윗을 만만이라고 하는 소리, 자신을 천천이라고 하는 소리가 들렸습니다. 그는 다윗이 위험한 놈이라 여기고 죽여야겠다고 생각하기 시작했습니다.

「사울이 이 말에 불쾌하여 심히 노하여 가로되 다윗에게는 만만을 돌리고 내게는 천천만 돌리니 그의 더 얻을 것이 나라 밖에 무엇이냐 하고 그 날 이후로 사울이 다윗을 주목하였더라」(:8-9)

우리는 성공하여 출세하거나,
일약 스타(star)가 되어
대중의 사랑을 한 몸에 받아 인기가 올라가면
이성(理性)을 잃어버리기 쉽습니다.
그래서 자신도 통제할 수 없는 우쭐한 마음이
화산처럼 꿈틀거리면서 솟아나기 시작합니다.
상당히 위험합니다...
또 인기가 높아지면
누군가에게 미움을 받을 수도 있지요.
누군가가 질투합니다.
무너뜨리고 죽이려고 합니다.
스타가 된다는 것... 한편으로는 위험한 일입니다.

여인들의 노래로 이러한 위험에 처하게 된 다윗도
자신의 높은 인기를 어떻게 다룰지,
자신을 질투하는 사람을 어떻게 이겨낼지가 문제입니다.

다윗의 광야 학교는 아래의 이유들로 하여금 시작된답니다.
첫째, 다윗은 자신의 인기에 대한 영광을
하나님께로 돌리지 않은 것에서 발생합니다.
다윗은 여인들이 자신을 높이는 것에 대하여 침묵합니다.
"내가 아니요. 하나님이 하신 일입니다"라고 하지 않았습니다.
그도 인기가 높아지는 것이 싫지 않았을 겁니다.
그러나 하나님은 인기 때문에
다윗이 교만해질 수 있다는 것을 알고 계셨습니다.
그래서 그를 광야로 보내셔야 했답니다.
그곳에서 인간이 아무 것도 아님을
깨닫도록 하기 위해서 말입니다.
어떤 위대한 사건 후에도, 자신이 아니라
하나님만을 높일 수 있는 사람으로 만드시기 위해서였습니다.
둘째, 사울 왕의 질투로 인해 발생합니다.
사울은 누군가가 자신의 왕위를 빼앗을 것이라는
강박 관념에 사로잡혀 있었었습니다.
그것 때문에 정신쇠약에 걸려
수금 타는 다윗을 왕궁에 둔 것입니다.
다른 사람을 모두 의심했다 하더라도
다윗만은 의심의 대상이 아니었습니다.

그런데 이제는 아닙니다.

다윗 자신은 왕이 될 것이라고 생각지 않는다 하더라도

백성들은 다윗을 사울 자신보다 더 좋아하고 있다는 사실입니다.

다윗을 살려두면 사람들은 다윗을 왕으로 만들 것이라는

강박 관념이 생기기 시작한 것입니다.

'이 놈이 사무엘이 말한

나를 밀어내고 왕이 될 놈이란 말인가?'

그래서 다윗은 사울의 질투 때문에 기나긴 고통이 시작됩니다.

모든 것이 다윗을 광야 학교로 보내 훈련시키기에

타당한 이유들이었습니다.

왕을 만드시기 위한 하나님의 은혜랍니다.

❸ 18:10-11

시작되는 훈련

'왕권'(王權), 도대체 그것이 무엇인지… 사울 왕은 이때부터 다윗의 움직임 하나하나를 주의 깊게 보고 있습니다. 정면으로 보기 어려우면 곁눈으로라도 보아야만 했습니다. 왕권을 빼앗을 놈, 위험한 놈, 나쁜 놈이기 때문입니다. 사울 왕의 머릿속에는 다윗이 언젠가는 자신을 죽이고 왕의 자리를 차지할 놈이라는 생각으로 가득 차 있었습니다.

다윗을 생각하면 사울 왕은 온몸의 피가 거꾸로 솟는 것 같았습니다. 자신을 위해 수금 타는 다윗을 가증스럽게 생각했습니다.

'저 쥐새끼 같은 놈이 수금으로 내 마음을 안정시킨 후 은밀하게 날 죽이겠지. 나쁜 놈, 내가 너 같은 놈의 잔꾀에 넘어갈 것 같으냐! 망할 놈 같으니라구!'

다윗에게 쏟아진 인기가 생각났습니다. 속이 뒤집히는 것 같았습니다. 얼마나 울화통이 터지는지 갑자기 소리를 버럭 질렀답니다. 소리 지르기를 그치지 않았습니다. 사울 왕은 미친 사람처럼 혼자 중얼거리기까지 했습니다. 신하들은 사울이 소리 지르는 이유도 모르고 수금을 타도록 다윗을 불렀습니다. 사울 왕은 허겁지겁 달려와 수금 타는 다윗을 보자 더 견딜 수가 없었습니다.

'저 놈을 죽여야 돼! 한 방이면 가겠군. 저 놈 때문에 견딜 수가 없어!'

옆에 놓여있던 창을 빼들어 육중한 몸의 힘을 모아 다윗에게 던졌습니다. 첫 번째는 불발이었습니다. 사울 왕은 포기하지 않았습니다. 다른 창을 잡아 온 힘을 다해 다윗의 심장을 향해 던졌습니다. 그런데 이번에도 불발이었습니다. 아니 다윗이 재빨리 피한 겁니다.

왕궁은 졸지에 아수라장이 되었습니다. 어린 다윗도 허겁지겁 왕궁을 빠져나왔습니다. 신하들은 다윗을 따라 나와 위로했답니다.

"다윗아, 너무 상심하지 말거라. 사울 왕께서 정신분열증이 있으시잖냐? 너도 알지?"

다윗은 무서웠지만 고개를 끄떡였답니다.

「그 이튿날 하나님의 부리신 악신이 사울에게 힘있게 내리매 그가 집 가운데서 야료하는 고로 다윗이 평일과 같이 손으로 수금을 타는데 때에 사울의 손에 창이 있는지라 그가 스스로 이르기를 내가 다윗을 벽에 박으리라 하고 그 창을 던졌으나 다윗이 그 앞에서 두 번 피하였더라」(:10–11)

위대한 일을 하여 즐거움이 올 줄 알았는데
찾아 온 것은 죽음의 사자들이었습니다.
죽음을 극복해야 하는 훈련이 시작된 것입니다.
하나님은 다윗에게
생명은 하나님이 보호해 주셔야 한다는 것을
공부시키고 계시는 것이지요.
인기와 영광스런 자리에
노예가 되지 않도록 하려는 하나님의 가르침입니다.
생명은 하나님의 손에 있음을 알려 주는 겁니다.
아무리 화려한 인기를 가지고 있다 하더라도
살아 있을 때나 인기입니다.
그런데 그 살아 있다는 것은
오직 하나님의 손에 달려 있습니다.
사람들에게 인기가 조금 있다고 해서
건방을 떨면 안 됩니다.

④ 18:12-16

환경과 상관없는 행복

사울 왕은 분했습니다. 한 방이면 보낼 수 있었는데 두 번을 연거퍼 실패한 겁니다. 쥐 방울만한 게 무척 날쌔다는 생각도 들었구요. 한편으로는 불안했습니다. 이번 사건이 백성들 가운데 퍼진다면 분명히 망신스러울 거라는 생각 때문이었죠. 그래서 모르는 척하고 신하에게 은밀히 물었습니다.

"요즘 다윗이 어찌 보이지 않느냐?"

지난번 다윗에게 창을 던진 것은 지병인 정신 착란으로 인해 발생한 사고라고 생각하도록 하기 위한 연극이었습니다. 신하들도 그렇게 생각했습니다. 지난번 일은 왕의 정신 착란 증세였다고...

다윗을 불렀습니다. 사울 왕은 아주 태연한 척했습니다. 다윗은 불안했구요. 사실 다윗을 보는 사울 왕의 마음은 편치 않았습니다. 다윗에게서 이상한 기운을 느꼈기 때문입니다. 그것은 하나님이 다윗과 함께 하고 있다는 느낌이었습니다. 그래서 사울 왕은 다윗이 무서웠답니다.

「여호와께서 사울을 떠나 다윗과 함께 계시므로 사울이 그를 두려워한지라」(:12)

다윗이 자기 눈 앞에서 어른거리는 게 싫었습니다. 그런데 군대 장관이라는 다윗의 직책 때문에 자꾸 만나야 했기에 속이 더 뒤집혔습니다.

'저런 놈에게 국가의 군대를 맡기다니, 내가 미쳤지. 저 놈이 군대를 움직이게 된다면 난 꼼짝없이 당하는 거 아닌가?'

생각만 해도 끔찍했습니다. 얼른 군대 장관직에서 물러나게 해야겠다는 생각이 들었습니다.

내각이 소집되었습니다. 그러더니 졸지에 인사이동을 단행한다는 겁니다. 국가의 위기를 극복하기 위해 몇몇 자리를 움직인답니다. 발표했습니다. 별거 아니었습니다. 하위직이 조금 움직였고 고위직은 군대 장관 자리만 바뀌었습니다. 다윗이 군대장관 자리에서 좌천된 겁니다. 그리고 그 자리에 다른 사람의 이름이 불려졌습니다. 밀려난 다윗…

"천부장으로 명한다!"

완전히 망신스러운 강등이었습니다.

「그러므로 사울이 그로 자기를 떠나게 하고 천부장을 삼으매 그가 백성 앞에 출입하며」(:13)

하루아침에 다윗의 신세는 처량해졌습니다. 고위 관리직에서 이젠 하위직으로 밀려난 겁니다. 왕실을 출입할 필요도 없구요, 함부로 왕실을 출입할 수 없는 사람이 된 겁니다. 전에는 만날 수 없었던 서민들 속에서 살아야 하는 신세가 된 것이지요.

「그가 백성 앞에 출입하며」(:13하)

하나님의 훈련시키심…
지금 다윗은 왕 수업을 받고 있는 거잖아요!
수금을 타면서 왕의 생활을 배웠구요
군대 장관을 자리를 지내면서 군대를 움직이는 법을 배웠구요.
군대의 생리를 배웠답니다.
이번엔 백성들의 삶을 배워야지요.
그래서 하나님께서 다윗을 서민 속으로 보내신 거랍니다!
장사하는 사람들을 만나도록,
농사짓는 사람을 만나도록,
노인을 만나고 청년들을 만나고 어린이들을 만나도록,
여인들을 만나고 환자들을 만나고 학생들을 만나도록,
하나님의 위대하심이 발견됩니다.
왕을 만들어 가시는 하나님의 솜씨가 대단하시네요!

다윗은 사람들을 열심히 만났습니다. 새로운 것들을 많이 보고 느끼고 배웠답니다. 목동으로 있을 땐 전혀 몰랐던 건데, 왕 옆에서 수금 탈 때는 전혀 알지 못했던 건데, 군대장관으로 있을 때도 전혀 모르던 건데, 천부장 되어 백성들과 부딪치면서 사는 것이 무척이나 재미있고 흥미로웠습니다. 사는 맛이 났습니다.

아무도 다윗을 비난하지 않습니다. 다윗도 부끄러워하거나 비관하지 않습니다. 그는 여전히 여유를 가지고 지혜롭게 행하고 있었답니다. 국방부 장관이든, 수금을 타는 악사든, 아니면 왕의 무기를 들고 다니는 비서든, 야전 사령관 천부장이든… 다윗은 관직에 관심이 없었기 때문입니다. 그는 오직 하나님의 마음을 편하게 해 드리는 데 관심이 있을 뿐이었죠. 사람들의 눈에도 다윗의 그러한 마음이 보였는지 다윗을 오히려 사랑했답니다. 또한 다윗을 얼굴조차 보기 어려운 영웅으로만 알았던 사람들은 (다윗에게는 미안하지만) 다윗이 비록 좌천 당했지만 그로 인해 영웅과 함께 살게 되어 더욱 좋아했답니다.

「온 이스라엘과 유다는 다윗을 사랑하였으니 그가 자기들 앞에 출입함을 인함이었더라」(:16)

흔들리지 않는 모습, 아름답습니다.
환경이 나를 부끄럽게 한다 해도
흔들리지 말아야 합니다.

그것이 신앙인의 멋입니다.

높은 관직에 있는 것과 신앙은 별개입니다.

좋은 학벌과 학위를 가져야 하는 것이 신앙은 아니잖아요.

경제적으로 풍요로운 것과 신앙은 아주 다릅니다.

신앙인의 특징은 환경의 변화에 상관없이

하나님으로 인해 행복해하고

하나님이 주신 환경 속에서 감사하며

성실하게 계속 살아가는 사람,

어떤 여건 속에서도 여유를 가진 사람을 말합니다.

우리, 그런 사람으로 살아가자구요!

5 18:17–19

다윗을 죽여라
그러나 전쟁터에서 죽게 하라

소문이 퍼지고 있었습니다. 수금을 타는 다윗을 향해 두 번이나 창을 던져 죽이려고 했던 일이 소문난 겁니다. 군대 장관 자리를 빼앗고 천부장으로 좌천시킨 이유도 사울 왕이 다윗을 미워하기 때문이라는 겁니다. 백성들은 사울 왕을 속 좁고 미친 왕으로 생각하고 있었습니다. 사울 왕은 다윗 때문에 나빠지는 여론을 무마시키기 위한 생각 끝에 쥐도 새도 모르게 다윗을 죽여야겠다고 생각했습니다.

'여론도 반전시키고 다윗도 죽인다?' 사울 왕은 고민했습니다.

'여론 반전… 내가 그 놈을 사위로 삼는다고 하면, 그렇지! 백성들의 생각이 바뀌겠지? 내가 다윗을 죽이려고 한다는 것도 잘못된 소문이라고 생각하겠지. 그래 그렇게 하는 거야. 딸을 준다고 하는 거야! 그런데 그 놈이 지참금이 없을 테고 그래서 내 딸을 못 데려 간다고 하면 그것도 낭패고, 블레셋 놈들을 이기고 돌아온다면 그것을 지참금 대신으로 인정해 준다고 할까? 괜찮은 생각인데...' 사울 왕의 머릿속은 온갖 생각으로 범벅이었습니다.

다윗을 불러오랍니다. 신하들이 다윗을 데리고 왔습니다.

"다윗! 내가 너를 내 사위로 삼고 싶다!"

다윗은 놀랐습니다. 왜냐하면 사울 왕의 둘째 딸 미갈과 이상한 느낌(?)이 있곤 했거든요.

"내가 널 내 사위로 삼겠지만 그냥 사위가 될 수는 없지 않은가? 이스라엘 관례상 지참금이 있어야 하는데 자네가 지참금을 가지고 올 형편은 못되니 내가 특별히 배려하여 블레셋 놈들 좀 때려 잡아 오면 내 딸 메랍을 자네에게 주겠네."

> 「사울이 다윗에게 이르되 내 맏딸 메랍을 네게 아내로 주리니 오직 너는 나를 위하여 용맹을 내어 여호와의 싸움을 싸우라 하니 이는 그가 생각하기를 내 손을 그에게 대지 말고 블레셋 사람의 손으로 그에게 대게 하리라 함이라」(:17)

다윗은 침착했습니다. 사실 사울 왕이 미갈을 준다고 하면 한 번 해 보려고 했는데 메랍이라는 말에 기도 차지 않은 겁니다. 다윗은 메랍을 좋아하지도 않을 뿐만 아니라 그녀가 얼마 전에 아드리엘이라는 사람과 결혼했다는 사실을 알고 있었거든요. 그래서 다윗은 침착할 수 있었지요.

"전하, 제가 어찌 전하의 사위가 될 수 있겠습니까? 은혜는 고맙지만 저희 집안이나 저는 그럴 만한 자격이 없습니다. 말씀만으로도 큰 은혜라고 여기겠습니다."

정중히 거절했답니다.

사울 왕, 진짜 나쁘네요.
그런데 우리 속에도 사울과 같은 모습이 있답니다.
자신의 명예와 자리를 지키기 위해서
직접적인 방법이 아니라 교활한 계획으로
마치 자신이 그렇게 한 것이 아닌 것처럼
철저하게 일을 꾸미고 만들어 놓아
(어떤 사람들은 이것을 살아가는 지혜라고 말합니다.
 죄책감도 없이 말입니다.)
죄 없는 사람을 곤경에 빠뜨려 다시는 일어날 수 없게 만들고
심지어는 폐인이 되게 합니다.
그렇게 만들고는 하나님께 벌을 받았다고 뻔뻔하게 말합니다.
사실은 자기가 꾸민 음모로 사람을 죽여 놓고 말입니다.
세월이 지나면서 자신이 저지른 일에 대해 무감각해집니다.
죄책감을 전혀 느끼지도 못하게 된답니다.
자신의 잘못을 잊는 거지요.
아니 세월이 진실을 감추게 하는 거지요.
우리 안에 사울이 있지 않나요?

아니 내 안에 사울이 있습니다.

세상에 대한 욕심 없는 다윗의 태도는
음모를 피하게 했습니다.
누구에게나 무엇을 갖고 싶은, 무엇이 되고 싶은,
인정받고 싶은 혹은 편하고 싶은 마음이 있잖아요.
그 마음이 나쁜 것은 아니지요.
단지 자신의 상황을 생각하지 않고

사실 사울은 여기서 자신의 약속을 지키지 않고 있음을 발견합니다. 17장 25절에 보면 이스라엘과 사울이 골리앗 앞에서 떨고 있을 당시, 사울 왕은 골리앗을 죽이는 사람을 사위로 삼겠다고 약속했고 그 소문은 전쟁터에 널리 알려져 있었습니다. 그렇다면 사울은 당연히 다윗을 사위로 맞아들여야 합니다. 지참금과 같은 조건은 없어야 합니다. 그런데 사울은 골리앗이 죽고 나니깐 마음이 바뀐 것입니다. 딸을 거저 줄 수가 없었습니다. 왕의 딸을 아내로 맞을 만큼의 지참금이 사울의 눈앞에 어른거린 것입니다.

사울은 원래 재물에 관심이 많은 사람이었습니다. 아말렉을 물리치면서 하나님의 명령보다는 탈취물에 관심을 둔 것을 보면 그가 얼마나 재물 욕심이 많은지를 알 수 있습니다. 그러니 자신의 딸을 다윗에게 공짜로 주기가 아까웠던 것이지요. "화장실 가기 전과 갔다 온 후에 이야기가 다르다"는 속담이 이런 경우를 두고 한 말인 것 같습니다. 지참금에 눈이 어두워서 자신이 한 약속을 지키지 않고 지참금을 많이 가지고 온 사람에게 딸을 주었답니다.

사울의 이러한 사기(詐欺)극은 하나님의 진노를 샀습니다. 약속을 파기하고 청년 다윗의 마음에 못을 박은 사울의 기만을 하나님은 죄 없다고 하지 않으셨습니다. 그리고 사울의 딸 메랍과 사위에게 그 대가를 내리십니다. 그 대가는 끔찍합니다. 훗날 두 사람 사이에서 나온 다섯 명의 아들이 기브온 사람들에 의해 목 매달려 죽게 됩니다. 회개하지 않은 죄는 언젠가 그 대가를 치루게 됩니다.

욕심만 채우려고 하는 것이 나쁜 거랍니다.
그러다 보면 자연스럽게 술수가 생기지요.
본질을 잃어버립니다.
말장난으로 합리화합니다.
무리수를 두고 거짓말을 합니다.
그러나 진실하지 못한 것은 언젠가는 드러나기 마련이랍니다.

사람들은 욕심 때문에 자신을 잃어버릴 때가 많습니다.
그러나 다윗은 그렇지 않았습니다.
왕의 사위가 되기 위해 없는 지참금을 억지로 만들지 않았지요.
쓸데없이 목숨을 내놓고 블레셋과 싸우지 않았다는 말입니다.
왕의 사위가 되어 부귀영화를 누리는 것보다 중요한 것은
자신이 처한 상황에 맞추어 정직하게 살아가는 것이랍니다.

❻ 18:20–29

또 다시 딸을 미끼로

사울에게는 두 딸이 있었습니다. 첫째 딸은 메랍인데, 그녀는 시집갔습니다. 둘째 딸은 미갈로, 이 처녀는 다윗을 사랑했습니다. 다윗이 이 여인을 아주 깊이 사랑한 것 같지는 않습니다만, 성경은 미갈이 다윗을 사랑했다고 말합니다. 사울은 어린 딸의 사랑을 자신의 욕심을 채우려는 도구로 삼습니다. 돈벌이를 위해 자신의 딸을 매춘하는 오늘날의 사람들과 같은 맥락입니다. 사울은 자신의 딸인 미갈의 마음에 남게 될 평생 지울 수 없는 상처는 생각하지도 않은 듯합니다. 그에게 중요한 것은 오직 자신의 왕좌(王座)입니다. 그리고 그것을 지키기 위해서 다윗을 죽이는 일입니다. 이것만이 사울의 최대 관심사입니다. 지난번에는 지참금 때문에 실패했었습니다. 그래서 이번에는 지참금을 받지 않기로 작전을 짰습니다. 그리고 이 일을 사울 자신이 직접 이야기하면 다윗이 죽은 뒤 여론의 화살이 자신에게 돌아올까 하여 다윗을 사위로 맞아들이기를 원한다는 소문과 함께 비밀스럽게 퍼뜨려 다윗의 귀에 들리게 했습니다. 이번에도 다윗은 지참금 문제로 거절했습니다. 그런데 다윗의 마음을 끄는 소리가 들렸습니다. 지참금을 받지 않겠다는 말입니다. 대신 한 가지 조건이 있답니다.

「왕이 아무 폐백도 원치 아니하고 다만 왕의 원수의 보복으로 블레셋 사람의 양피 일백을 원하신다」(:25중)

다윗은 왕가(王家)의 가족이 되고 싶었습니다. 그것은 자신과 가문에 영광스런 일이기 때문입니다. 고통스러운 삶에서 해방될 수 있는 기회이거든요. 지참금은 없었지만 맨주먹으로 블레셋 사람 일백 명은 때려눕힐 자신은 있었습니다. 사자와 곰을 이긴 경험도 수두룩한데 까짓것 못하겠느냐는 용기였습니다.

왕좌(王座)가, 인기(人氣)가
한 사람 사울을 비정상적인 사람으로 만들었습니다.
자리와 인기에 집착한 사울은 자신의 딸을 제물로 내놓습니다.
그리고 젊은 청년 다윗을 죽음의 계곡으로 계속 밀고 있습니다.
욕심, 무서운 겁니다.

다윗은 왕의 사위가 무척이나 되고 싶었나 봅니다. 목숨을 내놓고 블레셋 사람들과 싸워 양피를 벨 생각을 다 했으니 말입니다. 사울 왕은 다윗이 아무리 싸움을 잘한다 해도 혼자 백 여 명과 싸우는 일은 불가능하다고 생각했지요. 다윗이 블레셋에 들어갔다는 보고를 받고 회심의 미소를 지으며 샴페인을 터트리고 오랜만에 느끼는 평온과 행복(?)을 누렸을지도 모릅니다.

다윗을 향한 사랑을 간직하고 있던 미갈은 불안하고 초조했습니다. 다윗과 결혼할 수 있는 가능성이 공개화 된 상황입니다. 그런데 블레셋 사람의 양피를 백 개나 가지고 와야 한다네요. 미갈은 기도합니다만… 다윗은 돌아오지 않을 것을, 돌아올 수 없는 것을 미갈도 압니다. 자신을 미끼로 사랑하는 님을 적진에 보내어 죽이려는 아버지가 미웠습니다. 아버지가 자신이 그토록 사랑하는 님을 미워하여 벌인 일이기 때문입니다. 미갈은 사랑하는 님에 대한 생각 때문에 마음을 진정시킬 수가 없었답니다.

며칠이 지났을까요? 사울과 그의 왕실에는 오랜만에 웃음과 평온이 있었는데… (물론 미갈은 사랑하는 님에 대한 아픔 때문에 왕실의 행복 속에서 제외되었겠죠.) 먼지를 날리며 거친 말발굽 소리가 들려왔습니다. 피로 범벅이 된 옷에 먼지를 뒤집어 쓴 채로 나타난 젊은이는 손에 부대자루를 들고 왕실에 나타났습니다. 그리고 숨을 헐떡이면서 사울 왕 만세를 불렀습니다. 사울 왕은 물론 왕실에 있던 모든 사람이 몰려 나왔습니다. 그리고 모두들 놀라 입을 다물지 못했습니다.

피와 먼지를 뒤집어 쓴 채 부대 자루를 혹여 잃어버릴까 빼앗길까 싶어 꼭 쥔 채로 나타난 청년은 바로 다윗이었습니다. 블레셋 적진에서 지금쯤 짐승들에게 뜯겨 있어야 할 다윗인 겁니다. 다윗은 부대 자루의 아구를 풀기 시작했습니다. 그리고 왕 앞에 부대를 뒤집었습니다. 썩은 양피가 고약한 냄새를 풍기며 쏟아졌습니다.

"폐하, 원하시던 폐하의 원수 블레셋 놈들의 양피이옵니다. 폐하가 백 개를 원하셨습니다만 이백 개이옵니다."

사울 왕은 기가 막혔습니다. 숨도 쉴 수 없었고 아무 말도 할 수가 없었습니다. 다윗은 사울 왕과 신하들이 보는 앞에서 쏟아진 양피를 손으로 세기 시작했습니다.

"하나, 둘, 셋... 오십 팔, 구십 칠, 구십 구, 백... 왕이시여! 백 개를 바치옵니다!"

「다윗이 일어나서 그 종자와 함께 가서 블레셋 사람 이백 명을 죽이고 그 양피를 가져다가 수대로 왕께 드려...」(:27상)

사울 왕은 어이가 없었습니다. 이 일을 함께 공모했던 신하들도 놀랄 뿐이었습니다. 반면 사울 왕의 음모를 모르는 왕궁의 다른 신하들은 얼굴에 미소와 웃음이 돌았습니다. 미묘한 감정이 섞인 침묵의 순간이었습니다. 다윗의 거친 숨소리와 다윗이 타고 온 말이 푸드덕거리는 소리만 들릴 뿐이었습니다. 다윗이 쏟아 놓은 양피 이백 개가 풍기는 썩은 냄새는 마치 사울 왕의 속에서 나는 냄새 같았습니다.

누군가 천천히 박수 치기 시작했습니다. 짝…짝…짝… 음모를 꾸몄던 사울 왕의 측근들도 어이없다는 표정으로 억지로 박수를 따라 칩니다. 아주 천천히, 아주 천천히… 짝…짝…짝… 사울 왕도 박수 치는 흉내를 냅니다.

미갈은 밖에서 나는 요란한 소리에 관심이 없었습니다. 시녀는 촐싹거리면서 미갈에게 달려와 숨도 돌리지 못한 채로 말합니다.

"공주마마, 다윗 장군이 돌아왔어요!"

미갈은 믿기지 않는지 멍하니 서 있더니 밖으로 뛰쳐나갔습니다. 사람들이 웅성대고 있는 그 곳을 뚫고 앞으로 갔습니다. 사람들이 "다윗 만세"를 부르고 있네요. 그 자리에는 아버지 사울 왕도 있었습니다. 자신의 사랑하는 님을 죽이기 위해 블레셋 소굴로 들어가게 했던 아버지, 아버지가 미웠습니다. 그러나 미갈은 사랑하는 사람에게서 눈을 뗄 수 없네요. 다윗이 고마웠고 자랑스러웠습니다. 고운 모습과 깨끗한 차림의 미갈은 피비린내 나는 다윗에게로 다가갑니다. 그리고 그의 얼굴을 어루만지면서 눈물을 흘리더니 다윗의 넓은 품에 안깁니다. 이제 그녀는 다윗의 아내가 되는 꿈을 현실로 만들 수 있기 때문이었습니다.

미갈과 다윗이 만나는 모습을 뒤로 하고 사울 왕은 자신의 집무실로 향했습니다. 돌아서 가는 그의 뒷모습이 왜 그리 쓸쓸해 보이는지요. 한 영웅이 돌아왔는데 왜 사울 왕의 등에서는 식은땀이 흐르는지요. 사울은 무서웠습니다.

'다윗, 진정 하나님이 너와 함께 하신단 말인가? 네가 내 자리에 앉게 될 그 사람이란 말인가? 네 놈을 내가 반드시 죽이리라!'

돌아서 가는 사울의 마음속에서 솟아나는 질문과 결심이었습니다.

「사울이 그 딸 미갈을 다윗에게 아내로 주었더라 여호와께서 다윗과 함께 계심을 사울이 보고 알았고 사울의 딸 미갈도 그를 사랑하므로 사울이 다윗을 더욱 더욱 두려워하여 평생에 다윗의 대적이 되니라」(:27하-29)

다윗은 사울 왕의 의도를 알고 있었습니다만
생명은 권력이 있는 사울의 의도대로
되는 것이 아님을 배운 겁니다.
생명은 권력자의 손에 있는 것도
블레셋 사람의 손에 있는 것도 아님을 배운 겁니다.
생명은 하나님께 있음을 경험하고 배운 거지요.
다윗은 사울의 의도를 믿음으로 이긴 후에
감사하여 하나님께 시(詩) 한 수를 써서 노래로 올려 드립니다.

「내가 여호와께 피하였거늘
너희가 내 영혼더러
새같이 네 산으로 도망하라 함은 어찜인고
악인이 활을 당기고 살을 시위에 먹임이여
마음이 바른 자를 어두운 데서 쏘려 하는도다.

터가 무너지면 의인이 무엇을 할꼬?
여호와께서 그 성전에 계시니
여호와의 보좌는 하늘에 있음이여
그 눈이 인생을 통촉하시고 그 안목이 저희를 감찰하시도다.
여호와는 의인을 감찰하시고
악인과 강포함을 좋아하는 자를 마음에 미워하시도다.
악인에게 그물을 내려치시리니
불과 유황과 태우는 바람이 저희 잔의 소득이 되리로다.
여호와는 의로우사 의로운 일을 좋아 하시나니
정직한 자는 그 얼굴을 뵈오리로다」(시 11편).

다윗을 죽이려던 계획은 수포로 돌아갔습니다.
그런데 사울에게 더 끔찍한 것은
이 일로 인해 미운 놈 다윗이 더욱 유명해진 것이네요.
혼자서 적진에 들어가
양피 백 개만 가져오는 일도 보통 일이 아닌데
그리고 그것만 가져와도 되는데
두 배나 되는 이백 개를 가져온 겁니다.
이 소문은 이스라엘 전체에 삽시간에 퍼졌습니다.
그리고 다윗은 모든 백성에게
영웅으로 추앙 받기 시작했답니다.
사울의 노(怒)는
다윗을 오히려 더욱 위대한 사람으로 만든 거랍니다.

「진실로 사람의 노는
장차 주를 찬송하게 될 것이요…」(시 76:10).

악인의 노(怒)…

오히려 그것으로 인해 더 깊은 수렁에 들어간답니다.

위기를 불평하지 마세요.

오히려 위기를 기회로 만들어

나를 죽이려고 달려드는 원수 앞에서 의연해지세요.

하나님이 함께 계심을 기억하고 말입니다.

원수는 위기를 만들어 나를 죽이려고 하지만

하나님은 이 위기를 통하여

위대한 일, 멋진 일을 만드시고 행하시는

기막힌 역사의 조련사이시랍니다.

7 18:30

국제 무대를 위한 훈련

블레셋 사람들이 싸움만을 걸어온 것은 아닙니다. 싸울 때도 있었지만 외교도 있었습니다. 저들의 장관들과 이스라엘의 장관들이 한 테이블에 앉아서 밀고 당기는 설전(舌戰)을 하는 겁니다. 그 외교 테이블에서 두각을 나타내는 사람이 있었으니 다윗이었습니다. 사울 왕의 어떤 신하보다 지혜로웠습니다. 이 소문도 온 이스라엘 땅에 퍼집니다. 전쟁에 능한 용사, 외교에 능한 용사... 사람들은 다윗을 존중히 여겨가고 있었습니다.

「블레셋 사람의 방백들이 나오면 그들의 나올 때마다 다윗이 사울의 모든 신하보다 더 지혜롭게 행하매 이에 그 이름이 심히 귀중히 되니라」(:30)

심히 귀중한 이름…

그 이름을 얻는 것이 목표가 아니었습니다.

그런 자리 얻는 것도 목표가 아니었구요.

주님 사랑하다 보니 사람들에게 그렇게 보인 겁니다.

하나님을 존중히 여기다 보니

하나님이 존중히 여겨주신 거랍니다.

「나 여호와가 말하노니…
나를 존중히 여기는 자를 내가 존중히 여기고…」(2:30)

하나님을 존중히 여기시자구요.

그것이 우리가 할 도리랍니다.

8 19:1–7

권력에 집중하는 사람과 하나님께 집중하는 사람

사울이 다윗을 죽이려는 것은 다윗의 죄 때문이 아닙니다. 다윗의 죄는 괘씸 죄입니다. 괘씸 죄란 내 마음에 들지 않는 것이 죄입니다. 그것은 미움 때문에 만들어진 죄명입니다. 괘씸 죄라는 명목으로는 사람을 처형할 수 없습니다. 만일 이 죄목으로 사람을 처형한다면 사람들이 웃습니다. 가만히 있지 않을 것입니다. 법을 어긴 것이 아니기 때문입니다. 그렇기에 괘씸한 죄인(?)을 처형할 때는 은밀한 곳에서 하든지 아니면 마치 우연히 죽은 것처럼 일을 꾸며대야 합니다. 사울 왕이 다윗을 죽이려고 그렇게 했었습니다. 왕궁에서 창을 던져서 은밀히 죽이려 했고, 자신의 딸들을 미끼로 해서 블레셋 사람에게 죽임을 당하도록 일을 꾸몄었습니다. 치밀하고 빈틈없이 일을 꾸몄었습니다만 모두가 불발이었습니다. 사울 왕은 다윗을 살해할 계획이 마음대로 되지 않는 것이 우연이라기보다는 하나님이 다윗을 지키고 계심을 인식하고 있었습니다. 그러나 다윗을 죽이겠다는 마음을 버리지 못했답니다. 아니 오히려 다윗이 더욱 괘씸했고 더욱 미웠었습니다. 그의 분노는 활화산 터지듯 용솟음 치고 있었습니다.

사울 왕은 미움 때문에 이성을 잃어 버렸습니다. 결국 다윗에 대한 자신의 마음을 감추지도 억제하지도 못하고 여론의 비난이 쏟아질 것과 백성들로부터 비웃음을 받아서 정치에 치명타를 입을 것이라는 것도 포기합니다. 그리고 자신의 추태를 드러내는 일을 합니다. 다윗을 공개적으로 죽이라고 명령한 겁니다.

「사울이 그 아들 요나단과 그 모든 신하에게 다윗을 죽이라 말하였더니」(:1)

그러나 왜 죽여야 하는지, 죄목이 무엇인지는 말하지 못했답니다.

사울 왕은 자신의 힘으로
하나님 역사의 맥의 방향을 바꾸어 보려고
무척이나 애쓰고 있습니다.
정확하고 힘차게 진행되는 하나님의 계획에 따른
역사의 맥을 막으려 하는 안타까운 노력(?)

처절하고 비참해 보일 뿐입니다.
하나님의 역사의 맥을 거스르면 고통이요
결국은 죽음이잖아요.
그걸 피하는 길은
오직 겸손한 마음과 진실한 회개뿐이랍니다.

사울 왕은 아들 요나단에게 다윗을 죽이라고 명령했습니다만 왕자 요나단은 다윗을 너무 좋아하고 사랑하고 있었습니다. 참 재미있네요. 다윗 한 사람을 놓고 아버지와 아들의 생각이 이렇게 다르니 말입니다.

사울 왕의 관심은 자신과 자신이 앉아 있는 왕좌(王座)입니다. 반면에 왕자인 요나단은 아버지의 뒤를 이어 왕이 될 사람임에도 불구하고 왕권(王權)에는 별로 관심이 없는 것처럼 보입니다. 아니 왕좌(王座)도 중요했겠죠. 그러나 요나단의 마음과 생각을 빼앗아 간 것은 눈에 보이는 왕좌(王座)가 아니라 보이지 않는 왕이신 하나님이었습니다. 그리고 그 보이지 않는 왕이 다윗의 마음속에 있는 것을 보고 있는 겁니다. 그렇기에 요나단의 마음은 사울과 다른 것이지요. 왕자 요나단의 눈에는 다윗이 하나님을 모시고 있음을 보았구요, 그렇기 때문에 그를 볼수록 기쁨이 넘치는 사랑스런 동역자라는 생각이 들었답니다.

「사울의 아들 요나단이 다윗을 심히 기뻐하므로…」(:1하)

하나님의 하시는 일, 기가 막히다는 생각 들지 않으세요?

최고 권력자의 결심을

막을 수 있는 사람은 아무도 없답니다.

왕이 잘못하고 있는 것을 알면서도

심기를 건드리면 죽을 수도 있거든요.

그런데 아무리 최고의 권력을 가진 사람이라 하더라도

아들한테는 약하잖아요.

다윗에 대한 사울의 악한 계획…

하나하나 알 수 있을 뿐만 아니라

그 계획을 수포로 만들 수 있는 유일한 사람,

왕의 아들이랍니다.

그가 다윗을 사랑하고 있답니다.

무척 재미있는 일이네요!

다윗을 죽이라는 명령 때문에 요나단 왕자의 마음은 무척이나 무거웠습니다. 가만히 있으면 다윗은 군사들에게 체포될 것이 뻔하고 한 마디 변명도 못하고 개죽음 당할 것이 뻔했습니다. 그래서 다윗을 피신시키기로 마음먹었답니다.

「그가 다윗에게 고하여 가로되 내 부친 사울이 너를 죽이기를 꾀하시느니라 그러므로 이제 청하노니 아침에 조심하여 은밀한 곳에 숨어 있으라」(:2)

요나단 왕자는 다윗이 너무나 측은했습니다. 돕고 싶은데 어떻게 도와야 할지 막막했습니다. 일단은 은밀한 곳에 숨어 있으면서 군사들의 눈을 피하게 만들었습니다. 그리고 아버지 사울 왕을 직접 찾아가 아버지의 태도와 의중을 살핀 후 다윗으로 하여금 어떻게 행동할 것인지를 알려 주기로 마음을 먹은 겁니다. 다윗은 왕자님의 은혜가 고마웠습니다.

「내가 나가서 너 있는 들에서 내 부친 곁에 서서 네 일을 내 부친과 말하다가 무엇을 보거든 네게 알게 하리라 하고」(:3)

다윗은 숨어 있었구요, 요나단 왕자는 아버지 사울 왕에게로 갔답니다. 요나단 왕자는 사울 왕의 눈치를 살피며 이런저런 이야기를 나누는 중에 다윗의 이야기를 꺼냈습니다.

"아바마마, 다윗이 아바마마를 위해서 많은 일을 훌륭하게 잘 해내고 있습니다."

사울 왕은 잘 듣고 있었습니다.

"지난번 골리앗을 때려눕혀 나라를 위기에서 구했고 외교술도 능해서 그가 하는 일이 아바마마께 무척이나 도움이 되고 있습니다."

사울 왕은 마음에 감동을 받고 있었습니다. 요나단이 말하는 다윗에 대한 일들을 들으면서 말입니다.

"아바마마, 아바마마께서도 다윗이 나라와 아바마마께 얼마나 충성스러운지는 알고 계시지 않습니까? 그러니 다윗이 혹 실수한 부분이 있다 하더라도 노를 푸십시오. 그를 죽이겠다고 하셨지만 그렇게 되면 백성들의 원성을 사게 될 겁니다. 그런 충성스런 사람을 죽인다는 것은 옳지 않다고 생각합니다."

왕자의 지혜로운 말이었습니다.

「요나단이 그 아비 사울에게 다윗을 포장하여 가로되 원컨대 왕은 신하 다윗에게 범죄치 마옵소서 그는 왕께 득죄하지 아니하였고 그가 왕께 행한 일은 심히 선함이니이다 그가 자기 생명을 아끼지 아니하고 블레셋 사람을 죽였고 여호와께서는 온 이스라엘을 위하여 큰 구원을 이루셨으므로 왕이 이를 보고 기뻐하셨거늘 어찌 무고히 다윗을 죽여 무죄한 피를 흘려 범죄하려 하시나이까」(:4-5)

다윗을 죽이라는 명령,
왕이 신하에게 죄를 범하는 것이라고 말합니다.
왕은 절대권자입니다.
혹 백성에게 비난을 받는다 하더라도 왕에게는 죄가 없습니다.
그런 시대에 살고 있는 요나단이
왕에게 '당신이 잘못하고 있다' 고 하는 겁니다.
또 하나는 다윗은 왕에게 죄를 범치 않았다고 말할 뿐만이 아니라
오히려 선한 일을 한 좋은 신하,
왕을 위해 생명을 아끼지 않은 신하,
그래서 왕도 그를 기뻐했었던 신하라고 진언하고 있습니다.
이런 신하를 죽인다면
왕은 죄인이 될 것이라고 하고 있는 거지요.

친구를 위해 목숨을 버리면
이에서 더 큰 사랑이 없다고 했습니다.

당시 신(神)과 같은 존재인 군주에게 옳은 말을 하는 것은
목숨을 내놓는 일이잖아요.
그럼에도 불구하고 요나단은 합니다.
친구에 대한 사랑 때문입니다.
친구, 아니 엄밀히 말해서 다윗은 요나단에게 친구가 아닌데,
(왕자와 목동은 신분상 친구가 될 수가 없는 거잖아요.)
왕자가 목동을 위해
자기 목숨을 내놓고 말하고 있는 것입니다.
친구를 위해 목숨 버리는 것보다 더 큰 사랑이 없다면
왕자가 목동을 위해 목숨을 내놓는 것은
어떻게 표현해야 하는지요?

하나님의 아들께서
목동보다 못한 나를 위해 목숨을 내놓으셨습니다.
다윗은 죄나 없었지요.
그러나 나는 선은 없고 오히려 죄만 있는 존재인데
그런 나를 위해 목숨을 내놓으셨다는 것입니다.
이것을 어떻게 표현해야 할지 모르겠습니다.
사랑이라는 단어…
(그것말고 다른 표현이 있었으면 좋겠습니다.)
그것이 내가 표현할 수 있는 최고의 단어라는 것이
아쉬울 뿐입니다.

사울 왕이 제 정신이었나 봅니다. 아니 아들의 진지한 충언에 정신이 들었나 봅니다. 요나단에게 다윗을 죽이지 않겠다고 맹세하였답니다.

「사울이… 듣고 맹세하되 여호와께서 사시거니와 그가 죽임을 당치 아니하리라」(:6)

요나단은 아버지께 고마웠습니다. 불안에 떨고 있을 다윗이 생각났습니다. '다윗, 조금만 기다려. 내가 좋은 소식 가지고 갈게.' 요나단 왕자는 뛰었습니다. 다윗에게로 뛴 것이지요. 숨어 있던 다윗은 뛰어 오는 왕자를 보았습니다. 둘은 손을 마주 잡았구요. 왕자는 다윗을 끌어안았습니다. 그리고 다윗을 죽이지 않겠다는 왕의 말을 전하고는 함께 가자고 합니다. 왕궁으로 가잡니다. 다윗은 망설였습니다. 무서웠거든요. 요나단 왕자는 다윗의 손을 잡아 끌었답니다. 왕궁으로 온 다윗은 사울 왕께 인사를 드렸구요. 아무 일도 없었답니다.

「요나단이 다윗을 불러 그 모든 일을 알게 하고 그를 사울에게로 인도하니 그가 사울 앞에 여전히 있으니라」(:7)

9 19:8–10

불행한 승리

다윗은 인기가 있었습니다.

그러나 인기란 시간이 지나면 대중들에게 잊혀져 식어버리기 마련입니다. 왕궁으로 복직 된 다윗도 그랬습니다. 다윗의 하늘을 찌를 듯한 인기가 시간이 흘러 사그러들자 사람들도 다윗을 화제로 이야기하는 일이 드물어졌습니다. 다윗에 관한 이야기만 들어도 신경이 곤두서던 사울 왕도 다윗에 관한 이야기가 전처럼 들려오지 않자 정신적인 안정을 누릴 수 있었답니다.

블레셋이 침입했답니다. 군사들이 방비했지만 역부족이었습니다.

왕실에서 군사를 지원해 줄 것을 부탁했지요. 왕실 부대가 출전했습니다. 그 가운데 다윗의 부대도 있었답니다. 그런데 전쟁에서 다윗이 이끄는 부대가 남다른 공을 세워 대승을 거두었답니다. 다윗이 탁월한 전략과 용맹으로 블레셋군을 물리치자 다윗은 군사들 사이에서 다시 영웅시 되기 시작했습니다. 아니 이스라엘 백성들에게 다시금 다윗을 떠올리게 하는 사건이 되었답니다. '역시 다윗이야! 그는 이스라엘의 최고의 영웅이야! 여전히 그가 살아있구먼!' 백성들은 온통 다윗의 이야기뿐이었습니다.

사울 왕에게 다윗에 대한 악몽이 다시 살아나기 시작했습니다. 자신의 왕좌(王座)를 다윗에게 빼앗길 거라는 불안한 마음이 되살아난 겁니다. 그 불안함으로 또 분노가 솟았습니다. 신하들은 정신착란에 빠져 안절부절못하는 사울 왕을 치료하기 위해 전전긍긍하다가 다윗을 생각했답니다. 다윗에게 왕을 위하여 수금을 연주하도록 부탁했습니다.

다윗은 사울 왕을 위해 정성스럽게 수금을 탔습니다. 그 선율은 아름다웠습니다만 사울 왕에게는 오히려 불안함만 가중시키고 있을 뿐이었습니다. 사울은 부르르 떨리는 손으로 은밀하게 단창을 잡았습니다. 그리고 미래의 왕으로 예선된 왕, 수금을 타고 있는 다윗을 향해 힘껏 던졌답니다. 순간 놀란 다윗은 반사적으로 피했답니다. 사울의 광기가 다시 도진 겁니다. 사울 왕이 던진 단창은 벽에 박힐 정도로 강했습니다. 다윗은 수금을 집어던지고 도망쳤습니다. 혹시 쫓아올지도 모르는 사울 왕이 보낸 군사들을 만날까 하여 정신없이 숨어 다녔답니다. 온 종일 배회하던 다윗은 저녁 때가 되어 미갈이 있는 곳, 자신의 집으로 갔습니다.

승리, 기쁨이었는데
오히려 다윗을 혼란과 고독으로 몰고 갔습니다.
알 수 없는 일, 원망하고 싶잖아요.
아니 원망할 수밖에 없잖아요.
좋은 일을 하고도 왜 어려움에 빠지냐고,
하나님이 날 버리셨냐고… 할 수 있잖아요.
원망하지 마세요.
하나님께서 성숙한 사람으로 만드시기 위해서
훈련 학교로 몰고 가시는 거랍니다.

그 자리(?)에 앉히기 위해서
훈련하시는 거랍니다.
승리, 좋은 것이지만
하나님의 계획은 따로 있었답니다.

10 19:11–17

광야로...

사울 왕의 단창을 피해 도망간 다윗은 배회하고 있었습니다. 아니 잡으러 오는 사람이 있을까 하여 도망 다니고 있었지요. 저녁 무렵 상황을 보면서 집 근처로 갔습니다. 다행히 집 근처에는 아무도 없었습니다. 아내 미갈에게 이 상황을 말한 다음 움직여야겠기에 일단은 집으로 들어가야 했답니다.

미갈은 다윗의 허둥거리는 모습을 보고 무슨 일이 벌어진 줄 알고 있었습니다. 다윗이 말했습니다. 상황이 급하다고... 당신의 아버지 사울 왕이 다시 자신을 죽이려 한다고 말했습니다.

사울 왕은 온종일 화가 치밀었습니다. 이번에도 다윗을 죽이지 못했고 벌써 세 번째 다윗이 자신의 창을 피했기 때문입니다. 안절부절못하던 사울 왕이 신하를 불렀습니다. 저녁이 되면 다윗이 틀림없이 집으로 갈 테니 군사들과 함께 다윗의 집으로 가랍니다. 밤새껏 포위하고 있다가 새벽에 곯아떨어졌을 때쯤 죽이랍니다.

「사울이 사자들을 다윗의 집에 보내어 그를 지키다가 아침에 그를 죽이게 하려 한지라」(:11)

군사들은 중무장을 하고 다윗의 집으로 향했습니다. 군사들이 다윗 집으로 가고 있다는 소식을 누군가가 다윗의 집에 알렸습니다. 다윗과 미갈은 창을 가린 커튼을 살짝 거두고 밖을 내다보았습니다. 보고 받은 그대로 군사들이 집 앞에 진을 치고 있었습니다. 미갈과 다윗은 불안했습니다. 미갈이 다윗에게 말했습니다.

"여보, 지금 도망가지 않으면 당신 죽을지도 몰라요. 내게 생각이 있어요. 지금 당장 도망가는 거예요."

미갈은 뒷 창문을 열었습니다. 그러더니 줄을 하나 밖으로 늘어뜨리는 겁니다. 줄을 타고 내려가 도망가랍니다. 다윗은 미갈이 고마웠습니다. 그러면서도 미갈이 걱정되었습니다.

"날 도망시킨 것을 알면 사울 왕께서 당신을 가만두지 않을 텐데…"

"걱정하지 마세요. 뒷일은 내가 알아서 할 테니까요. 일단은 몸을 피하시고 나중에 만나요."

다윗은 미갈이 고마웠습니다.

「다윗의 아내 미갈이 다윗에게 일러 가로되 당신이 이 밤에 당신의 생명을 구하지 아니하면 내일에는 죽임을 당하리라 하고 미갈이 다윗을 창에서 달아 내리우매 그가 도망하여 피하니라」(:11하-12)

다윗이 줄을 타고 내려가자 미갈은 조용히 침대 위에 사람이 누워서 자는 것처럼 꾸미기 시작했습니다. 사람 크기의 인형이 필요했습니다. 평소에 신으로 섬기던 드라빔(우상)에 가발을 씌우고 옷을 입혀 침대에 눕혔습니다. 그러고서는 불을 끄고 자기도 잠자는 척 했답니다.

우상을 섬기는 여인이었는가 봅니다. 문제는 여기에 있었습니다. 미갈은 하나님을 섬긴 것이 아니라 하나님을 섬겼을지 모르지만 드라빔이라는 우상도 섬겼습니다. 미갈은 하나님만 신뢰하는 요나단과는 달랐습니다. 그녀는 진정 다윗을 사랑했습니다. 그러나 하나님을 사랑하지는 않았습니다. 그녀는 하나님이 누구인지를 모르는 사람입니다.

미갈의 집, 아침이 지나기까지 인기척이 없었습니다. 집 밖에서 밤새 포위하고 있던 군사들은 밀려오는 피곤을 이길 수 없었는지 하품을 하고 투덜거리기 시작했습니다. 집으로 들어가자고, 아무리 공주의 집이지만 문을 두드려 보자고, 군사들은 투덜거렸답니다.

해가 중천에 떴는데도 다윗의 집에 인기척이 없자 다윗의 집을 포위하고 있던 부대장이 사람 하나를 사울 왕에게 보냈습니다. 공주의 집이라 함부로 들어갈 수도 없고 아무런 인기척이 없는데 어떻게 해야 하는지 모르겠다고. 사울 왕은 문을 두드려 안부를 물으라고 명령했습니다. 부대장은 왕의 명령에 따라 대문을 두드렸답니다. 미갈 공주가 나왔습니다.

"어째들 내 집 문을 두드리는 거요?"

공주의 당찬 목소리였습니다.

"왕께서 다윗에 대해서 알아 오라고 하셔서…"

부대장은 말꼬리를 흐렸습니다.

"지금 다윗께선 몸이 몹시 아파서 일어나실 수가 없는 지경이요. 며칠은 누워 계셔야 할 판이니 왕께 그리 전하시오. 그리고 더는 문을 두드리지 마시오. 지금은 정숙을 필요로 합니다."

"예."

「사울이 사자들을 보내어 다윗을 잡으려 하매 미갈이 가로되 그가 병들었느니라」(:14)

부대장은 미갈 공주의 말을 그대로 사울 왕에게 고했습니다. 왕은 뭔가 찝찝했는지 고개를 갸우뚱거리더니 소리를 버럭 지르며 다시 명령했습니다.

"그 년 집에 들어가 다윗 놈이 있나 없나 확인해 봐! 그 놈이 누워있다면 침대 채로 들고 와! 내가 직접 그 놈을 죽이리라! 꼼지락거리지 말고 어서 움직이지 못해!"

「사울이 또 사자들을 보내어 다윗을 보라 하며 이르되 그를 침상 채 내게로 가져오라 내가 그를 죽이리라」(:15)

미움은 자신을 파괴합니다.
미움은 다른 사람을 파괴하고 죽이기 전에
자신을 파괴하는 거랍니다.
자신의 마음을 병들게 하지요.
사울 왕은 다윗에 대한 미움 때문에
자신의 마음과 영혼이 병들어 가고 있는 겁니다.

우리는 누군가를 미워하고 있진 않은지요?
이유가 있을 겁니다.
그러나 그 이유가 아무리 타당한 것이라 하더라도
미워하지 말고 먼저 용서하세요.
그렇지 않으면 자신만 망가진답니다.
영혼은 물론 마음도 그리고 육체도 망가진답니다.

군사들은 미갈 공주의 대문을 박차고 들어 왔습니다. 공주는 기가 막혔습니다.

"이 놈들, 여기가 어딘 줄 알고 함부로 들어오느냐?"

부대장이 대답했습니다.

"공주 마마, 왕명(王命)입니다. 다윗이 누워있다면 그 침대 채로 들고 오라십니다!"

공주는 할 말이 없었습니다. 군사들은 이층 침실로 올라가 방문을 열었습니다. 침대에 이불을 뒤집어쓰고 누워 있는 다윗을 보았습니다.

"얘들아, 침대 채로 들어라! 그대로 왕실까지 들고 간다!"

그런데 침대 채로 들었는데 가벼운 겁니다. 이상해서 덮은 이불을 걷었습니다. 사람이 아니라 우상이었습니다.

「사자들이 들어가 본즉 침상에 우상이 있고 염소 털로 엮은 것이 그 머리에 있었더라」(:16)

군사들은 다윗이 아닌 우상이 누워 있다는 것을 왕에게 보고했습니다. 미갈도 그 길로 군사들을 따라 왕궁에 갔답니다. 사울 왕의 분노가 하늘을 찌르고 있었습니다.

"야, 이 년아! 네가 내 딸이냐? 우리 집안을 말아먹을 놈을 도망치게 하는 네 년이 사람이냐, 이 년아! 그 놈이 어떤 놈인 줄 알아? 날 죽이고 이 애비 자리에 앉으려고 하는 놈이야! 그런 놈을 도망가게 해 줘? 망할 년 같으니라구!"

미갈은 아버지 사울 왕 앞에서 서럽게 울며 말했습니다.

"아버지, 제 말 좀 들어 보세요. 제가 아버지를 죽이려는 다윗을 왜 도망가게 했겠어요. 제가 도망가게 한 것이 아니에요. 다윗이 저를 협박했어요. 자신을 도망할 수 있도록 도우라는 거예요. 그렇지 않으면 절 죽이겠다는 거예요. 전 어쩔 수 없었어요. 아버지... 흑흑흑... 아버진 제 마음 몰라요!"

「사울이 미갈에게 이르되 너는 어찌하여 이처럼 나를 속여 내 대적을 놓아 피하게 하였느냐 미갈이 사울에게 대답하되 그가 내게 이르기를 나를 놓아 가게 하라 어찌하여 나로 너를 죽이게 하겠느냐 하더이다」(:17)

다윗은 지금 행복하지 않습니다.
사무엘로부터 기름 부음을 받은 후
일이 잘 되어야 하는데 전혀 그렇지 못합니다.
잘못한 것도 없는데 쫓기는 인생을 살고 있습니다.
그것도 죽음의 순간순간을 넘기면서 말입니다.
오히려 양들과 함께 지내는 것이 더 좋을 듯 싶습니다.
왕가의 사위로 누리는 행복도 특권도 없습니다.
모두가 부질없는 것들입니다.
왕의 사위는 허울뿐입니다.
자신을 죽이려는 장인 앞에서 하나님께 이렇게 기도했답니다.

「나의 하나님이여 내 원수에게서 나를 건지시고
일어나 치려는 자에게서 나를 높이 드소서
사악(邪惡)을 행하는 자에게서 나를 건지시고
피 흘리기를 즐기는 자에게서 나를 구원하소서
저희가 나의 생명을 해하려고 엎드려 기다리고
강한 자가 모여 나를 치려하오니
여호와여 이는 나의 범과(犯過)를 인함이 아니요
나의 죄를 인함도 아니로소이다
내가 허물이 없으나 저희가 달려와서 스스로 준비하오니

주여 나를 도우시기 위하여 깨사 감찰하소서

만군의 하나님 여호와, 이스라엘의 하나님이여

일어나 열방을 벌하소서

무릇 간사한 악인을 긍휼히 여기지 마소서(셀라)

저희가 저물게 돌아와서 개처럼 울며

성으로 두루 다니고 입으로 악을 토하며

그 입술에는 칼이 있어 이르기를 누가 들으리요 하나이다

여호와여 주께서 저희를 웃으시리니 모든 열방을 비웃으시리이다

하나님은 나의 산성이시니 저의 힘을 인하여 내가 주를 바라리이다

나의 하나님이 그 인자하심으로 나를 영접하시며

내 원수의 보응 받는 것을 나로 목도케 하시리이다

저희를 죽이지 마옵소서 나의 백성이 잊을까 하나이다

우리 방패 되신 주여 주의 능력으로 저희를 흩으시고 낮추소서

저희 입술의 말은 곧 그 입의 죄라

저희의 저주와 거짓말을 인하여

저희로 그 교만한 중에서 사로잡히게 하소서

진노하심으로 소멸하시되 없기까지 소멸하사

하나님이 야곱 중에 다스리심을 땅 끝까지 알게 하소서(셀라)

저희로 저물게 돌아와서 개처럼 울며 성으로 두루 다니게 하소서

저희는 식물을 위하여 유리하다가

배부름을 얻지 못하면 밤을 새우려니와

나는 주의 힘을 노래하며

아침에 주의 인자하심을 높이 부르오리니

주는 나의 산성이시며 나의 환난 날에 피난처(避難處)심이니이다

나의 힘이시여 내가 주께 찬송하오리니

하나님은 나의 산성이시며

나를 긍휼히 여기시는 하나님이심이니이다」(시 59편).

다윗은 그나마 첫 번째 아내인 미갈과 헤어집니다.
그는 피곤할 때면
그나마 미갈이 있는 집에서 안식을 누릴 수가 있었습니다.
그리고 미갈과 대화할 수 있었습니다.
그나마 의지할 수 있는 언덕이었지만 이제 그 품을 떠납니다.
의지하던 것을 버리게 하시는 하나님이시네요.
광야 학교로 이끌고 계시는 하나님의 모습이 보이네요.
알 수 없는 하나님의 일하심,
다윗은 무척이나 힘들었겠지요.
우리도 그런 어려움을 당하고 있구요,
그 어려움의 이유를 모르기에
그리고 그 어려움이 언제까지 계속되어야 하는지 모르기에
가슴 아플 때가 많이 있답니다.
그러나 낙심하지 마세요.
당신을 왕으로 만들기 위해
하나님께서 훈련시키시는 중이기 때문입니다.

11 19:18-24

훈련자의 눈동자는 다윗에게 있습니다

집을 나온 다윗은 갈 곳이 없었습니다. 사울 왕은 다윗이 갈 곳이라고는 아버지의 집 내지는 형들의 집일 것임을 알고 있었습니다. 그러니 다윗은 그 곳으로는 갈 수 없었답니다. 갈 수 있는 곳이 있다면 라마의 사무엘 선지자 댁입니다. 그 곳에 가서 사무엘 선지자를 만나 모든 일들을 하나하나 말했답니다. 원통하고 분하고 이해할 수 없는 일들 말입니다. 눈물이 많이 흘렀답니다.

누군가에게 나의 마음을 털어 놓을 수 있다는 것은 복이랍니다.
좋은 일은 누구에게나 자랑할 수 있지만
아픔의 일들은 함부로 말할 수 없잖아요.

그런데 나의 아픔, 억울함을 들어 줄 수 있는 사람이 있다면
그것은 인생 속에 주어진 축복이랍니다.
다윗은 사무엘이 있기에 울 수 있는 축복(?)을 누리고 있는 거지요.
우린 누구 앞에서 울까요?
그런 신앙의 어른이 있으면 좋겠구요.
그런 동역자 아니면 친구가 있으면 좋겠습니다.
그보다 더 귀한, 들어 줄 수 있는 분은 물론 예수님이시구요.

다윗의 이야기를 듣고 상황이 심각하다고 생각한 사무엘 선지자는 사울 왕이 자기 있는 곳으로 군사를 보낼 것이라는 생각이 들었습니다. 사무엘은 다윗을 데리고 나욧이라는 곳으로 갔습니다. 나욧은 신앙 훈련을 받는 사람들이 사는 공동체 마을이었습니다. 이곳은 길을 아는 사람만이 올 수 있는 찾기 어려운 마을이었습니다. 사무엘이 다윗을 이곳으로 데리고 간 겁니다.

「다윗이 도피하여 라마로 가서 사무엘에게로 나아가서 사울이 자기에게 행한 일을 다 고하였고 다윗과 사무엘이 나욧으로 가서 거하였더라」(:18)

다윗으로 인해 속 터지고 있는 사울 왕은 상금을 미끼로 다윗 체포 명령을 내렸습니다. 그 상금이 탐나서 그랬는지 누군가가 사무엘이 다윗을 데리고 나욧으로 갔다고 일러 바쳤답니다.

「혹이 사울에게 고하여 가로되 다윗이 라마 나욧에 있더이다 하매」(:19)

세상에는 꼭 이런 놈들이 있답니다.

악한 놈을 돕는 놈팽이들 말이예요.

돈 좀 벌까 해서, 상 좀 탈까 해서, 벼슬 좀 얻을까 해서...

성경에는 기록이 없지만 천국 가면 이 놈의 이름 알게 되겠죠.

이런 사람처럼 살지 말자구요.

인생을 너무 얇게 사는 것 같아요!

사울 왕은 즉시 사람들을 보냈습니다. 군사들이 나욧에 있는 다윗을 잡기 위해 갔을 때에 그 곳 사람들은 특별한 신앙 행위를 하고 있었습니다. 기도하는 사람들, 찬양하는 사람들, 하나님의 말씀이라고 하면서 토론하는 사람들도 있었습니다. 무엇보다 흰머리와 수염을 날리는 사무엘 선지자가 사람들을 지도하는 모습은 군사들을 무척이나 두렵게 만들었습니다. 신성한 행위를 하고 있는 곳에 칼과 창을 들이댄다는 것이 무척이나 부담스러웠답니다. 그런데 군사들이 이상하게도 마치 무엇에 홀린 듯이 정신을 못 차리고 중얼거리기 시작했답니다. 무슨 최면에 걸린 것처럼 말입니다.

성경 고고학을 연구하는 분들이 나욧을 발견했답니다. 특별한 신앙 공동체가 형성된 곳인 것 같은 분위기의 집들이 발견되었구요. 특히 안내원 없이는 들어 갈 수 없는 미로로 된 길들이 있었답니다. 아마도 사무엘 당시에 있던 흔적들이 아닌가 싶네요. 그래서 사람을 숨기기에는 적당한 곳이었기에 사무엘이 다윗을 그 곳으로 데리고 갔겠죠.

「사울이 다윗을 잡으려 사자들을 보내었더니 그들이 선지자 무리의 예언하는 것과 사무엘이 그들의 수령으로 선 것을 볼 때에 하나님의 신이 사울의 사자들에게 임하매 그들도 예언을 한지라」(:20)

웃기는 일이 벌어지고 있는 겁니다. 이 모습을 본 어떤 사람이 사울 왕에게 그대로 보고했답니다. 사울 왕은 다른 군사를 보냈습니다. 그런데 그들도 똑같다네요. 세 번째 군사를 보냈는데도 똑같았답니다.

「혹이 그것을 사울에게 고하매 사울이 다른 사자들을 보내었더니 그들도 예언을 한 고로 사울이 세 번째 다시 사자들을 보내었더니 그들도 예언을 한지라」(:21)

사울 왕은 '병신 같은 놈들!' 하면서 자신이 직접 가겠답니다. 신하들이 말렸습니다만 말을 준비하랍니다. 그리고 나욧으로 향했답니다. 가는 길에 잠시 우물에서 물을 마시면서 그 곳 사람들에게 사무엘과 다윗이 숨어 있는 곳을 물어 위치를 확인했습니다. 사울 왕은 이를 갈았습니다.

"애들아, 빨리 가자. 내 얼른 가서 그 놈을 죽여야 속이 풀어지겠다!"

나욧에 가까이 왔는데 선지자 훈련을 받고 있는 사람들이 이상한 의식을 행하는 게 보였습니다. 그런데 이상합니다. 사울 왕도 그 모습을 보는 순간 정신이 몽롱한 겁니다. 더 웃긴 건 왕이 겉옷을 벗는 겁니다. 사람들이 보기에 민망했답니다. 신하들이 만류했습니다만 사울 왕은 겉옷을 벗었답니다. 그러더니 중얼거리면서 길에 눕는 겁니다.

"야, 오늘 기분이 무척 좋은데..."

노래, 아니 찬송도 부르는 것 같았습니다. 지나가는 사람마다 사울 왕도 은혜 받아서 하나님을 찬양한다고 말했답니다. 물론 조롱이었습니다. 미친 놈이 아니구서는 그럴 수 없는 광경이었거든요.

「이에 사울도 라마로 가서 세구에 있는 큰 우물에 이르러 물어 가로되 사무엘과 다윗이 어디 있느냐 혹이 가로되 라마 나욧에 있나이다 사울이 라마 나욧으로 가니라 하나님의 신이 그에게도 임하시니 그가 라마 나욧에 이르기까지 행하며 예언을 하였으며 그가 또 그 옷을 벗고 사무엘 앞에서 예언을 하며 종일 종야에 벌거벗은 몸으로 누웠었더라 그러므로 속담에 이르기를 사울도 선지자 중에 있느냐 하니라」(:22-24)

사울 왕의 추태…
사울 왕은 하나님을 버리고 인기와 권력을 지키는 데
혈안이 되어 그 모습이 추하게 변했습니다.
사울에게는 왕이라는 자리가 전부인 것 같습니다만
우리가 볼 때에는 부질없어 보이기만 하여 답답할 뿐입니다.
사울 왕을 보고 답답해하지 마세요.
하나님을 사랑하기보다 다른 것에 더 집착한다면
우리도 사울과 같습니다.
우리는 무엇을 지키고 소유하기 위해 집중하고 있나요?
어쩌면 우리도 사울 왕처럼 놓아도 될 것을, 아니 놓아야 할 것을
너무 강하게 사랑하고 또 붙잡고 있지는 않은지요?

〉〉 일곱 번째 이야기 20장

숨쉴 틈

아이는 왕자의 재촉하는 소리에 놀라서 화살을 주어 잽싸게 왕자에게로 가져왔습니다. 늦게 오면 왕자의 노여움을 살까봐서입니다. 그런데 그 말은 아이에게 한 말이 아닙니다. 누군가에게... 한 말입니다. 보이지 않는 누군가에게 말입니다. 요나단은 더 이상 양궁 연습을 하지 않았습니다. 소년에게 활과 화살 통을 주면서 왕궁으로 돌아가라고 합니다. 그 아이의 사라진 뒷모습을 보고... 요나단은 들판으로 갑니다. 아무도 없는 들판으로 갑니다. 다윗도 두리번거리다가 아무도 없는 것을 보고... 요나단 왕자께서 걸어오는 것을 보 고 뛰쳐나왔습니다. 다윗의 눈에 눈물이 범벅이 되어 있었습니다. 요나단의 눈에도 눈물이 흐르고 있었습니다. 다가오는 왕자를 보고 다윗이 엎드려 절합니다. 한 번하고 두 번하고 세 번하고... 절합니다. 요나단은 절하고 엎드려 있는 다윗을 일으키며 꼭 끌어안았습니다. 그리고 입을 맞춥니다. 왕자 품에 안겨 있는 다윗은 울음을 참을 수가 없었습니다. 그 사랑이 고마웠기 때문입니

❶ 20:1–11

광야 학교를 향한 또 한 번의 헤어짐

사무엘과 함께 있는 라마 나욧도 안전한 곳은 아니었습니다. 사울 왕이 벌거벗고 추태를 부렸다는 소리를 들었지만 사울 왕의 살기(殺氣)가 느껴져 다윗은 더 이상 라마 나욧에 있고 싶지 않았습니다. 사무엘이 안전하다고 말해도 사울 왕이 그 곳을 알고 있는 한 다윗에게는 불안한 장소였습니다. 그래서 다시 도망했답니다.

「다윗이 라마 나욧에서 도망하여…」(:1상)

안전지대가 없습니다.
하나님은 야속하게도 당시 최고의 영적인 지도자인
사무엘 선지자에게서까지도 다윗을 분리시키십니다.
광야 학교로의 입학을 위해서입니다.

다시 도망가는 다윗은 흔들리고 있습니다. 왜 이렇게 인생이 꼬이는지 도무지 알 수가 없었습니다. 자신의 고통을 해석하기 위해 지난날들을 더듬어보기도 했습니다. 그러나 과거의 어떤 일들이 자신을 이렇게 어렵게 하는지 알 수도 발견할 수도 없었답니다. '나의 죄 때문일까?' 라는 생각이 가장 먼저 들어 생각해봅니다만 죄 때문은 아닌 것 같습니다. 그렇기에 더욱 고통스러운 것입니다.

우리의 고통도 여기에 있습니다.
전에는 문제가 없었고 갈등도 없었고 힘들다는 것도 몰랐는데
어느 날부터 해석할 수 없는 어려움들이 발생하고 있는 겁니다.
곰곰이 생각해보면
예수를 잘 믿어보려고 작정했을 때부터 더욱 그렇습니다.
경제적인 문제, 건강의 문제 혹은 자녀의 문제…
전에는 없었던 인간관계의 문제가 그렇습니다.
예수를 믿으면 형통하고 축복(?) 받을 줄로 기대했는데
오히려 문제가 많아지고 복잡해지고 있는 겁니다.
'나의 죄 때문일까?' 라는 생각도 많이 했습니다만
그런 것 같지만은 않기에 더욱 고통스럽습니다.

도망치긴 했습니다만 어디로 가야 할지 몰랐습니다. 갈 곳이 없었습니다. 아버지의 집으로도, 형제들의 집으로도, 아내가 있는 집으로도 갈 수 없었습니다. 사울 왕이 군사들로 하여금 모든 곳을 철저히 지키도록

했기 때문입니다. 번뜩 생각나는 사람이 있습니다. 요나단 왕자였습니다. 요나단 왕자라면 자신을 지켜 줄 수 있을 거라는 생각이 들었습니다. 요나단은 왕자이며 차기 왕이 될 인물이기에 누구도 왕자에게 함부로 하지 않을 거라는 생각이 든 겁니다. 그에게 가면 생명은 보존할 수 있지 않을까 하는 생각입니다. 그리고 적어도 요나단은 자신을 친구로 여기리라는 믿음이 있었습니다.

받아 줄 수 있는 친구가 있다는 것, 행복이랍니다.
곁에 받아 줄 수 있는 친구… 있도록 기도하세요.
기쁨을 함께 하고 슬픔을 나누는 친구,
두려울 때 쉼터가 되는 친구,
외롭고 고독할 때 이해해주는 친구… 있도록 기도하세요.
우리에게 친구 되는 분이 있답니다.
생명을 내어 준 친구, 예수 그리스도이잖아요.

다윗은 요나단 왕자 앞에서 울었습니다. 왕께서 왜 자신을 죽이려는지 모르겠다며 울었습니다. 잘못할 만한 일도 하지 않았는데 말입니다.

「요나단에게 이르되 내가 무엇을 하였으며 내 죄악이 무엇이며 네 부친 앞에서 나의 죄가 무엇이관대 그가 내 생명을 찾느뇨」(:1하)

인생은 모르는 일이 많습니다.
하나님께서 하시는 일이기 때문이랍니다.

그렇기에 우리가 할 수 있는 일은 오직 믿음으로 사는 일뿐이랍니다.
잘된다 하더라도 너무 좋아할 필요 없구요,
어렵게 되어 간다 하더라도 너무 실망할 필요 없답니다.
우린 단지 하나님을 신뢰하고 기다리면 됩니다.
시간이 지나면 하나님 하신 일의 위대함을 보게 될 것입니다.

요나단은 아버지 사울 왕이 다윗을 죽이려고 한다는 다윗의 말을 믿지 못했습니다. 아마도 지난번 아버지를 설득시켜서 다윗을 다시 복직시킨 후에 일어난 일련의 사건에 대해서는 전혀 모르는 것 같습니다. 수금 타던 다윗을 단창으로 죽이려 했다가 실패한 사건이나 미갈의 집으로 군사를 보내어 죽이려 한 일이나 사무엘에게 피해 있을 때 군사와 더불어 직접 다윗을 잡으려던 일 등 말입니다. 그래서인지 자신의 아버지 사울 왕은 다윗을 죽이려 하지 않는다고 말하는 겁니다. 그리고 자신에게 그런 말을 한 적이 없다고 하는 겁니다.

「요나단이 그에게 이르되 결단코 아니라 네가 죽지 아니하리라 내 부친이 대소사를 내게 알게 아니하고는 행함이 없나니 내 부친이 어찌하여 이 일은 내게 숨기리요 그렇지 아니하니라」(:2)

다윗은 요나단이 지금의 상황을 전혀 모르자 얼마나 답답했는지요. 다윗은 차분히 말했습니다.

"요나단 왕자, 사울 왕께서 왕자에게 나에 대해서 좋게 말했던 것은 이유가 있습니다. 왕께서는 왕자와 제가 가까운 사이라는 것을 아시고 왕자가 실망할까봐 말씀하지 않으셨던 겁니다. 왕께서는 왕자 몰래 나를 죽이시고 제가 사고로 죽었다고 하실 계산이십니다. 왕자님, 나는 지금 죽음 앞에 있습니다."

다윗은 살려달라고 애원하듯 말했습니다.

「다윗이 또 맹세하여 가로되 내가 네게 은혜 받은 줄을 네 부친이 밝히 알고 스스로 이르기를 요나단이 슬퍼할까 두려운즉 그로 이를 알게 하지 아니하리라 함이니라 그러나 진실로 여호와의 사심과 네 생명으로 맹세하노니 나와 사망의 사이는 한 걸음뿐이니라」(:3)

다윗이 생명과 사망 사이는 한 걸음 뿐이라고 했지만
사실 우리들의 인생을 보면 우리는 알 수 없는 내일을
마치 아는 것처럼 용감하게 살고 있을 뿐입니다.
내일을 예측하는 사람은 바른 삶을 살아갑니다.
알 수 없는 내일이지만
내일을 알고 사는 사람처럼 살아가는 사람이 있습니다.

중심을 잃고 휘청거리는 다윗의 모습이 보입니다. 요나단은 다윗의 절박한 마음을 알고는 자신이 돕겠답니다.

「요나단이 다윗에게 이르되 네 마음의 소원이 무엇이든지 내가 너를 위하여 그것을 이루리라」(:4)

다윗은 하나님과 요나단을 의지해야 합니다. 전에 다윗은 위급한 상황 가운데서도 하나님을 찾았었죠. 그런데 지금은 하나님을 찾지 않고 있습니다. 공포에 휩싸인 모습뿐입니다. 하나님에 대한 신앙이 희미해져 있습니다. 그는 더 이상 하나님을 신뢰하지 못하는 꺼져가는 등불과 같은 신앙인입니다. 살고 싶어서... 죽음의 사자가 무서워서... 그는 거짓말을 계획합니다.

「묻거든... "다윗이 자기 성 베들레헴으로 급히 가기를 내게 허하라 간청하였사오니 이는 온 가족을 위하여 거기서 매 년제를 드릴 때가 됨이니이다" 하라」(:6)

환경이 너무 어려우면 견디다 못해
하나님을 바라보지 못할 때가 있습니다.
우리는 다른 사람이 그 순간에
하나님을 붙잡지 못하면 비난하기도 합니다.
그러나 그를 비난하면 안 됩니다.
기도해주어야 하고
용기의 말을 해주어야 하고
하나님을 바라볼 수 있도록 도와주어야 합니다.
그리고 혹시 우리의 생애 중 그와 비슷한 일이 생길 경우
어떻게 해야 하는지 배워야 합니다.

다윗은 무척이나 초조했습니다. 사울 왕이 자신을 죽이려는지 아니

면 자신이 오해하고 있는지를 확인해 보라는 겁니다. 제사 드리러 갔다는 말을 들은 사울 왕의 반응을 보면 알 수 있다는 것이지요.

「그의 말이 좋다 하면 네 종이 평안하려니와 그가 만일 노하면 나를 해하려고 결심한 줄을 알지니」(:7)

반면 왕자의 생각에 혹 자신이 잘못한 사람이라면 죽이랍니다. 사울 왕에게 데려갈 필요 없이 요나단 왕자가 죽여도 된다고 하네요.

「그런즉 원컨대 네 종에게 인자히 행하라 네가 네 종으로 여호와 앞에서 너와 맹약케 하였음이니라 그러나 내게 죄악이 있거든 네가 친히 나를 죽이라 나를 네 부친에게로 데려갈 것이 무엇이뇨」(:8)

다윗의 애절한 모습에도 불구하고 요나단은 다윗의 말을 믿을 수 없었답니다. 자신의 아버지 사울 왕이 다윗을 죽이려 한다는 말을 100% 믿을 수 없었죠. 다윗이 아버지를 크게 오해하고 있다고 생각했습니다. 그래서 다윗을 설득했답니다.

"이보게 다윗, 내가 왕자가 아닌가? 이 나라의 모든 일을 알고 있는 사람이라네. 내 아버지께서는 나라의 모든 일뿐만 아니라 당신이 가지고 있는 생각까지도 나에게는 숨김없이 말씀하신다네. 나 몰래 계획하시는 일이 없다구. 내 아버지께서 자네를 죽이려 하신다면 왜 내게 말씀하지 않으셨겠는가?"

「요나단이 가로되 이 일이 결코 네게 있지 아니하리라 내 부친이 너를 해하려

결심한 줄 알면 내가 네게 이르지 아니하겠느냐」(:9)

어쨌든 다윗의 간곡한 부탁에 못이겨 요나단은 사울 왕의 의중을 떠볼 것을 약속했답니다. 문제는 다윗의 말대로 만일 사울 왕이 다윗을 죽이려 한다는 것이 사실이라면 다윗에게 어떻게 전달하느냐 하는 것이었죠. 그래서 다윗이 요나단 왕자에게 물었습니다.

「다윗이 요나단에게 이르되 네 부친이 혹 엄하게 네게 대답하면 누가 그것을 내게 고하겠느냐」(:10)

요나단은 다윗을 데리고 들로 나갔습니다. 초조해하는 다윗에게 대답해주기 위해서였답니다. 요나단... 참 좋은 사람입니다.

❷ 20:12-16
요나단과의 첫째 날의 이야기들

다윗의 고통을 읽은 요나단은 다윗에게 아버지의 확실한 의향을 살펴서 알려 주겠다고 했습니다. 아버지가 다윗을 죽이려 한다는 것이 사실이라면 자신이 다윗을 도울 거라는 말이지요. 그리고 하나님이 다윗과 함께 하시기를 축복했습니다.

「요나단이 다윗에게 이르되 이스라엘의 하나님 여호와께서 증거하시거니와 내가 내일이나 모레 이맘때에 내 부친을 살펴서 너 다윗에게 대한 의향이 선하면 내가 보내어 네게 알게 하지 않겠느냐 그러나 만일 내 부친이 너를 해하려 하거늘 내가 이 일을 네게 알게 하여 너를 보내어 평안히 가게 하지 아니하면 여호와께서 나 요나단에게 벌을 내리시고 또 내리시기를 원하노라 여호와께서 내 부친과 함께 하신 것 같이 너와 함께 하시기를 원하노니」(:12-13)

다윗에게 사울 왕의 의중을 알려줄 것을 약속한 요나단 왕자는 다윗과의 대화 중에 무엇인가를 느꼈는지 아주 의미심장한 말을 했답니다.

"다윗, 자네가 살아 있는 동안 내 생명을 지켜 주게나. 아니, 자네 내 자손을 멸절시키지 말아 주게나. 약속해 줄 수 있겠나?"

다윗은 요나단 왕자의 말을 듣고 황당했습니다. 왕자의 엉뚱한 말(?)이 무엇을 의미하는지 알 수 없었답니다.

「너는 나의 사는 날 동안에 여호와의 인자를 내게 베풀어서 나로 죽지 않게 할 뿐 아니라 여호와께서 너 다윗의 대적들을 지면에서 다 끊어버리신 때에도 너는 네 인자를 내 집에서 영영히 끊어 버리지 말라 하고」(:14-15)

요나단은 사울 왕의 아들입니다.
얼마 후면 사울이 요나단을 왕세자로 세울 겁니다.
그리고 이스라엘의 제2대 왕으로 삼을 것이지요.
사울 왕은 이 왕세자라는 지위를
요나단에게 선물로 줄 생각이었습니다.
이것을 요나단이 모를 리가 없습니다.
그러나 요나단은 이 선물보다는
다윗에게 더 관심이 있었습니다.
아니 요나단은 자신이 왕이 될 것이라는 사실보다는
오히려 다윗이 왕이 될 것을 확신하고 있는 것 같습니다.
그는 앞으로 이어질 하나님 나라의 맥을
내다볼 수 있는 사람이었나 봅니다.

❸ 20:17–23
사랑을 위한 요나단의 약속

왕자가 거지를 사랑하고 있었습니다.

요나단이 다윗을 사랑하고 있다는 말입니다. 그것도 자신의 생명처럼 다윗을 사랑하고 있었습니다.

「요나단이 다윗을 사랑하므로 그로 다시 맹세케 하였으니 이는 자기 생명을 사랑함 같이 그를 사랑함이었더라」(:17)

왕자의 목동에 대한 사랑을 표현한 이 구절은

해석하기 매우 가슴 벅찹니다.

목동 다윗이 왕자를 사랑했다면 이해할 수도 있습니다.

왕자를 사랑하면 나중에 많을 것을 얻을 수 있기에…

왕자의 의복, 칼, 명예, 재산 그리고 자신의 출세를 위하여…
그런데 가진 것이 하나도 없는 목동을
부족한 것 없이 모든 것을 가진 왕자가 사랑한다는 말입니다.
자신의 왕위를 포기하면서까지… 사랑한다는 표현입니다.
왕좌(王座)라는 자리를 포기한 것도 대단한데
목동에 대한 사랑이 자기 생명에 대한 사랑과 같다고 말합니다.

누군가 이러한 사랑을 받고 있다면
그 사람은 행복한 사람임이 틀림없겠지요.
어떤 환경에서도 사랑 받고 있는 사람은 행복한 사람입니다.
그러나 이러한 사랑을 받고 있음에도 불구하고
그것을 알지 못한다면
그 사람은 사랑 받지 못하는 사람과 마찬가지겠지요.
다윗이 행복하려면 요나단의 이 사랑을 알고 있어야 합니다.

왕자가 나를 사랑했습니다.
그 왕자는 하늘나라의 왕자입니다.
그가 나를 사랑한 것은
나에게 아름다움이 있어서가 아닙니다.
냄새가 좋아서도 아닙니다.
가능성이 있어서도 아닙니다.
착해서도 아닙니다.
내가 가지고 있는 것은
'드러내 놓기 부끄러운 지저분한 것들' 뿐입니다.

그런데도 그 왕자는 나를 사랑했습니다.

자신의 목숨을 내놓으면서까지 나를 사랑했습니다.

그 왕자의 이름은 예수입니다.

요나단은 다윗에게 삼일 후 에셀 바위 곁에 숨어 있으라고 했습니다. 활 쏘는 연습을 하는 척하면서 다윗에 대한 사울 왕의 마음을 알려 주겠다고 한 겁니다. 만일 왕이 다윗을 죽이려 하지 않는다면 쏜 화살을 주우러 간 소년에게 화살이 이편에 있으니 가져오라고 말할 것이고, 왕이 다윗의 말처럼 다윗을 죽이려 한다면 쏜 화살을 주우러 간 소년에게 화살이 네 앞에 있다고 말할테니 그 말을 들으면 도망하라는 것입니다.

「너는 사흘을 있다가 빨리 내려가서 그 일이 있던 날에 숨었던 곳에 이르러 에셀 바위 곁에 있으라 내가 과녁을 쏘려 함 같이 살 셋을 그 곁에 쏘고 아이를 보내어 가서 살을 찾으라 하며 내가 짐짓 아이에게 이르기를 보라 살이 네 이편에 있으니 가져오라 하거든 너는 돌아올지니 여호와께서 사시거니와 네가 평안 무사할 것이요 만일 아이에게 이르기를 보라 살이 네 앞 편에 있다 하거든 네 길을 가라 여호와께서 너를 보내셨음이니라」(:19–22)

그리고 요나단은 다윗에게 하나님이 증인이라는 확신을 주기 위해 이렇게 말했답니다.

「너와 내가 말한 일에 대하여는 여호와께서 너와 나 사이에 영영토록 계시느니라」(:23)

4 20:24-26

둘째 날에

다윗은 요나단의 약속을 붙잡고 바위 곁에 숨었습니다. 약속을 붙잡는다는 것이 쉬운 일이 아닙니다. 약속을 한 사람은 왕자이기 때문입니다. 아무리 우정이 두텁다 하지만 목동을 사랑할 이유가 없는 요나단의 약속입니다. 약속했을 당시에는 요나단의 말을 진실로 받아들일 수 있었습니다만 요나단이 떠나고 홀로 밤을 지내면서 온갖 생각들로 머릿속이 혼란스러웠습니다. '요나단 왕자의 말을 믿어도 될까? 갑자기 군사들이 나를 덮치는 것이 아닌가? 요나단의 입장을 생각하면 분명히 그럴 수도 있어.' 하면서 다윗은 다른 때보다도 더 긴 하룻밤을 지냅니다. 정말 길고 긴 밤이었습니다.

왕실의 오찬 자리에 함께 식사하기로 한 사람들이 모였습니다. 이미 준비된 자리였기 때문에 한 사람이라도 오지 않으면 누가 빠졌는지를 금세 알 수 있었습니다. 그리고 감히 왕실에서 베푸는 오찬인데 누가 빠지겠습니까? 그런데 다윗이 있어야 할 한 자리가 비었습니다. 다른 사람들도 그 자리가 누구의 자리인지 알고 있었습니다. 사울 왕도 알고 있었지만 다윗에게 피치 못할 사정이 있어 불참했겠거니 생각했습니다.

요나단은 불안했습니다. 그는 식탁 위에 놓여진 맛있는 음식들보다 다윗에 대한 아버지 사울 왕의 반응에 더 큰 관심이 있었습니다. 그런데 아버지가 아무런 말도 하지 않습니다. 끝까지 아버지 사울 왕이 다윗에 대해 언급하지 않자 안심했습니다. 다윗이 오해했다고 생각한 겁니다. 그 오해가 풀어지면 다윗이 다시 왕궁으로 돌아와서 자신과 함께 지낼 수 있게 될 거라고 생각했습니다.

「다윗이 들에 숨으니라 월삭이 되매 왕이 앉아 음식을 먹을 때에 왕은 평시와 같이 벽 곁 자기 자리에 앉았고 요나단은 섰고 아브넬은 사울의 곁에 앉았고 다윗의 자리는 비었으나 그러나 그 날에는 사울이 아무 말도 아니하였으니 이는 생각하기를 그에게 무슨 사고가 있어서 부정한가보다 정녕히 부정한가보다 하였음이더니」(:24-26)

둘째 날, 왕궁에 있는 요나단은 전날과 변함없는 아버지 사울의 태도에 안도의 시간들을 보냈습니다. 그는 다윗과 약속한 내일을 기다리면서 다윗에게 전할 좋은 소식에 흥분했지요. 반면에 다윗은 둘째 날 역시 초조한 마음으로 긴 시간을 보내고 있었습니다. 왕궁의 오찬 자리를 비운 자신을 향한 사울 왕의 불호령을 상상해 보았습니다. 자신을 잡아들이라고 소리 지르는 사울 왕의 분한 모습을 떠올려 보았습니다. 다윗은 '그럴 때 요나단은 어떻게 할까? 진정 자신을 지켜 줄 것인가? 아니면 왕실 군인들을 데리고 자신을 잡으러 오지 않을까?' 하는 생각들로 가득차 두려운 시간들을 보내야만 했습니다. 밤이 깊어질수록 그 고통은 더욱 커져 갔습니다.

5 20:27–34
셋째 날에

어제는 다윗의 빈 자리를 보고도 넘어갔습니다. 그런데 오늘도 다윗이 나타나지 않은 겁니다. 요나단은 오늘도 어제처럼 아버지가 조용히 넘어가주길 바라고 있었습니다. 아버지가 다윗을 죽이려고 한다는 것이 다윗의 오해이기를 바라는 마음입니다. 그런데 사울의 악한 마음은 다윗이 식사 자리에 나오지 않은 이유를 묻는 심상치 않은 말투에서 결국 드러났습니다.

「이새의 아들이 어찌하여 어제와 오늘 식사에 나오지 아니하느뇨?」(:27하)

사울 왕은 신경질을 부리면서 말했습니다. 다윗이라는 이름조차 부르고 싶지 않아서였는지 다윗을 '이새의 아들' 이라고 불렀답니다. 요나단은 다윗과 약속한 대로 대답했습니다. 제사가 있어 베들레헴 집으로 갔다고. 그리고 자신이 그 간청을 들어주어 보냈다고…

「요나단이 사울에게 대답하되 다윗이 내게 베들레헴으로 가기를 간청하여 가로되 청컨대 나로 가게 하라 우리 가족이 그 성에서 제사할 일이 있으므로 나의 형이 내게 오기를 명하였으니 내가 네게 사랑을 받거든 나로 가서 내 형들을 보게 하라 하였으므로 그가 왕의 식사 자리에 오지 아니하였나이다」(:28-29)

다윗을 변호하는 요나단의 말을 듣자 사울 왕은 기가 막혀 속이 뒤집혔습니다. 애비의 마음도 모르고 다윗에게 선처를 베푼 요나단이 한심스러웠기 때문입니다. 그래서 소리를 버럭 질렀답니다.

"이 정신나간 놈아! 네 놈이 집안 망하게 할 일 있냐, 이 놈아! 네 놈이 다윗과 친구라고 다윗을 변호하는 모양인데, 그 놈과 친구로 지낸다는 게 말이나 되냐, 이 놈아! 그 놈은 목동이야 목동! 이 놈아… 넌 왕자야 왕자! 그런 놈하고 어울리는 게 집안 망신이란 걸 모르냐, 이 망할 놈아! 그 놈이 살아있는 한 네 놈도 성치 못해. 그 놈이 우리 집안을 말아먹을 놈인 걸 몰라서 그 놈을 두둔해! 아니 그 놈은 이스라엘을 통째로 먹을 놈이야! 당장 그 놈을 잡아오지 못해! 죽여버려야 할 놈이란 말이다!"

「사울이… 노를 발하고… 패역부도의 계집의 소생아 네가 이새의 아들을 택한 것이 네 수치와 네 어미의 벌거벗은 수치됨을 내가 어찌 알지 못하랴. 이새의 아들이 땅에 사는 동안은 너와 네 나라가 든든히 서지 못하리라 그런즉 이제 보내어 그를 내게로 끌어오라 그는 죽어야 할 자니라」(:30-31)

사울이 어제 다윗의 불참에 대해 묻지 않았던 이유는 오늘 죽일 수 없다면 내일 죽이면 된다고 생각했기 때문인가 봅니다. 그런데 오늘도 불참하여 그 이유를 물으니 요나단이 다윗의 청을 허락했기 때문이라네요. 사울은 답답했습니다. 하필 자기 아들이 자기가 미워하고 자신의 자리를 빼앗을 놈과 친구로 지내고 있기 때문입니다. 아버지의 마음을 모르는 요나단이 한심스러울 뿐입니다. 왕좌(王座)를 물려주기 위해서 고군분투하고 있는 자신의 노력에 재를 뿌리는 아들이 답답해 보일 뿐입니다.

아들에게 무시당하고 배신 당한
사울 왕의 심정은 어떠했을까요?
정말 답답하고 숨막히는 심정이었겠죠.
그런데 사울에게 무시 당하고 배신 당하신
하나님의 심정은 어떠했을까요?
사울 왕이 요나단에게 받은 상처보다
하나님이 사울에게 받으신 상처가 더 크답니다.
우린... 하나님의 마음에 얼마나 상처를 내고 있는지요?

요나단은 다윗에 대한 사울의 악한 마음을 발견했습니다. 어제 아버지의 태도를 자신이 잘못 읽었음을 깨달았습니다. 아버지의 본심을 알게 된 요나단은 너무 화가 났습니다. 그래서 아버지에게 대들었답니다.

「요나단이... 가로되 그가 죽을 일이 무엇이니이까 무엇을 행하였나이까?」(:32)

소리 지르며 대드는 아들을 보자 아버지 사울 왕은 화가 머리 끝까지 치밀었습니다. 그래서 단창을 뽑아 요나단에게 집어 던지려고 했습니다. 물론 던지지는 못했습니다. 사람들이 말렸는지 아니면 차마 아들을 죽일 수가 없었는지는 모릅니다. 아무튼 사울 왕은 제정신이 아니었습니다. 아버지의 마음을 몰라주는 아들에 대한 분노 때문이었습니다.

「사울이 요나단에게 단창을 던져 치려 한지라」(:33상)

권력에 대한 욕심이 사람을 추하게 만들었습니다.
아들 보기에 부끄럽기만한 사람이 되었답니다.
우리도 세상적인 것에 지나치게 집착하지 않은지요?
지나치면 분노가 생긴답니다.
감사한 마음이 사라지는 것은 물론이고
사람들에게는 물론이고 가족들에게도 민망할 정도로 추해진답니다.
물론 자신은 전혀 모르고 있지요.
세상적인 것에 집착하지 말고 오히려 주님께 마음을 두세요.
주님을 깊이 사랑하지 못해 속상해하면
그 사람은 사람들에게 존경과 사랑을 받는답니다.

아버지 사울 왕의 마음을 안 요나단은 괴로웠습니다. 자신에게 생명을 구걸한 다윗의 말이 사실임을 알게된 것입니다. '나의 아버지가 다윗을 죽이려 한다?' 요나단은 식사 자리에서 일어났습니다. 최고의 권력자에게 괘씸한 죄인이 되어 죽음으로 몰려가는 다윗을 생각하니 가슴이 메어지는 것 같았습니다. '아버지 사울 왕의 다윗 추격을 어찌 막을 수 있으랴' 생각하니 고통스러웠습니다.

「요나단이 그 부친이 다윗을 죽이기로 결심한 줄 알고 심히 노하여 식사 자리에서 떠나고 달의 제 이일에는 먹지 아니 하였으니 이는 그 부친이 다윗을 욕되게 하였으므로 다윗을 위하여 슬퍼함이었더라」(:33하-34)

자식을 노엽게 하는 아버지, 부끄러운 아버지랍니다.
자식에게 행복을 주는 아버지가 되어야지요.
존경받는 아버지가 되어야지요.
효도 받으려고만 하지 말고 자식들로 하여금
효도하고 싶은 아버지가 되도록 노력하세요.
사울 왕, 왕관을 쓰고 있었습니다만
아들에게는 부끄러운 아버지였답니다.
「아비들아 너희 자녀를 노엽게 하지 말라」(엡 6:4).

셋째 날, 왕궁에서 이처럼 전쟁 아닌 전쟁(?)이 일어나고 있을 때에 다윗은 여전히 초조한 마음으로 요나단과 약속한 날만을 기다리고 있었습니다. 의심과 불안 속에서도 요나단을 신뢰하며 이틀 밤을 지냈습니다. 드디어 내일이 요나단과 약속한 날입니다. 다윗에게 그 사흘 동안은 고통의 시간들이었습니다.

❻ 20:35-42

넷째 날에

오늘은 다윗에겐 긴 터널을 지나는 듯 지루했던 시간들에 마침표를 찍는 날입니다. 며칠 동안 잠도 제대로 자지 못했습니다만 어젯밤은 더 잠을 이룰 수가 없었습니다. 다윗은 설레였습니다. 요나단을 기다리는 마음 때문입니다. 바위 뒤에 몸을 숨기고 약속대로 요나단이 활 쏘는 연습을 하러 나올 때를 기다렸습니다.

드디어 아침 일찍부터 기다렸던 왕자 요나단이 나타났습니다. 그의 옆에는 활과 활통을 든 심부름하는 아이가 있었습니다. 요나단이 활을 쏘면 떨어진 화살을 주우러 올 아이였습니다. 다윗은 요나단이 몸을 풀고 활에 화살을 놓는 모습을 봅니다.

요나단도 자신의 움직임 하나하나를 다윗이 보고 있다는 것을 알고 있습니다. 요나단은 화살이 날아가 떨어질 들판으로 아이를 보냈습니다. 활을 당기려는 자세를 취한 왕자 요나단, 그의 눈에는 눈물이 흐르고 있었습니다. 요나단은 무너져 내리는 가슴에 활을 대고 울고 있었습니다. 그는 활을 쏜 후에 허공에다가 해야 할 말을 작은 소리로 중얼거리고 있을 뿐입니다. 보이지 않는 저편에 숨어서 애타게 소식을 기다리는 다윗이 가슴에 있을 뿐입니다. 활을 당겼습니다. 푸른 하늘을 가르고 날아가는 화살은 요나단의 사랑을 실었는지 아니면 슬픔을 실었는지... 아이는 화살을 주우러 열심히 뛰고 있습니다만, 요나단은 기력을 잃은 듯 허탈한 모습으로 서 있을 뿐입니다.

날아오는 화살을 보고 다윗의 머릿속도 복잡했습니다. 저 화살에 자신의 운명에 대한 메시지가 있기 때문입니다. 요나단은 자신을 실망시키지 않았습니다. 아버지 사울에게 자신을 고자질하지 않았습니다. 어떤 메시지를 준다 하더라도 요나단은 자신을 진정 사랑하고 위해 준 사람입니다. 정말 고마운 왕자였습니다.

화살이 떨어진 곳에 아이가 와서 두리번거립니다. 그때 소리가 들렸습니다. 고마운 분의 목소리였습니다. 요나단 왕자님의 목소리입니다.

「살이 네 앞 편에 있지 아니하냐... 지체 말고 빨리 달음질하라!」(:37하-38상)

아이는 재촉하는 소리에 놀라서 화살을 주어 잽싸게 요나단에게로 가져왔습니다. 늦게 오면 왕자의 노여움을 살까봐서입니다. 그런데 사실 그 말은 아이에게 한 말이 아닙니다. 다른 누군가에게... 한 말입니다. 보이지 않는 누군가에게 말입니다. 요나단은 더 이상 활 쏘는 연습을 하지 않았습니다. 소년에게 활과 화살통을 주면서 왕궁으로 돌아가라고 합니다. 그 아이의 모습이 사라지자 요나단은 들판으로 갑니다. 아무도 없는 들판으로 갑니다.

다윗도 두리번거리며 아무도 없는 것을 확인하고 요나단 왕자에게로 달려왔습니다. 다윗의 눈은 눈물로 범벅이 되어 있었습니다. 요나단의 눈에도 눈물이 흐르고 있었습니다. 다가오는 왕자를 보고 다윗이 엎드려 절합니다. 한 번하고 두 번하고 세 번하고... 절합니다. 요나단은 절하고 엎드린 다윗을 일으키며 꼭 끌어안았습니다. 그리고 입을 맞춥니다. 왕자의 품에 안긴 다윗은 울음을 참을 수가 없었습니다. 그 사랑이 고마웠기 때문입니다. 다윗을 안고 조용히 눈물을 흘리던 왕자 요나단이 다윗을 살포시 밀치면서 말합니다.

> 「평안히 가라! 우리 두 사람이 여호와의 이름으로 맹세하여 이르기를 여호와께서 영원히 나와 너 사이에 계시고 내 자손과 네 자손 사이에 계시리라 하였느니라」(:42)

다윗이 일어나 떠났습니다. 떠나면서 뒤돌아봅니다. 흐르는 눈물을 닦으면서... 다윗의 모습이 희미해지자 요나단도 발걸음을 옮겨 왕궁으로 향했습니다. 둘은 기다림이라는 허전함을 들판에 남겨두고 기약도 없이 헤어졌습니다. 들판의 아침은 여전히 조용했습니다. 들판은 하나님 역사의 흐름을 아는 듯 그리고 그 맥을 잇기 위해 하나님께서 다윗을 광야로 몰아내고 계심을 아는 듯 아침 햇살과 함께 조용했습니다.

아내 미갈을 떠났습니다.
사무엘 선지자에게서도 떠났습니다.
자신을 사랑해준 왕자 요나단도 더 이상 만날 수가 없습니다.
형님들에게도 부모님에게도 갈 수가 없습니다.
모두를 떠났습니다.
나를 지탱해 줄 것이 아무 것도 없습니다.
하나님은 다윗을 광야로 몰아내셨습니다.
누구도 의지할 수 없는 곳으로 말입니다.
어떻게 해야 하는지요? 자살? 방황? 굴복? 하나님만을 바라봄?
믿음으로 하나님을 바라보는 상황이 아닙니다.
하나님 아니면 자신을 지탱해줄 것이 아무 것도 없는 상황입니다.
믿음이라구요? 아닙니다.
그것 말고는 어찌할 수 없는 광야입니다.
광야! 어찌할 수 없는 곳으로 하나님이 몰아내셨습니다.
나의 선택이 아니라 하나님의 몰고 가신 광야 학교였습니다.

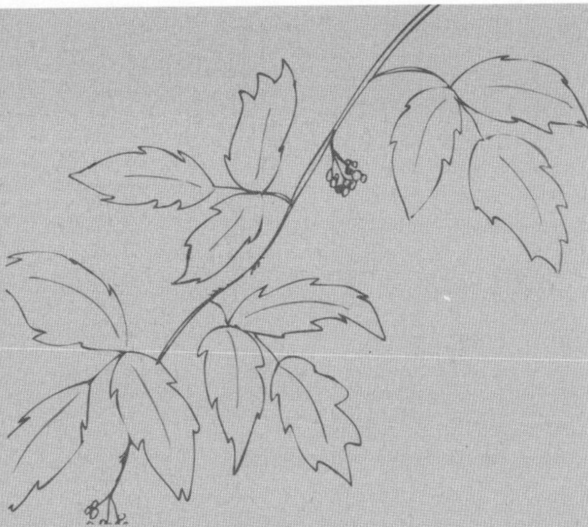

〉〉 여덟 번째 이야기 21장

설 땅이 없는 훈련

20대 초반이 된 다윗은 키도 성인으로 다 컸거든요. 골격도 굵어 졌고 수염도 길어 있었습니다. 얼굴 모양도 아이가 아니라 건장한 청년입니다. 변화된 자신의 외모를 이스라엘 사람들은 함께 있어 왔기에 알겠지만 블레셋 사람들은 자신을 어렸을 때 보았기에 지금의 자신을 알아보지 못할 것이라는 생각이 떠올랐습니다. 그래서 이스라엘 땅에 있으면 사울 왕에게 붙잡혀 죽을 것이니 사울의 군사가 올 수 없는 다른 나라로 갈 것을 결심했습니다. 그래서 생각해 낸 땅이 블레셋 땅입니다. 다윗은 머리를 잘 썼습니다. 그리고 용감도 했습니다. 블레셋 땅으로 들어가니 말입니다. 자기 자신도 기특하고 대단하다고 생각했을 겁니다. 다윗이 블레셋에 들어가 얼마 동안은 잘 살았습니다. 다윗의 신변은 안전했습니다. 그런데 얼마 후에 외지에서 온 다윗을 알아보는 사람이 생긴 겁니다. 들킨 겁니다. 블레셋 사람들은 이스라엘의 다른 군인들의 이름은 모른다 하더라도 다윗은 모를 수도 없고 잊을 수도 없는 사람이었습

❶ 21:1–6

의지할 것이 없기에 방황하는 다윗

다윗은 성실하고 착하게 살아왔습니다. 그리고 하나님을 신앙하는 것도 남달랐습니다. 골리앗을 대면했을 때의 다윗은 보통 사람으로서는 상상할 수 없는 대단한 믿음의 소유자였습니다. 아마 역사가 끝날 때까지 다윗과 골리앗의 이야기는 세상에서 가장 흥미로운 이야기로 남을 것이며, 가장 많은 사람들이 알고 있는 유명한 이야기로 남을 것입니다. 그런데 그렇게 훌륭한 다윗의 인생이 축복된 삶으로 이어지지는 않았습니다. 축복은커녕 사냥꾼에게 쫓기는 토끼처럼 살고 있는 신세입니다. 쫓겨 다닌다는 것만도 고통이고 이해할 수 없는 처지입니다. 그런데 의지했던 모든 것들을 버릴 수밖에 없는 처지가 되어

버리고 말았습니다. 그나마 있던 작은 권력도 잃어버렸습니다. 미래를 약속했던 아내 미갈도 만날 수 없게 되었습니다. 자신을 보살펴 준 영적 지도자 사무엘로부터도 떠나야 했습니다. 또한 자신을 사랑해 준 왕자 요나단과도 기약 없이 헤어졌습니다. 사울 왕의 끈질긴 추적 때문에 아버지와 형제들에게도 갈 수가 없습니다. 모두를... 잃었습니다.

벼랑 끝에 서 있는 사람입니다. 무엇에 의지하기 싫어서가 아닙니다. 힘 있는 사람을 의지하고 싶습니다. 좋은 영적 지도자를 의지하고 싶습니다. 함께 울 수 있는 친구나 선배를 찾아가 보고 싶습니다. 가족과 친척들을 만나 도움을 구하고 싶습니다. 다윗의 마음입니다. 그런데 아무것도 없습니다. 하나님을 찾고 싶어서가 아닙니다. 바라보거나 생각할 수 있는 버팀목이라고는 하나님뿐입니다. 믿음이 좋아서가 아니란 말입니다. 그러나 다윗은 아직도 포기하지 않습니다. 버팀목이 될 만한 것이 아무 것도 없음에도 불구하고 아직도 항복하지 않습니다. 그는 자신이 벼랑 끝에 선 것을 압니다. 그러나 그 벼랑 끝에서 스스로 헤어나오기 위하여 몸부림을 칩니다. 몸부림! 그의 몸부림은 자신의 두뇌를 믿고 하는 몸부림이었습니다. 자신의 두뇌라는 버팀목을 의지합니다. 하나님은 다윗이 버팀목으로 하고 있는 그 두뇌까지도 그리고 자존심이라는 버팀목까지도 제거해 버리도록 몰아치십니다.

다윗은 놉으로 가서 제사장에게 갑니다. 놉에는 작은 성전이 있었습니다. 실로 성전이 파괴된 후에 중심 성전이 놉으로 옮겨왔습니다. 광야에서 생활할 때 하나님께서 모세를 통해 만든 성막을 말합니다. 이 성막은 모세 때 만들어진 식양대로의 기구들이 모두 있었습니다. 그러나 한 가지가 없었습니다. 그것은 바로 언약궤입니다. 언약궤는 블레셋과의 전투에서 빼앗긴 후 다시 돌아와 기럇여아림에 있었기 때문입니다.

아히멜렉 제사장은 당시의 영웅으로 알려진 다윗의 갑작스런 출현에 놀랐습니다. 그는 다윗이 사울에게 미움을 받아 쫓기는 신세라는 것은 모르고 사울의 총애를 받는 왕실의 귀인(貴人)으로만 생각하고 있었습니다. 그런 그에게 다윗은 여전히 골리앗을 물리친 영웅이었지요. 그래서 다윗을 두려워하면서도 즐거운 마음으로 영접했습니다. 그 귀인 다윗이 촌구석 놉에 혼자 나타난 것이 아히멜렉에게는 궁금한 일이었습니다. 그래서 물었답니다.

「어찌하여 네가 홀로 있고 함께 하는 자가 아무도 없느냐?」(:1)

이 놉 땅에서 제사장 노릇하고 있는 사람들은 엘리 제사장 가문의 후손들이었습니다. 지금 놉 땅에서 제사장 노릇을 하고 있는 사람은 아히멜렉이었습니다. 그의 아버지는 아히둡이구요 아히둡은 이가봇의 형제였답니다. 이가봇... 블레셋과의 전쟁에서 죽은 비느하스의 아들이었죠(삼상 4:19-22). 비느하스는 엘리의 아들입니다. 미안한 이야기이지만 놉의 제사장 아히멜렉은 저주받은 제사장 가문의 후손입니다. 그렇다면 이 사람 아히멜렉의 앞날이 궁금해지네요.

벼랑 끝에 서 있는데도
그 동안 의지했던 하나님이 침묵하고 계십니다.
사자와 곰 앞에서도 담대한 마음과 용기, 힘을 주셨던 하나님,
골리앗이라는 거인 앞에서도 믿음과 용기를 주셨던 하나님,
그런데 지금 그 하나님은 더 이상 일하고 계시지 않습니다.
아니 다른 부분에서는 일하실지 몰라도
다윗 자신에게만은 멀리 계시면서
이 어려움을 아시는지 조용하실 뿐입니다.
상황이 매우 급합니다.
그래도 하나님을 기다리고
또 기다려야 하는지 모르겠습니다.

다윗은 기다릴 수 없었습니다. 그는 하나님이 아니라도 헤쳐나갈 방법을 모색할 수 있는 자신의 두뇌를 벼랑 끝에서 떨어지지 않기 위한 버팀목으로 사용했습니다. 이 상황을 헤쳐나가기 위해 할 수 있었던 것은 '거짓말' 이었습니다.

「다윗이… 이르되 왕이 내게 일을 명하고 이르시기를 내가 너를 보내는 바와 네게 명한바 일의 아무 것이라도 사람에게 알게 하지 말라 하시기로 내가 나의 소년들을 여차여차한 곳으로 약정하였나이다」(:2)

사울 왕은 다윗을 보낸 적도 없습니다. 다윗은 사람들과 같이 오지도 않았습니다. 그는 혼자였습니다.

이런 모습이 인간입니다.

인간은 이렇게 쉽게 깨지는 존재입니다.

어제의 믿음을 오늘 지탱하지 못하는 것이 인간입니다.

어제의 경건을 오늘 이어가지 못하는 것이 우리의 모습입니다.

어제의 기쁨, 어제의 감사, 어제의 찬송을…

어제의 성령 충만함을…

지탱하고 유지하지도 못하는 것이 우리 아니 제 모습입니다.

그래서 주님께서 이렇게 말씀하셨나 봅니다.

「내일 일을 자랑하지 말라」고…

쫓기던 다윗은 무척 배가 고팠나 봅니다. 제사장에게 먹을 것을 달라고 하니 말입니다.

「당신의 수중에 무엇이 있나이까 떡 다섯 덩이나 무엇이든지 있는 대로 내 손에 주소서」(:3)

아히멜렉이 다윗에게 거룩한 떡만 있다고 했습니다. 다윗은 그것이라도 달라고 했고, 아히멜렉 제사장은 떡을 먹을 사람들이 성적(性的)으로 깨끗하다면 주겠다고 합니다. 다윗은 기막히게 이야기를 만들어 이 위기를 벗어납니다.

「다윗이… 가로되 우리가 참으로 삼일 동안이나 부녀를 가까이하지 아니하였나이다. 나의 떠난 길이 보통 여행이라도 소년들의 그릇이 성결하겠거든 하물며 오늘날 그들의 그릇이 성결치 아니하겠나이까!」(:5)

다윗의 두뇌는

가히 벼랑 끝에 서 있는 다윗을 지탱시킬 수 있을 만했습니다.

20대 초반의 다윗의 두뇌는

예측할 수 없는 질문들이 나올 때 질문자로 하여금 충분히

납득할 수 있을 만큼 명확하고 민첩하게 대답하고 있습니다.

성전에는 언제나 떡이 있었습니다. 그 떡은 일반 떡과는 다른 떡입니다. 성전에 들어가면 오른쪽으로 떡 상(Table)이라는 것이 있었습니다. 그 떡 상 위에 여섯 개씩 두 줄로 떡을 쌓아 놓습니다. 이 떡은 누룩을 섞지 않은 떡입니다. 이 떡을 진설병이라고 합니다. 이 떡은 일주일에 한 번 바꿔 놓는데 안식일에 교체합니다. 교체된 떡은 버리지 않고 제사장들이 먹습니다. 율법에는 제사장만이 먹을 수 있도록 규정해 놓았습니다. 이 떡은 진짜 맛이 없는 떡입니다. 누룩이 섞이지 않았기 때문이기도 합니다만 일주일 동안 있었으니 딱딱하게 굳어졌기 때문입니다. 성경은 이 떡을 '거룩한 떡'이라고 합니다.

여기서 이 떡에 대하여 이야기할 필요는 없습니다만 이 떡을 '거룩한 떡'이라고 하는 것에 대해서는 흥미를 갖게 됩니다. 맛없고 딱딱하고 매력 없는 떡! 그러나 거룩한 떡! 이 떡은 하나님의 말씀을 의미하는 것이 분명합니다. 하나님의 말씀이라면 맛있고 부드러워야 하는데 사람들은 매력 있는 말씀(?)을 좋아합니다. 누룩도 들어가고 타협의 메시지를 말하는 것이겠죠. 모양도 멋있고 포장된 언어, 언어 장난을 말하겠죠. 성공, 꿈, 비전 이런 단어들은 정말 멋있습니다. 사람을 흥분시키는 단어들입니다. 맛도 좋고 나를 추켜세우고 죄인이라고 말하기보다는 훌륭한 사람으로 인정해 주고 그렇게 살아도 탈이 없을 것이라는 긍정적 사고의 메시지겠죠.

사람들은 말합니다. 사람들을 일단 교회로 끌고 오기 위해서는 그러한 맛있는 말을 해야 한다고 주장합니다. 그런데 성경 어디에서나 성경 인물 누구도... 구약이나 신약이나 선지자나 예수님이나 사도들이나... 맛있고 예쁘고 달콤한 떡을 만들어서 가져다 준 적이 없답니다. 그들이 가져다 준 거룩한 떡은 정말 맛없는 떡이었답니다. 우리 시대의 아픔은 너무 말을 잘해서 가짜 떡을 가지고 진짜 떡처럼 여기게 만드는 것입니다. 우리가 먹는 떡이 거룩한 떡인가요? 아니면 맛있는 떡인가요?

다윗은 원래부터 머리가 좋았고 언변(言辯)에 능(能)했습니다.

18장 30절에 보면

블레셋 방백들과 협상할 때에 다른 사람들보다

지혜롭게 처리했다는 것을 보면 알 수 있습니다.

그러니 아무리 모든 것을 잃어버리고

벼랑 끝에 서 있더라도 자신만만했지요.

남들은 다윗을 측은히 여기고 있을지 모릅니다만

다윗 자신은 아직도 그렇게 측은하다고는 생각지 않았습니다.

하나님은 다윗이 아직도 버티고 있는 이 부분까지

뽑으셔서 광야로 끌고 들어가십니다.

참 신기합니다.

하나님을 언제나 의식하던 다윗이 성전에 갔음에도 불구하고

하나님을 의식한 흔적이 보이지 않는다는 겁니다.

보통 사람인 우리도 집이나 직장에서는 하나님을 잊기도 합니다만

우연히 교회 옆을 스쳐가기만 해도 하나님을 의식하게 되는데

그 훌륭한 다윗이 성전에서 그것도 제사장과 만나는 중에도

뻔뻔하게 거짓말을 하고 있으니 말입니다.

성전에서 제사장 앞에서 이렇게 침착하고 대담하게

그리고 여유 있게 거짓말할 수 있다는 것이

대단(?)하기도 하고 신기하기도 합니다.

생명이 자기의 것이라고 생각하고

그 생명을 자기가 지켜야 하고

자기가 지킬 수 있다고 생각하기 때문에

되는 것도 없고 보이는 것도 없고
느껴지는 것도 없는 것입니다.
하나님도 감지할 수 없는 자기를 보호하기 위한 생각과 마음,
그의 양심이 굳어졌습니다.
너무도 고약합니다.
'이럴 수 있을까?' 하는 생각이 듭니다.
그렇습니다. 너무 고약합니다.
성전과 제사장 앞에서까지도 하나님을 감지하지 못하고
능청스럽게 거짓말하는 다윗이 너무 고약합니다.
우리는 다윗에게 놀라고 있을 수 있습니다만
우리가 놀라고 있는 이 부분을 하나님은 알고 계셨습니다.
그래서 이 부분을 깨뜨리시기 위하여
다윗을 광야로 끌고 가시는 것입니다.

나에게도 이런 부분이 있습니다.
사람들은 보지 못합니다.
사람들은 나의 양심이 살아있다고 생각합니다.
마음에 선한 것이 있다고 생각합니다.
나의 마음은 아직도 하나님을 의식할 수 있는
선한 것이 있다고 생각합니다.
사람들이 그렇게 생각할 수도 있고
나 역시 그렇게 생각할 수 있습니다.
적어도 성전과 하나님의 사람 앞에서는
하나님을 감지할 수 있을 정도의 사람으로 말입니다.

그러나 그렇지 않습니다.

벼랑 끝에 가서는 하나님을 전혀 의식하지 않는

'진짜 내 모습'이 드러날 것입니다.

하나님은 다윗을 깨뜨리셔야 했습니다.

나도 하나님에 의해서 깨져야 합니다.

광야 학교로 하나님이 끌고 가실 것입니다.

다윗의 능청스런 거짓말에 속은 아히멜렉 제사장은 그의 요청대로 진설병을 내어 주었습니다.

「제사장이 그 거룩한 떡을 주었으니 거기는 진설병 곧 여호와 앞에서 물려 낸 떡밖에 없음이라 이 떡은 더운 떡을 드리는 날에 물려낸 것이더라」(:6)

다윗이 율법을 어기고 있습니다. 그는 진설병에 대한 율법을 알고 있으면서도 범하고 있습니다. 그는 분명히 먹기 위해 떡을 달라고 했었을 테고 그렇다면 진설병을 먹었을 것입니다. 그렇다면 다윗을 처벌해야 하는데… 아히멜렉 제사장도 율법을 알고 있었습니다. 진설병은 제사장만 먹도록 규정되어 있다는 것을 말입니다. 그런데도 아히멜렉은 다윗에게 이 거룩한 떡을 줍니다.

이런 부분들이 성경을 읽는 우리를 헛갈리게 하는 부분입니다. 헛갈리는 문제가 아니라 심오한 깊이의 문제입니다.
먼저 마태복음 12장 1-8절에 안식일에 밀밭에서 예수님의 제자들이 이삭을 잘라 먹은 사건에 대한 바리새인들과 예수님의 해석으로부터 접근해야 합니다. 바리새인들은 그것을 범죄로 규정했습니다. 객관적인 입장에서 보면 합당한 해석입니다. 일반 사람들이 볼 때나 상식적으로도 바리새인의 말이 맞습니다. 그러나 이들과 다르게 말씀하신 예수님의 대답을 요약하면 이렇습니다. 사람이 사는 것이 중요하냐 율법 때문에 굶고 배고픈 것이 나으냐 하는 것입니다. 율법이 사람을 위한 것이냐 아니면 사람이 율법을 위해서 존재하느냐 하는 질문을 하고 계신 것입니다. 예수님의 대답은 율법이 사람을 위해 있는 것이지 사람이 율법을 위해서 있는 것이 아니라고 하십니다. 그것을 설명하시기 위해서 예수님께서 지금의 사건을 인용하셨습니다.

「예수께서 가라사대 다윗이 자기와 그 함께 한 자들이 시장할 때에 한 일을 읽지 못하였느냐 그가 하나님의 전에 들어가서 제사장 외에는 자기나 그 함께 한 자들이 먹지 못하는 진설병(陳設餠)을 먹지 아니하였느냐」(마 12:3-4)

여기에 답이 있습니다. 율법을 지키다가 사람이 굶어 죽는 것보다 지키지 않더라도 사람은 죽으면 안 된다는 것입니다. 아히멜렉은 이 율법의 정신을 알고 있었던 사람입니다. 다윗도 율법의 정신이 무엇인지는 알고 진설병이라도 달라고 한 것입니다.

어떤 사람이 옷을 샀습니다. 아주 비싸고 품위가 있고 고귀한 옷입니다. 그 옷은 누가 입어도 멋있습니다. 어떤 사람은 이 멋진 옷을 입기 위해 식사도 제대로 하지 않습니다. 어떤 이는 잠도 제대로 자지 않습니다. 아무리 피곤해도 절대로 땅에 앉지 않습니다. 뛰지도 않고... 항상 멋진 옷 속에 있는 그 사람은 언제나 멋지게 보였습니다. 그런데 얼마 후에 병들더니 그만 죽고 말았습니다. 영양실조와 과로, 수면 부족, 그리고 운동부족으로 말입니다. 옷이 사람을 위해 있는지 사람이 옷을 위해 있는지를 물어보면 물어보는 사람을 향해 바보라고 하겠지요. 율법과 사람에 대한 관계를 설명하기 위하여 드리는 예입니다.

불행하게도 많은 교인들이 율법이라는 옷에 맞추어 살면서 멋진 성도인 것처럼 신앙생활을 하고 있답니다. 율법은 하늘에서 내려온 것입니다만 사람을 위한 것임을 잊지 말아야 합니다. 사람을 살리는 것이 율법의 정신입니다. 그렇기 때문에 율법을 지키다가 굶어 죽는 것은 순교도 아니고 멋도 아니고 좋은 신앙도 아니고 하나님의 뜻을 자기 멋대로 해석한 바보의 죽음일 뿐입니다.

❷ 21:7–9

비밀경찰과 성전 사건

사울은 다윗을 잡기 위해 많은 사람을 도처에 보냈습니다. 오늘날로 말하면 사복을 입은 비밀경찰이라고나 할까요? 이곳 놉에도 비밀경찰이 활동하고 있었습니다. 그 사람의 이름은 도엑이었습니다. 아마 이 사람은 사울 왕의 목장을 책임지면서 비밀경찰 노릇을 했던 것 같습니다. 이 사람은 종종 성전에 와서 제사장과 이야기를 하곤 했습니다. 물론 자신이 비밀 경찰이라는 신분을 밝히지는 않았겠지요.

> 「그 날에 사울의 신하 한 사람이 여호와 앞에 머물러 있었는데 그는 도엑이라 이름하는 에돔 사람이요 사울의 목자장이었더라」(:7)

이 날도 도엑이 양들을 몰고 지나가다가 성전에 들렸습니다. 그런데 뜻밖에도 다윗과 제사장 아히멜렉의 만나는 장면을 목격한 겁니다. 비밀경찰로서 사울 왕에게 최고의 정보를 줄 수 있었습니다. 도엑은 능청스럽게 자신을 위장하여 다윗과 아히멜렉에게 접근했습니다. 저들이 하는 말은 물론이요 아히멜렉의 다윗에 대한 호의까지도 상세하게 보았답니다. 일이 잘만 되면 도엑은 졸지에 출세의 길에 올라설 수 있는 기회를 잡은 겁니다. 도엑은 흥분했습니다. 그러나 침착하게 그 흥분을 감추면서 행동했습니다.

아히멜렉은 도엑을 의심하지 않았습니다. 아히멜렉에게 도엑은 단지 부잣집의 양을 치는 목자장에 불과했기 때문입니다. 그리고 다윗의 말도 의심하지 않았습니다. 다윗은 하나님을 잘 섬기는 사람이었고, 사울에게 충성하는 사람이요, 사울이 아끼는 사람으로만 알고 있었기 때문입니다. 그래서 도엑을 의식하지 않고 있었습니다. 이 때 다윗은 아히멜렉에게 거짓말하면서 무기를 달라고 합니다.

「다윗이 아히멜렉에게 이르되 여기 당신의 수중에 창이나 칼이 없나이까? 왕의 일이 급하므로 내가 내 칼과 병기를 가지지 못하였나이다」(:8)

그 곳에 칼이 있었습니다. 이스라엘 박물관에 기념으로 영원히 보존될 만한 가치 있는 칼이었습니다. 골리앗이 차고 있던 칼입니다. 사람들은 이 칼을 보면서 다윗을 생각할 것이고, 이 칼을 보면서 승리는 칼에 있는 것이 아니라 하나님의 이름에 있음을 생각할 것입니다. 그리고 그 위대하신 하나님을 신뢰해야겠다고 결심할 것이고, 또 자녀들에게 그런 신앙을 갖도록 산교육을 시킬 것입니다. 그것이 골리앗의 칼을 보존하는 의미였습니다.

다윗이 이 칼을 보고 얼마나 감격스러웠겠습니까?
수년 전, 아버지 심부름으로 전쟁터에 있는 형님들에게 갔다가
하나님을 모욕하는 거인 골리앗을 보고 분노했던 때 말입니다.
그리고 물맷돌 하나로 골리앗의 이마를 명중시켜 쓰러뜨리던 때,
골리앗이 쓰러지자 자신에게 칼이 없었기에
단숨에 쓰러진 골리앗에게 달려가
그의 칼을 빼어 목을 베던 장면이 생생하게 떠올랐습니다.
그런데 신기합니다.
다윗은 이 칼을 보면서도
하나님을 의지했던 때로 돌아가지 않습니다.
하나님에 대한 믿음을 지키기 위해 기념으로 만든 칼…
이 칼로 그 하나님의 능력을 나타냈던 다윗의 지금 태도는
마치 하나님을 모르는 사람처럼 행동하고 있을 뿐입니다.
어제의 신앙이 오늘의 나를 지켜주지 못합니다.
그러므로 어제를 자랑하면 안 됩니다.
그리고 오늘의 신앙이 내일을 지켜 주는 것이 아니기에
내일 일을 자랑하지 말아야 합니다.

놉에서의 다윗은 세상에 의지할 것이 없다 하더라도
쓰러지지 않는다고 버티며 몸부림치는 모습입니다.
그는 살기 위하여, 위기를 모면하기 위하여
그것에만 집중하고 있습니다.
그렇기 때문에 다윗은 스스로 비참하다고 생각하지 않습니다.
놉에서의 다윗 모습을 안타깝게 여기기도 하지만
우리가 보기에는 다윗은 살기 위해 바쁘고 분주하며
머리를 굴리고 또 악에 받쳐 있어 보입니다.
다윗은 하나님을 찾을 여유가 없었습니다.
그의 잠재의식에 하나님을 찾는 것보다
자신이 처리하는 것이 더 효과적이라는 교만함이 있습니다.
자기 자신을 버팀목으로 인정하고 바둥거리는
놉에서의 다윗은 기도를 드린 흔적이 없습니다.
시(詩) 한 편을 발견할 수가 없습니다.

의식 속에 하나님이 없이 행동한 다윗은 제사장을 속였습니다. 그리고 무기를 하나 얻었습니다. 그 무기로 자신의 생명을 지켜 볼 생각이었습니다. 자신을 잡으러 오는 사울의 군사들을 막아보려는 생각이었습니다. 웃기는 일입니다. 얼마 전에 그는 이렇게 큰소리 친 사람입니다.

「여호와의 구원하심이 칼과 창에 있지 아니함을 이 무리로 알게 하리라 전쟁은 여호와께 속한 것인즉」(17:47)

칼과 창에 구원이 있지 않다고 말하던 다윗이 지금은 자신의 구원을 칼에 의지하고 있는 모습입니다. 칼이 있으면 안전할 줄로 생각하고 있는 것 같습니다. 그래서 거짓말을 해서라도 이 칼을 자신의 손에 넣은 것입니다. 그리고 그는 놉을 떠납니다. 칼 한 자루를 가슴에 품고 말입니다.

다윗은 바보입니다.
그런데 우리도 다윗처럼 바보같을 때가 많이 있습니다.
다윗은 자신의 생명을 지키기 위해서 칼을 가슴에 품었습니다.
우리는 우리의 생명을 지키기 위해 무엇을 가슴에 품고 있나요?
다윗은 칼 한 자루를 빼앗기지 않기 위해
길을 갈 때나 잠을 잘 때에 가슴에서 떼지 않았을 것입니다.
떼어놓으면 죽는 줄로 알겠죠...
지금 우리처럼 말입니다.
칼 한 자루를 가슴에 품고 다니는 다윗...
왜 이리 초라해 보이는지 모르겠습니다.
그것(?)을 가슴에서 떼면 죽는 줄 알고 끌어안고 사는 내 모습이
왜 이리 초라해 보이는지 모르겠습니다.

③ 21:10-15
꺾여지는 자존심이란 버팀목

다윗은 사울 왕을 두려워했던 사람이 아닙니다. 사울 왕은 다윗을 죽이려 했습니다만 다윗은 자신을 죽이려 하는 사울 왕을 두려워한 적이 없었습니다. 오히려 사울 왕이 다윗을 두려워했었지요. 자신을 죽이려는 사울 왕을 피해 도망 다니기는 했습니다만 두려워해서 도망한 것은 아니었습니다. 성경은 그것을 아주 강조해서 기록했습니다. 그런데 10절에서 처음으로 다윗이 사울 왕을 두려워하고 있다고 말합니다.

「다윗이 사울을 두려워하여」(:10상)

믿음을 잃어버리면...

믿음을 잃어버린다는 말은

하나님으로부터 눈을 뗀다는 말입니다.

두려움이 생깁니다.

칼 한 자루가 두려움을 이기게 하지 못합니다.

칼을 몇 백 자루 가지고 있다 하더라도

그리고 큰 방패를 가지고 있다 하더라도

그런 것이 두려움을 내어 쫓지 못합니다.

두려움을 내어 쫓는 유일한 길은

하나님만을 바라보는 것입니다.

갈릴리 바다를 걸어본 사람을 아시나요?

새벽 3-4시 정도 되었을 때입니다.

예수께서 바다 위로 걸어오시는 것을 보고

베드로가 소리 질렀습니다.

"만일 주시어든 나를 명하사 물 위로 오라 하소서."

이 말을 듣고 예수님은 베드로를 물 위로 오라 하셨습니다.

베드로는 순종하였고 그는 인류 역사상 최초이자 지금까지 없는

물 위를 걸은 사람이 되었습니다.

그런데 불행하게도 얼마 못 가서 빠졌답니다.

그 이유는 믿음을 잃어 버렸기 때문이었습니다.

주님을 바라보지 않으면 우리 눈에는 다른 것이 보입니다.

그리고 그 보이는 것은

어마어마한 괴력을 가진 무서운 것이됩니다.

그러나 주님만을 바라보면

그러한 것들이 보이지 않는 법이랍니다!

칼 한 자루는 다윗의 마음을 지켜주지 못했습니다. 그렇다고 해서 다윗이 자신을 포기한 것은 아닙니다. 그는 다시 머리를 굴렸습니다. 그래서 생각해 낸 것이 변한 자신의 외모에 대한 생각입니다. 살기 위한 그의 집착은 그를 아이디어 맨(Idea man)으로 만들었습니다.

20대 초반이 된 다윗은 키도 성인으로 다 컸거든요. 골격도 굵어졌고 수염도 길었습니다. 얼굴 모양도 아이가 아니라 건장한 청년입니다. 변화된 자신의 외모를 함께 지내던 이스라엘 사람들은 알아보겠지만 블레셋 사람들은 어릴 적의 모습만을 보았기에 지금의 자신을 알아보지 못할 것이라는 생각이 떠올랐습니다. 그래서 이스라엘 땅에 있으면 사울 왕에게 붙잡혀 죽을지도 모르니 사울의 군사가 올 수 없는 다른 나라로 갈 것을 결심했습니다. 그래서 생각해 낸 곳이 블레셋 땅입니다. 다윗은 머리를 잘 썼습니다. 그리고 용감하기도 했습니다. 블레셋 땅으로 들어가고 했으니 말입니다. 자기 자신도 기특하고 대단하다고 생각했을 겁니다.

「그 날에 다윗이 사울을 두려워하여 일어나 도망하여 가드 왕 아기스에게로 가니」(:10)

다윗이 블레셋에 들어가 얼마 동안은 잘 살았습니다. 다윗의 신변은 안전했습니다. 그런데 얼마 후에 외지에서 온 사람이 다윗을 알아보았습니다. 들킨 겁니다. 블레셋 사람들은 이스라엘의 다른 군인들의 이름은 모른다 하더라도 다윗은 모를 수도 없고 잊을 수도 없는 사람이었습니다. 자신들의 영웅이었던 골리앗을 때려눕힌 영웅(?)이기 때문입니다. 그것도 블레셋의 가드 사람들에게는 더욱 더 그렇습니다. 골리앗의 고향이거든요. 그런데 다윗이 가드에 와서 살고 있는 것이 아닙니까? 대단한 배짱으로 가드에서 살다가 그만 들키고 말았습니다. 사람들은 다윗을 고발하였고 블레셋 가드의 군사들은 다윗을 체포해서 가드 왕에게로 데리고 갔습니다. 그리고 이렇게 말합니다.

「아기스의 신하들이 아기스에게 고하되 이는 그 땅의 왕 다윗이 아니니이까 무리가 춤추며 이 사람의 일을 창화하여 가로되 사울의 죽인 자는 천천이요 다윗은 만만이로다 하지 아니하였나이까」(:11)

붙잡힌 다윗은 생(生)의 막다른 골목에 있습니다. 살기 위해 머리를 쓰고 배짱을 부려 잘 버텨왔는데 이제 인생이 이렇게 끝나야 하는 비참한 상황에 처한 것입니다. 블레셋 군인에게 몸이 묶여 있습니다. 자신의 신분을 알 뿐만 아니라 자신이 골리앗을 죽인 사람이라는 것을 알고 있는 블레셋 사람들은 흥분이 되어 있는 상태였습니다. 다윗은 두려웠습니다. 자신의 비상한 머리와 두둑한 배짱을 버팀목으로 삼아 여기까지 왔는데 이제는 더 이상 의지할 것이 없었습니다. 하나님께서는 다윗의 모든 버팀목들을 빼앗으셨습니다. 죽음의 선고만을 기다리는 중 다윗은 모든 버팀을 빼앗아 가신 하나님을 생각했습니다. 다윗의 가슴을 파고드는 버팀목... 그 하나님을 부릅니다.

「하나님이여 나를 긍휼히 여기소서 사람이 나를 삼키려고 종일 치며 압제(壓制)하나이다 나의 원수가 종일 나를 삼키려 하며 나를 교만히 치는 자 많사오니 내가 두려워하는 날에는 주를 의지하리이다 내가 하나님을 의지하고 그 말씀을 찬송하올찌라 내가 하나님을 의지하였은즉 두려워 아니하리니 혈육(血肉) 있는 사람이 내게 어찌하리이까 저희가 종일 내 말을 곡해(曲解)하며 내게 대한 저희 모든 사상은 사악이라 저희가 내 생명을 엿보던 것과 같이 또 모여 숨어 내 종적(踪跡)을 살피나이다 저희가 죄악을 짓고야 피하오리이까 하나님이여 분노하사 뭇 백성을 낮추소서 나의 유리(流離)함을 주께서 계수(計數)하셨으니 나의 눈물을 주의 병에 담으소서 이것이 주의 책에 기록되지 아니하였나이까 내가 아뢰는 날에 내 원수가 물러가리니 하나님이 나를 도우심인 줄 아나이다 내가 하나님을 의지하여 그 말씀을 찬송하며 여호와를 의지하여 그 말씀을 찬송하리이다 내가 하나님을 의지하였은즉 두려워 아니하리니 사람이 내게 어찌 하리이까 하나님이여 내가 주께 서원(誓願)함이 있사온즉 내가 감사제(感謝祭)를 주께 드리리니 주께서 내 생명을 사망에서 건지셨음이라 주께서 나로 하나님 앞, 생명의 빛에 다니게 하시려고 실족(失足)지 않게 하지 아니하셨나이까」(시 56:1-13)

하나님이 다윗을 이렇게 만드셨습니다.
자신의 것을 의지할 수 없게 만드셨습니다.
하나님만을 의지할 수밖에 없는 인생으로 만드셨습니다.

하나님은 이런 사람을 좋아하십니다.

하나님의 마음에 합한 사람은
세상의 어떤 것도 버팀목으로 하지 않는 사람입니다.
자기 자신까지도 버팀목으로 할 수 없는 사람입니다.
오직 하나님만을 버팀목으로 하는 사람입니다.
어린아이가 엄마만을 의지하는 것처럼
하나님의 마음에 합한 사람은 이런 사람이랍니다.

한 편의 기도를 드린 다윗은 하나님을 의지하면서 미친 척을 합니다. 포박된 상태로 그는 대문짝에 자신의 몸을 그적거립니다. 그리고 침을 수염에 질질 흘립니다. 그 모습은 영웅이 아닙니다. 영웅은 죽을 때도 영웅답게 죽는 법입니다. 다윗이 진정 영웅이라면 영웅답게 죽여달라고 하면서 큰소리를 쳐야 합니다. 그런데 다윗은 영웅이 아닙니다. 그는 미친 놈 중에 하나였을 뿐입니다.

「그들의 앞에서 그 행동을 변하여 미친 체 하고 대문짝에 그적거리며 침을 수염에 흘리매」(:13)

미친 짓을 합니다. 그의 눈은 벌겋게 충혈 되어 있습니다. 흙 묻은 몸에서는 냄새가 납니다. 긴 머리는 헝클어진 채로 있고 빼쳐 있고… 히죽히죽 웃기도 합니다. 다듬어지지 않은 수염은 흐르는 침 때문에 더러운의 냄새를 풍길 뿐입니다. 가끔 알아들을 수 없는 이상한 소리도 냅니다. 군인들이 다윗을 죽이라고 외칩니다. 군사들이 때리면서 잡아끌어 움직이지 못하게 하는데도 다윗은 아랑곳하지 않고 몸이 가려운 듯 자꾸 대문 쪽으로 가면서 몸을 그적거립니다. 그의 행동은 더 이상 사람이 아니었습니다. 그는 짐승이었습니다. 그러나 그의 영혼은 살아 있습니다. 그의 영혼은 하나님께 집중하고 있습니다. 그는 대문에 몸을 그적거리면서도 하나님을 향해 울고 있습니다. 사람들이 때리는데도... 머리카락을 잡아채는데도... 아기스 왕이 미치광이라고 하는데도... 짐승처럼 취급받는데도... 다윗에게는 더 이상 자존심이라는 것이 존재하지 않습니다. 그러나 그의 영혼은 하늘을 향해 있었습니다. 아무도 몰래 하늘을 향했습니다. 그리고 하나님이 보고파 눈물을 흘렸습니다. 사람들은 매 맞아서 우는 줄 알았습니다만, 그의 눈물은 회개와 그분을 그리워하는 눈물이었습니다. 하나님의 처분만을 바라보면서 흘리는 항복의 눈물이었습니다.

광야 학교...
한 사람을 당신의 마음에 합한 사람으로 만드시기 위하여
광야 학교라는 곳에 몰아 넣으셨습니다.
그리고 하나님만을 바라볼 수밖에 없도록 만드셨습니다.
다윗이 스스로 포기한 것이 아닙니다.
하나님이 포기하도록 만드셨습니다.
그래서 다윗은 포기한 것입니다.
그런 다윗을 하나님은 흐뭇해하셨고
하나님이 환란에서 훈련생 다윗을 건져내셨습니다.
이것을 배운 광야 학교 학생이 이렇게 신앙을 고백합니다.

「내가 여호와를 항상 송축(頌祝)함이여
그를 송축(頌祝)함이 내 입에 계속(繼續)하리로다
내 영혼이 여호와로 자랑하리니
곤고(困苦)한 자가 이를 듣고 기뻐하리로다
나와 함께 여호와를 광대하시다 하며 함께 그 이름을 높이세
내가 여호와께 구하매
내게 응답(應答)하시고 내 모든 두려움에서 나를 건지셨도다
저희가 주를 앙망(仰望)하고 광채(光彩)를 입었으니
그 얼굴이 영영히 부끄럽지 아니 하리로다
이 곤고한 자가 부르짖으매 여호와께서 들으시고
그 모든 환난에서 구원하셨도다
여호와의 사자가 주를 경외하는 자를 둘러 진치고
저희를 건지시는도다
너희는 여호와의 선하심을 맛보아 알찌어다
그에게 피하는 자는 복이 있도다
너희 성도들아 여호와를 경외하라
저를 경외하는 자에게는 부족함이 없도다
젊은 사자는 궁핍하여 주릴찌라도
여호와를 찾는 자는 모든 좋은 것에 부족함이 없으리로다
너희 소자(小子)들아 와서 내게 들으라
내가 여호와를 경외함을 너희에게 가르치리로다
생명을 사모하고 장수하여 복 받기를 원하는 사람이 누구뇨
네 혀를 악에서 금하며 네 입술을 궤사한 말에서 금할찌어다
악을 버리고 선을 행하며 화평을 찾아 따를찌어다

여호와의 눈은 의인을 향하시고
그 귀는 저희 부르짖음에 기울이시는도다
여호와의 얼굴은 행악하는 자를 대하사
저희의 자취를 땅에서 끊으려 하시는도다
의인이 외치매 여호와께서 들으시고
저희의 모든 환난에서 건지셨도다
여호와는 마음이 상한 자에게 가까이 하시고
중심에 통회(痛悔)하는 자를 구원하시는도다
의인은 고난이 많으나
여호와께서 그 모든 고난에서 건지시는도다
그 모든 뼈를 보호하심이여
그 중에 하나도 꺾이지 아니하도다
악이 악인을 죽일 것이라
의인을 미워하는 자는 죄를 받으리로다
여호와께서 그 종들의 영혼을 구속하시나니
저에게 피하는 자는 다 죄를 받지 아니하리로다」(시 34:1-22).

에필로그 _01

교회가 좋았습니다. 어려서부터 교회에서 자랐고 교회에서의 생활에 익숙했습니다. 게다가 할아버지도 부모님도 내가 목사가 되기를 원하신다는 말씀을 많이 하셨고, 나 역시 거부하지 않았습니다. 그렇게 목사가 된 사람입니다.

신학대학 생활... 만족스럽진 않았습니다만 그래도 목사가 되려면 거쳐야 하는 과정이기에 꾹 참고 견뎌냈습니다. 대학원도 다녀야 한다기에 그렇게도 했습니다. 한번은 목사가 하기 싫은 적도 있었습니다. 아니 어려서부터 목사가 안 된다면... 하면서 나름대로 하고 싶은 일을 생각해보기도 했었죠. 꼭 두 가지를 하고 싶었는데 그 중 하나는 정치였습니다. 정치가 뭔지 알아서 그랬던 것 같지는 않습니다. 어린 시절 선생님으로부터 들었던 훌륭한 인물들 중에는 항상 정치가들이 많았기 때문이었겠죠. 하여간 정치를 하고 싶다는 마음은 오래갔고 또 정치가로서 활동하는 제 모습을 그려보기도 했답니다. 하고 싶었던 또다른 일은 자동차를 정비하는 일이랍니다. 이상하지요? 정치와 자동차 정비는 어울리지 않는데 말입니다. 하여간 자동차 밑에 들어가 온몸에 기름때를 묻히며 일하는 모습이 멋있어 보였고 정밀하게 일하는 아저씨가 멋있어 보였답니다. 그런 나의 모습을 그려보기도 했답니다. 그런데 정치가 근처에 가보지도 못했고 자동차 정비사 옆에도 가보지 못했답니다. 그런 것과는 전혀 상관없는 목사가 되었답니다.

신학대학을 졸업했지만 전도사로 사역하지 못했습니다. 제법 오래되고 큰 교회에 출석하였는데 워낙 재주가 없으니 담임 목사님으로부터 전도사로 추천 받지 못했던 것 같습니다. 친구들은 학교 다닐 때부터 전도사로 열심히 일하면서 교회에서 사례금도 받았지만, 제게는 졸업한 후에도 그런 기회가 주어지지 않았답니다. 전도사로 사역하지 못하는 게 억울하진 않았습니다. 단지 걱정거리였을 뿐입니다. 여기엔 이유가 있었습니다.

저는 군목 후보생이었는데 군목으로 가려면 3년 간의 전도사 경력이 필요했습니다. 그런데 그 경력을 쌓을 교회가 없어서 속이 많이 상했답니다. 결국은 어떤 작은 개척 교회에 평신도라고 하면서 목사님을 속이고(?) 다녔습니다. '몇 년 다니고 난 후에 나의 불쌍한(?) 처지를 말씀드리면 목사님도 이해해 주시지 않을까?' 하는 기대로 그런 짓을 했습니다. 그러나 결국 그 교회에서 오래 있질 못했습니다. 2년 있었나 봅니다. 그러고는 교인이 대여섯 가정 정도밖에 안 되는 더 작은 교회로 갔습니다. 그 교회에서는 목사님께 솔직히 말씀드렸습니다. 그랬더니 흔쾌히 도와주시겠다고 하더라구요. 무척 고마웠답니다. 군목으로 갈 수 있는 길이 열렸기 때문입니다. 그렇게 비참한(?) 시간들을 보냈답니다. 신학교 졸업 후 3년을.

군목으로 가는 일은 조금 찜찜했습니다. 첫째는 자신감이 없었고, 둘째는 아직도 사명감이 없었기 때문이었습니다. 친구들은 사명, 사명하면서 의지가 대단한데 난 그렇지가 않았습니다. 솔직히 군목으로 가면 사병으로 가는 것보다 훨씬 편하기 때문에 좋아하고 있었을 뿐입니다. 그러나 편한 건 편한 건데 뭘 해야 하는지 자신이 없었습니다. 그래서 일 년 먼저 군목으로 간 친구를 찾아갔답니다. 그리고는 물었습니다. 어떻게 주일 설교, 수요예배 설교, 심방 설교, 새벽 기도 설교를 다 하느냐고? 그 친구 대답은 걸작이었습니다. 성령님이 능력을 주시면 다 하게 된다고… 난 목사 안수 받으면 정말 그렇게 되는 줄 믿었답니다. 바보같이…

훈련을 받고 군목으로 갔습니다. 중부 전선이었습니다. 중위 계급장 달고 목사랍시고 일을 시작한 겁니다. 괜찮더라구요. 일단은 매달 월급 받는 게 아주 좋았습니다. 그때까지 내 힘으로 돈을 벌어 본 적이 없었습니다. 게다가 군대 교회인데도 군대 월급 말고도 목회 사례비라고 해서 돈을 주었습니다. 참 좋았습니다. 어떤 교회는 군 선교비라고 해서 돈을 보내기도 했습니다. 사실 군대 월급만으로도 괜찮았는데 이래저래 목사랍시고 돈을 주니 고맙기도 하고 미안하기도 하고… 물론 좋은 일에도 많이 썼지요.

교회도 아담해서 좋았구요, 내 개인 사무실이 있다는 것도 좋았답니다. 어느 큰 교회 목사님이 부럽지 않았습니다. 나보다 계급이 높은 사람들도 저를 성직자라 해서 잘 대해 주는 것 또한 특권이었답니다. 그런 것 때문에 '평생을 군목으로 지낼까?' 하는 생각도 여러 번 해보았답니다. 사명 때문이 아니라 편리함 때문에…

설교는 정말 부담스러웠습니다. 설교만 없으면 군목이라는 것 괜찮은 건데… 친구가 목사 안수 받고 군목으로 오면 성령님께서 능력을 주셔서 설교도 뭐도 다 잘하게 된다고 했는데 (정말 그렇게 믿었었답니다) 난 그게 아니었습니다. 두 번째 설교까지는 잘한 것 같았습니다. 그런데 세 번째부터는 할 말이 없었답니다. 그렇게 두꺼운 성경책인데도 제겐 본문 찾는 것도 어렵고 본문을 찾아도 내용을 만들기도 무척이나 어려웠습니다. 제목을 정하는 것조차도 노동이었습니다. 일주일 내내 '어떤 본문을? 어떤 내용을? 어떤 제목을?…' 이런 것들이 큰 고민거리였고 이는 점점 공포의 작업으로 느껴졌습니다. 친구가 말한 성령님이 도와주신다는 건 적어도 나에겐 새빨간 거짓말이었답니다.

그래도 어김없이 찾아오는 게 주일이었습니다. 미칠 것 같았답니다. 그래서 훌륭한 그리고 유명한 목사님들이 펴낸 설교집을 뒤지기 시작했습니다. 신학교 다닐 때 종종 친구들과 나누던 말이 있었습니다. '설교 표절' 이라는 말… 그리고 남의 설교를 표절하는 목사들은 나쁜 놈들이라고 했었답니다. 그런데 이젠 표절, 아니 그대로 베끼지 않으면 죽을 것 같았답니다. 그래서 설교를 베끼기 시작했습니다. 양심은 괴로웠지만 성도들에겐 오히려 잘 된 일이라 생각했답니다. 성도들도 제 (베낀 남의) 설교에 은혜를 받기도 했답니다. 나 역시 내가 작성한 설교인 것처럼 폼을 잡고 설교했구요.

그런데 매 주일 남의 설교를 베끼는 것도 보통 문제가 아니었습니다. 보통 30분가량의 설교 원고를 베끼려니깐 적어도 2~3시간은 족히 걸리는 것은 물론이고 얼마나 힘들고 귀찮았는지… 그래서 아주 쉬운 방법을 찾아냈습니다. 설교집의 한 편을 복사하는 방법이었습니다. 시간도 절약되고 에너지도 절약되서 그렇게 했답니다. 그래서 내 설교(?)는 내용이 그런대로 괜찮다는 소릴 들었답니다.

그런데 한번은 큰 실수를 했습니다. 복사를 잘했어야 하는데 종이를 아낀답시고 앞뒤로 복사하다가 그만 한 페이지를 빼먹고 복사를 한 거지요. 그나마 복사한 걸 한번만이라도 읽고 강단에 올라갔으면 되는데 읽지도 않고 올라간 게 탈이었습니다. 그러니 잘 읽어내려가다가 빠진 부분에 가서는 매우 당황했답니다. 소위 말하는 개망신이라고나 할까요. 설교, 무척이나 어렵더라구요. 이렇게 평생 동안 설교할 생각하니 끔찍했습니다.

그러던 가운데 전방 부대 2년의 근무를 마치고 군 병원으로 옮기게 되었습니다. 병원에서는 별로 할 일이 없었습니다. 일단 병원이 아주 작은 았고 환자들도 많지 않았습니다. 군의관들, 간호사들 또한 그리 바쁘지 않은 병원이었죠. 정말 심심한 근무지였답니다. 그곳의 믿음 좋은 군의관들과 간호사들은 목사가 왔으니 일주일에 한번씩 성경을 공부하자고 했습니다. 자신들도 무료한 시간들을 말씀 배우는 시간으로 채우고 싶다는 겁니다. 나 자신도 뭔가를 해야겠기에 그렇게 하겠다고 대답했습니다.

문제는 무슨 공부를 하느냐는 거였습니다. 사실 나는 목사가 되면 써먹기 위해 이렇다할 성경 공부 과정은 대부분 이수해 놓았었답니다. 소위 말하는 벧엘 공부, 크로스 웨이 공부, CCC 공부, 젠센 공부... 그런데 막상 사람들을 가르치려니 두려웠지요. 준비는 했지만 경험이 없었기 때문이었습니다. 과정을 이수하긴 했는데 내 속에 생명력이 있는 게 아니었거든요. 그야말로 목사라는 직업에 충실하려면 이 정도는 해 놔야겠다는 필요에 의해서 열심히 했을 뿐이었습니다. 하여간 그리 많은 교재가 있는데도 자신이 없었고 문제는 군의관들과 간호사들이 교재가 아닌 성경책으로만 공부를 하자는 거였습니다. 그것도 구약을 말입니다. 구약 중에서도 역사서를.

군병원에서의 성경 공부는 사무엘부터 시작되었습니다. 한나가 기도해서 사무엘을 낳은 이야기부터 시작했습니다. 저는 어려서부터 교회 속에서 자랐기 때문에 성경을 많이 알고 있다고 생각했었습니다. 대부분 교회학교 선생님들에게 들은 이야기였고 집에서 들은 이야기였던 거지요. 그런데 막상 사무엘상을 읽어 가는데 왜 그렇게도 모르는 부분들이 많던지… 대부분을 모르겠더라구요. 아주 적은 부분만을 알면서, 그것도 대충… 성경을 잘 안다는 착각 속에 있었던 나였음을 발견했습니다. 하여간 문제에 부딪친 겁니다. 그 머리 좋은 의사들과 간호사들에게 성경을 가르쳐야 하는데 내 자신이 아는 게 없는 겁니다. 너무 두려웠습니다. 가르치다가 개망신 당할까 봐.

설교도 어려웠지만 (계속 베껴야 했으니까요) 성경을 가르치는 건 더 두려웠답니다. 그래서 내 마음은 엄청난 죄책감과 목회에 대한 공포, 해야 하나 말아야 하나 하는 갈등들이… 쏟아져 내리기 시작한 겁니다. 그러다가 기도를 시작했습니다. 하나님께 물어보고 도움을 구하기로 작정한 겁니다. 남들은 주님의 음성을 듣고 목사가 되었다고 하는데 나에겐 그런 것도 없고 어떤 이는 특별한 사명이 있다고 하면서 용감히 사역을 하는데 나는 사명이란 게 뭔지도 모르고 있고 (물론 남에게 말할 때는 복음을 위한 불타는 사명이 있다고 했습니다만…) 그저 목사가 된 게 어려서부터 되고 싶어서 된 것이고 학교 다닐 때 갈등은 있었지만 군목이라는 편리함 때문에 갈등의 양심을 버리고 목사가 되었을 뿐이었습니다. 그런데 이젠 그게 아닌 겁니다.

성경을 모르고 목회를 한다면 그야말로 사기꾼이라는 생각이 든 겁니다. 평생 남의 설교나 베끼고 남이 만들어 놓은 책으로 성경 공부를 가르치면서 그걸 내 것인 양 큰 소리를 칠 생각을 하니 자신이 얼마나 한심스러웠던지요. 정말 한심한 존재였답니다.

"하나님… 성경이 송이 꿀보다 달다고 하셨죠? 나에겐 송이 꿀이 아니라 정말 재미없는 책입니다. 억지로 읽을 뿐입니다. 무슨 말인지 정말 모르겠습니다. 어떤 사람은 성경을 보면 하나님의 음성을 듣는다고 하는데 난 성경을 보면 졸음만 옵니다. 성경이 당신의 말씀이라고 하셨잖습니까? 나에게도 성경이 재미있음을 알려 주십시오. 그래야 설교를 하든 성경 공부를 하든 목회를 하든 할 게 아닙니까? 제가 2년 간 열심히 읽을 테니 알아서 하십시오." 그런 기도였답니다. 성경을 열심히 읽어도 여전히 무슨 말인지 모르겠고 재미가 없다면 군목을 제대한 후에 목회를 관둘 생각이었습니다.

특별하게 할 일 없는 군 병원의 목회 생활이었기에 성경 보는 일에 목숨을 걸기로 마음먹었습니다. 아침 출근 시간은 8시, 퇴근 시간은 5시, 적어도 하루 6~8시간씩 성경을 파기 시작했습니다. 많은 분량을 읽지 않았습니다. 이해가 되지 않는 부분은 그냥 넘기지 않고 판 겁니다. 이해되지 않으면 주석을 많이 참고했습니다.

정말 많은 도움이 되더군요. 신학교 다닐 땐 숙제하기 위해서만 보던 책들인데… 정말 열심히 성경을 읽었습니다. 지금까지 알고 있던 이야기들이라 하더라도 정말 그런가 하면서 진지하게 확인하면서 읽었답니다. 성경이 졸지에 여러 가지 색깔로 줄도 그어지고 네모도 만들어 지고 혹은 읽다가 깨달은 것을 잊지 않기 위해 옆에다 적어 놓다 보니 지저분해지고 있는 거였습니다. 그렇게 몇 달이 지나는 동안 성경이 재미있어지는 겁니다. 은혜가 되기 이전에 재미있었습니다. 성경을 정말 재미있게 읽고 재미있게 연구하기 시작한 겁니다.

그렇게 2년을 지내는 동안 성경은 어느새 나의 손에서 뗄 수 없는 책이 되고 말았답니다. 아니 내 몸의 한 부분이 되어 있었답니다. 그리고 그 말씀은 제게 생명이 되었던 겁니다. 성경이 하나님의 말씀임이 몸속에서 느껴지고 있었답니다. 언제부터인지는 모르겠습니다만 성경을 읽으면 "그렇습니다!"하는 소리를 연거퍼 내뿜었답니다. 성경을 읽다가 손바닥과 무릎을 치기도 하구요, 너무 기가 막힌 것(내가 모르던 것이겠죠...)을 발견하면 숨이 막혀 더 이상 읽을 수가 없어서 서성거리는 경우가 한두 번이 아니었답니다. 많이 울었습니다. 너무 좋아서 말입니다. 하나님의 은혜가 주렁주렁 발견될 때마다 감동 그 자체였습니다. 시편 기자가 그랬나요? 주의 말씀은 송이 꿀 보다 달다구요? 정말이었습니다.

읽고 깨달은 말씀을 그대로 전해보았습니다. 설교 때든 성경 공부할 때든... 다른 교재가 필요 없었답니다. 성경만을 읽는데도 나는 물론이고 모두들 좋아하는 겁니다. 그래서 신났지요. 성경을 읽어 가면서 그 주인공은 바로 "나"였답니다. 내가 하나님의 지음 받은 사람이고, 내가 타락한 사람이고, 내가 죄로 범벅된 사람이고, 내가 고멜이고, 내가 요나이고... 또한 내가 아브라함이고, 내가 모세이고, 내가 노아이고, 내가 다윗이더라는 거였죠. 내가 밧세바이고, 내가 아모스이고... 내가 느부갓네살이고, 내가 다니엘이고... 내가 베드로이고... 내가 주인공이었습니다. 내가 잘못된 주인공일 때 지켜보고 계시고 기다리시고 찾아와 주시는 주님을 만날 수 있었구요, 내가 잘하는 주인공일 때는 매우 기뻐하시고 좋아하시는 주님을 알 수 있었답니다. 주님의 진하게 흐르는 사랑과 은혜… 그게 성경이었답니다.

세상의 무수한 책들… 기독교 서적이라는 거 말입니다. 전에는 그걸 많이 읽으면 괜찮은 사람처럼 보였었습니다. 기독교 서적을 많이 인용하면 공부를 많이 한 목사처럼 보였었답니다. 서점에 최근 발표된 책이 어떤 것인지를 누구보다도 빨리 알아서 말하는 것이 앞서가는 사람인줄 알았답니다. 그래서 그걸 흉내내기 위해 얼마나 많은 거짓 행위를 했었는지요… 하지만 이젠 해방되었답니다. 많은 책을 읽는 것도 중요하지만 성경 속에서 풍요함을 누리지 못하면 그야말로 모래 위에 집을 짓는 장난에 불과하다는 것을… 성경 속에서의 행복을 모르고 수많은 책을 뒤지는 일만큼 자신을 피곤하게 하는 일이 없을 거라는 것을…

다른 책… 좀 몰라도 되더라구요. 그러나 성경 속에서 춤추지 않으면 말씀을 전하고 나서도 허탈하더라구요. 그런데 성경을 이야기하면 서투른 설교라도 하나님께 감사가 되더라는 겁니다. 기가 막히게 좋은 문구들을 찾는 일도 하지 않기로 했습니다. 알지도 못하는 사람의 이름을 들먹거리면서 마치 많이 공부한 사람처럼 보이는 위선은 떨지 않기로 했습니다. 깊은 생각을 남보다 많이 하는 것처럼 보이는 어려운 표현도 사용하지 않기로 했습니다. 그냥 성경 말씀을 이야기하기로 했습니다.

성경 속의 이야기만 하더라도, 아니 성경만을 이야기할 때 성령의 역사가 가장 확실하게 나타남을 알았기 때문입니다. 성경은 성령께서 쓰신 글이기 때문입니다. 하나님에게는 천년이 하루 같다고 하셨나요? 그래서 표현하고 싶은 말이 있습니다. 성경은 아직 잉크도 마르지 않은 하나님이 보낸 연애편지라고.

군대를 제대하자마자 미국으로 건너왔습니다. 아무런 이유도 없이 미국에 오게 된 겁니다. 몇 달만 미국을 구경하려는 생각이었습니다. 그런데 어쩌다가 십수 년이 지나고 말았습니다. 십수 년... 학교에서 공부하면서도 성경에 대한 재미 때문에 성경만 보게 되더라구요. 사역을 하면서도 성경만 보게 되더라는 겁니다. 그리고 읽은 성경... 늘 그랬던 것처럼 신앙의 형제들과 나누었답니다. 그런데 성경만을 이해하기 위해 주의 깊게 보는데 많은 은혜를 경험하는 게 아니겠어요!

벌써 성경을 통해 주님의 마음을 헤아린 지도 오래되었네요. 지금도 계속하고 있답니다. 물론 주님 부르실 때까지 이 은혜를 계속 유지하려고 합니다. 새벽 기도가 끝나면 잉크도 마르지 않은... 주님의 숨소리가 느껴지는 성경을 펴고 세 시간, 어느 경우는 네 시간, 옮겨 보고 또 옮겨 보다가 이렇게 책이 되었답니다.

그 제목... 이야기 성경? 성경 이야기? 아무래도 매끄럽지 않기에 남침례교신학교(The Southern Baptist Theological Seminary)에서 논문을 쓴 제목이 좋아 보여 그대로 하기로 했답니다. 비블리컬 스토리텔링(The Biblical Storytelling)이라고...

에필로그 _02

목사가 되면 책을 많이 읽고 책을 좋아해야만 하는 줄 알았습니다. 어려서부터 목사는 책을 가까이에 두어야 한다는 선입관을 가지고 있었기 때문에 나도 목사가 되면 그렇게 될 거라고 믿고 있었(?)답니다. 목사님의 집이나 사무실에 가면 여러 권의 책과 책이 한가득 꽂힌 책장을 배경으로 한 목사님의 사진도 볼 수 있었습니다. 그래서 목사님들은 책을 많이 읽는 분들이라는 생각을 자연스럽게 했답니다. 앞으로 나도 목사가 되면 많은 시간을 책과 함께 할 거라고 생각했습니다. 목사님의 집에 진열된 책들은 아주 멋있어 보였습니다. 단행본도 많았지만 특별히 눈에 띄었던 것은 만만치 않은 두께로 같은 디자인에 제목이 다른 여러 질의 전집들이었습니다. 목회를 할 때 꼭 필요한 전집들이라고 생각했답니다. 그래서 나도 목사가 되면 목회에 절대적으로 필요한 전집을 책장 가득히 채우겠다고 생각했습니다.

괜찮은 목사가 되기 위해서 신학교 때부터 기독교 서점에 드나드는 것을 아주 중요한 일 중 하나로 여겼답니다. 나름대로 열심히 책을 사서 날랐습니다. 돈이 있어서 샀던 것도 꼭 읽으려고 샀던 것도 아닙니다. 훗날 내 사무실과 서재에 꽂아둘 책을 준비하는 거였습니다. 책을 사면서 미래를 그려 보기도 했답니다. 사무실의 사방은 책으로 꽉 채워진 책장이 둘러져 있고 한 켠에 놓여진 나무 책상과 사장님이 앉는 편안한 의자에 앉아 있는 제 모습을 상상하면서 말입니다. (책이 없는 사무실과 목사는 상상해 본 적이 없었거든요.) 어느 경우에는 읽지도 못하는 영어로 된 책도 샀습니다. 소위 원서라고 하는 것들입니다. 영어나 독일어로 된 책을 읽은 수준 높은 목사로 보이고 싶어서였습니다. 열심히 사서 모은 책들이 작은 제 방의 책장에 한 권 한 권 채워져 가는 걸 보면 뿌듯하고 자랑스럽기까지 했습니다. 그렇게 해보지 않은 사람은 그 맛을 모를 겁니다. 책이 늘어나는 만큼 내 지적 수준도 높아진다고 생각하여 그것을 증명이나 하려는 듯 책을 열심히 구입했던 겁니다. 책의 노예가 되어 부지런히 살았던 것 같습니다.

신학대학 다닐 때는 대부분의 친구들이 그랬던 것처럼 돈이 정말 없었던 때입니다. 그런데도 책을 사고자 하는 욕심은 왜 그리 많았는지 모릅니다. 교수님들이 가끔 강의하시다가 밥을 굶어가며 책을 사서 보았다는 얘기를 들으면 왠지 멋있어 보였습니다. 그래서 교수님을 흉내 내며 책을 사기 위해 끼니를 거른 적이 한두 번이 아니었답니다. 그 경험 덕분에 얼마 전까지만 해도 사람들과 이야기할 때 나도 젊었을 때는 책을 사기 위해 굶은 적이 있다고 말하면서 묘한 자부심을 느끼곤 했답니다.

제 사무실은 작습니다. 방이 작기에 몇 권 안 되는 책이지만 제 방은 책으로 꽉 채워져 있답니다. 다른 목사님들보다 상대적으로 적다는 걸 알지만 그래도 제 수준에는 처분하기 곤란할 정도로 많은 책이 꽂혀 있습니다. 그런데 지금은 책이 많아서 행복하기보다는 꽂혀진 책들이 날 비웃고 있다는 생각이 들 때가 있답니다. 여러 권이 꽂혀 있지만 읽은 것은 별로 없거든요. 다 폼으로 꽂혀 있는 것입니다. 그렇다고 완전히 폼만은 아닙니다. 읽긴 읽었습니다마는 어떤 건 서문, 어떤 건 제목, 어떤 건 대충대충 한 10분 안에 읽은 책도 있고, 전혀 읽지 않은 책들도 수두룩하답니다. 정말 신중하게 읽은 책은 거의 없답니다. 전집은 정말이지 폼, 그 자체뿐이었습니다. 그래서 책장에 꽂혀 있는 책들이 부담스럽기까지 했습니다.

가끔 제 방을 방문한 학생들, 청년들 혹은 성도들은 전에 내가 느꼈던 것처럼 '목사님이니까 당연히 책이 많구나' 라고 생각하는 눈치입니다. 그러면서 할 말이 없을 때 혹은 기분이 좋으라고 '목사님은 책이 많으십니다' 라고 말한답니다. 저는 책을 많이 읽은 목사로 인정한다는 말을 듣는 것 같답니다(착각이겠지만). 그런 말을 들을 때면 전에는 우쭐했는데 언제부터인가 부담스러웠습니다. 사실 읽은 책이 아니라 폼으로 꽂혀 있는 책이 대부분이기 때문입니다. 성도들이 생각하는 것처럼 책을 많이 읽은 목사가 결코 아니라는 생각에 괴로웠거든요. 어떤 성도는 존경하는 마음(?)으로 이렇게 말한답니다. "목사님, 책이 무척 많네요. 책이 이렇게 많은 것을 보니 목사님은 공부를 많이 하시는가 봐요. 목사님들은 책을 많이 읽으신다고 하더라구요." 거기까지만 하면 되는데 정말 대답하기 곤란한 질문을 한답니다. "목사님, 이 많은 책들을 다 읽으셨어요?" 미칠 것 같은 질문입니다. 뭐라고 대답해야 좋을지 모르기 때문입니다. 솔직하게 대답하자니 창피하고, 읽었다고 하자니 목사라는 놈이 별거 아닌 일로 거짓말한다는 양심의 가책 때문에 괴로운 겁니다. 또한 책을 많이 읽은 괜찮은 목사로 생각하고 있는 성도를 실망시키고 싶지 않다는 생각도 들기 때문입니다. 사실 그렇게 생각해 주기를 은근히 바라는 마음도 있구요, 그래서 엉거주춤 대답하곤 했답니다. 필요한 건 읽고 읽지 않은 책들도 있다고. 성도는 그렇게 말하는 목사를 겸손하다고 여겨 안 읽은 책도 있다는 말을 대부분은 읽었고 몇 권은 읽지 않았을 거라고 생각하고 점수를 후하게 주었겠지요. 그런 면으로는 성도들에게 무척이나 고맙답니다.

목사님들의 사례비 항목을 보면 반드시 도서비가 있습니다. 아주 중요한 항목입니다. 어느 교회나 꼭 있습니다. (제 개인적 경험으로는 이 도서비 항목이 없는 교회는 본 적이 없습니다.) 교회에서 그런 돈을 책정한 것은 책을 많이 읽고 목회와 설교를 잘 하라는 뜻인 줄 압니다. 교회도 목사는 책을 많이 읽어야 하고, 책을 많이 읽는 사람으로 인정해 주기 때문에 세운 항목이겠죠. 참으로 고마운 항목이랍니다. 저도 받고 있는데 이 항목의 돈이 얼마나 부담스러운지 모릅니다. 왜냐하면 교회에서 정해 놓은 도서비 만큼 책을 사 본 적이 한 번도 없기 때문입니다. 적어도 제게는 말입니다. (혹 이 고백을 읽으시면서 다른 목사님도 그렇다고 생각하시면 오해입니다. 이 글은 제 경우에만 해당하는 겁니다.) 양심에 거리낌이 있어서 교회에서 주는 도서비 항목의 액수만큼 책을 사려고 살만한 책들을 찾아본 적도 여러 번 있었습니다만, 저는 교회에서 주는 도서비 만큼의 책을 산 적이 없답니다. 아니 사고 싶지 않아서가 아니라 사고 싶은 책을 고를 수 없었기 때문이랍니다. 얼마나 많은 도서비를 주었기에 그러냐구요? 얼마 되지는 않는답니다. 서점에서 책을 사긴 합니다만 사실 오래 전부터 한 달에 두 권 정도 사는 게 저의 현실입니다. 서점은 몇 번씩 가지만 꼭 사고 싶은 책을 찾는 것도 어렵고, 게으른 건지 어렵게 골라 아까운 돈 주고 산 책이라 하더라도 제대로 읽는 것도 쉽지 않고...

어떤 목사님이 책을 읽지 않는 목사는 게으르고 목사 자격이 없다고 질책하는데 찔렸습니다. 제가 그런 사람이거든요. 목사는 적어도 하루에

한 권의 책은 읽어야 한답니다. 나는 일 년에 두 권 정독하는 것 같지도 않은데 말입니다. 그 목사님은 책을 많이 읽으시는 분이라고 소문이 난 분입니다. 책을 많이 읽는 목사님에게 어떻게 읽느냐고 물었더니 보통 책을 10분이면 한 권 읽는답니다. 난 미칠 것 같았습니다. 저는 일주일을 읽어도 뭔 뜻인지 몰라 속이 상한 적이 한두 번이 아닌데 책 한 권을 10분만에 읽는답니다. 하기야 저도 그렇게 10분에 한 권 읽을 때가 있긴 있었습니다. 혹시 써 먹을만한 게 걸리지 않을까 해서 위 아래로 훑어가며 넘긴 거지요. 그렇게 본 책들은 허다합니다. 아마 500권은 족히 될 겁니다. 그런데 정말 내 속에 양식이 될 만하게 읽은 책은 소수에 불과하답니다.

일주일 동안만 해도 엄청난 책들이 쏟아져 나옵니다. 기독교 서적만을 봐도 그렇습니다. 목사님들의 소원 가운데 책 한 권 내는 것이 포함되어 있잖아요. 그래서 책을 내는 분들이 무척이나 많답니다. 그런데 슬픈 것은 신간 서적 코너에 올라와 보지도 못하고 보이지 않는 구석에서 폐지로 버려지길 기다리는 책들이 무수하다는 거지요. 저도 책을 썼고 또 쓰고 있지만, 제 책 역시 신간 코너에 올라가 보지도 못하고 없어지는 것이 아닌지...(슬픕니다!) 그렇게 많은 책이 출판되고 있지만 막상 사려고 하면 꼭 읽고 싶은 것을 찾기가 쉽지 않다는 겁니다.

설교하거나 성경을 가르칠 때도 반드시 책을 인용해야 하는 줄 알았던 때가 있었습니다. 긴 설교 중에 한두 번은 어떤 나라, 어떤 사상가, 철학자 혹은 정치가나 성공한 사람의 이름과 그들이 쓴 책의 제목을 말하면서 이런 말을 했다고 해야 하는 줄 알았던 겁니다. (요즘 설교할 때 한두 번은 웃겨야 괜찮은 설교자라는 소리를 듣는 것처럼 말입니다.) 어느 경우는 읽지도 못하고 읽어 본 적도 없는 주간 시사지 타임(The Time)지나 뉴스위크(Newsweek) 혹은 리더스 다이제스트 등의 날짜까지 들먹이면서 설교해야 공부 좀 한 목사라고 느낄 때가 있었던 거지요. 지금 떠올려 보니 얼마나 부질없는 생각을 하면서 살았는지 모릅니다.

왜 그렇게 책에 대한 미련을 가지고 살았나 생각해 보았습니다. 정말 무엇 때문에 나는 많은 책을 소유하고 싶었고, 독서를 많이 하는 목사로 보이고 싶었는가 정직하게 생각해 보았답니다. 대답은 어렵지도 복잡하지도 않고 아주 단순했습니다. 열등감 때문이었지요. 제 가장 밑바닥은 열등감으로 가득한 겁니다. 그래서 쌓여 있는 책들로 하여금 저를 사람들에게 공부하는 목사, 실력 있는 목사로 세뇌 시키면서 은연 중에 무시하지 말라는 메시지를 전한 겁니다. 내 속에 있는 열등감이 나를 속이면서 책과의 관계를 이상하게 만들었답니다.

또 하나는 (하나님께 무척이나 죄송합니다만) 내 속 깊은 곳에서 성경을 우습게 여기고 있었다는 고백입니다. 성경이 하나님의 말씀이라고 말하면서도 정작 설교하는 나는 성경을 우습게 여겼던 거지요. 성경 가운데 구원의 도리, 삶의 지혜와 지침이 완벽하게 있다고 외치면서도, 성경은 성령의 감동으로 쓰여진 책이기에 심장과 폐부를 찔러 쪼개는 능력이 있다고 말하면서도 나는 성경보다 더 영향력 있을 것 같은 유명한 사람이 쓴 책을 뒤지고 있었던 겁니다. 성경을 역사와 인생에 있어서 가장 훌륭한 책, 능력 있는 책이라고 하면서도 내 속 사람은 믿지 않았던 겁니다. 그래서 유명한 사람을 찾았고 그 유명한 사람의 책을 뒤졌고 알지도 못하는 사람의 멋진 글을 강단에서 인용하는 걸 자랑스럽게 생각했던 겁니다.

성경이 답이라고 말은 했지만 정작 나는 삶의 답을 엉뚱한 책에서 찾고 있었던 겁니다. 내가 하는 일 목회에 관한 것도 유명한(?) 사람이 쓴 책에 있는 줄 알고 책을 의지했던 거지요. 한 마디로 성경을 무시했던 겁니다.

책으로부터 많은 걸 배우기 때문에 독서는 귀한 일입니다. 그러나 책이 전부가 아닙니다. 책은 진리도 아닙니다. 책과의 관계 속에서 초라한 나의 모습을 본 후에 책을 많이 읽은 목사가 괜찮은 목사라는 이상한 관계(?)가 이제 깨졌답니다. 다독(多讀)이 바람직하지만 필수는 아니라는 걸 배웠답니다. 또한 그것으로 목사의 수준이 평가될 거라는 생각은 정말 크게 잘못된 것임을 깨달았습니다. 목사는 반드시 책과 가까운 사람이라는 인식을 지워버리려고 합니다. 난 정말 책을 읽지 않는 사람이거든요. 아니 읽어도 저자가 하는 말을 잘 모를 때가 많습니다. 다시 말하면 책을 읽지 않는 게 아니라 읽을 줄 모르는 사람이라는 걸 발견한 겁니다.

저는 파스칼을 모릅니다. 그가 쓴 「팡세」(번역본)라는 너무 두꺼워서 읽기도 전에 질려 서문을 읽다가 무슨 말인지 몰라 내팽개쳤답니다. 톨스토이의 작품은 기독교를 이해하는 데 절대적으로 필요한 문학이고 철학이라고 하더라구요. 그래서 유명하다는 그의 「부활」이라는 작품을 읽기 시작했는데 도무지 무슨 말인지 이해하지 못해 읽기를 중단했답니다. 하이데거라는 철학자, 키엘케고르, 헤겔, 니이체 등. '니이체' 라는 말이 나왔으니 웃긴 일이 생각납니다. 니이체는 「짜라투스트라는 이렇게 말했다」라고 하는 책에서 "신은 죽었다"고 했답니다. 설교 시간에 목사님들의 설교를 통해서 종종 들은 글귀였습니다. 그래서 저도 가끔 (오래 전입니다만) 그 말을 인용하면서 유신론을 무너뜨리려는 사람들을 공격했고 또 그런 말을 한 니이체를 무척이나 나쁜 사람으로 말하곤 했었답니다. 물론 그 책을 다 읽은 수준 높은 사람처럼 말입니다. 사실은 그 책이 어떻게 생겼나 해서 서점에 들러 구경한 적 밖에는 없습니다. 정말 두껍더라구요. 그 책을 본 순간 이런 두꺼운 책을 읽은 사람이 몇이나 될까 생각했답니다. 하여간 니이체가 신이 죽었다고 하는 말을 왜 했을까 해서 물어보기도 하고 책을 뒤져 보았지만 아는 사람도 없고 책 속에서도 찾지 못했답니다. 결국은 한참 후에 누군가가 알려 주더군요. 책 속에 짜라투스트라가 누군가와 이야기하다가 신경질이 난 김에 그런 말을 내뱉은 거였다고... 그러나 전해준 사람의 말이 사실인지도 아직 확인되지 않았답니다.

리더십, 성공의 비결, 인생에 관한 것, 시집(詩集), 부부관계, 경영학, 건강에 관한 것, 소설, 철학 이야기... 별별 주제의 많은 책이 시중에 나와 있답니다. 다양하게 많이 읽어야겠다는 생각을 포기하니 마음이 왜 이리 편한지 모르겠습니다. 책 많이 읽지 않으렵니다. 물 흐르는 대로 읽게 되면 읽겠습니다만, 안 읽으면 뒤쳐진다는 말로 사람을 주눅들게 하는 말에는 신경을 곤두세우지 않기로 했습니다. 많이 읽어도 기억에 남는 게 없구요, 사실 무슨 말인지도 모른답니다. 아는 척하고 싶은 교만한 마음만 꿈틀거린답니다. 남들은 인생에 도움이 된다고 하는데 제겐 그런 것 같지도 않구요...

성경도 제대로 모르면서 책을 동서남북으로 둘러 채워둔다는 게 우습잖아요. 성경도 제대로 알지도 못하면서 이해하지도 못하는 글귀와 사람이름을 대면서 지식인인 체 하는 게 우습잖아요. 그래서 성경이라도 제대로 보기로 결심한 겁니다. 목사가 성경을 모르니 일반 성도들은 더 모를 수 있다는 생각이 들었습니다. 그래서 한 평생 성경을 깊게 공부해 보기로 했답니다. 읽다가 정 모르겠으면 주석을 뒤져서라도 이해하려고 했습니다. 주석은 성경을 이해하는 데 큰 도움이 되었습니다. 그 과정 속에서 마침내 지식인이라는 허울 좋은 취급만을 받기 위해서가 아니라 성경의 이해를 돕기 위해 책을 보아야 목사로서 사는 인생이 행복하다는 것을 터득하게 되었습니다.

성경을 알기 위해 마음먹고 공부하니 자유로워지더라는 겁니다. 설교할 때도 성경을 이야기하니 마음이 편해지구요. 내 말은 물론 어떤 훌륭한 사람의 말도 아닌 하나님의 말씀을 전하니 위험하지도 않고 미안하지도 않은 겁니다. 누가 무식하다고 말할지는 모르겠지만 그게 속 편하고 자신감도 생겼습니다. 사실 교회 오는 사람들이 얼마나 다양한지 모릅니다. 자기 분야에서는 그런대로 지식이 있고 까딱 잘못 말했다간 어느 누구에게 무식하다는 말을 들을지도 모르잖아요. 그러나 대부분 사람들은 성경을 잘 모른답니다. 혹 알고 있더라도 자신보다는 목사님이 더 잘 알 거라고 생각하지요. 그래서 교회에서 목사로부터 성경 이야기를 듣는 것을 당연하게 생각하기에 성경을 말할 때는 누구도 시비를 걸지 못하지요.

성경을 말하는 사람으로 살고 싶습니다. 제 직업이 목사인데 목사는 성경을 말하는 사람이기 때문입니다. 다른 거 모른다고 주께서 뭐라고 안 하실 겁니다. 그런데 성경을 모르면서 목회 한다면 목사로 부르신 주님이 얼마나 한심하게 생각하실까 하는 생각이 드네요. 아니 성도들도 성경을 모르는 목사라는 걸 안다면 얼마나 비웃을까 하는 생각이 듭니다. 성경을 모르면 주님에게도 성도에게도 찬 밥 신세라는 걸 깨달았답니다.

성경만을 살아계신 하나님의 말씀으로 증거하려고 열심을 냅니다만 왜 그리 성경을 모르고 있는지요. 성경이 왜 그리 어려운지 모르겠습니다. 정말 어려운 수학 문제보다 더 어려운 게 성경이라는 걸 알아갈 뿐입니다. 그런 수준으로 목회를 하는 제 모습이 한심하고 답답할 뿐입니다. 성경 공부 열심히 하겠다고 다짐하고 노력하며 지낸 햇수도 제법 오래 된 것 같은데 책상에 앉으면 지금 막 시작한 사람처럼 모르고 있는 것이 너무 많다는 느낌뿐이니 미칠 것 같습니다. 주님이 부르실 그 날이 성큼성큼 다가오고 있는데 성경을 이렇게도 모르고 주님께 갈 거라고 생각하니 숨이 막히는 것 같습니다.

성경 안에 모든 진리가 있다고 말하는 목사가 아니라 성경 안에 진리가 있음을 인정하는 목사이고 싶습니다. 성경 안에 진리가 있음을 알고 믿고 실천하는 목사이고 싶습니다. 목회자 사이에서도 많은 책을 가지고 있다든지 책을 많이 읽은 목사가 괜찮은 목사라고 인정을 받는 것보다는, 성경을 구석구석 잘 알고 성경을 정말 사랑하며 성경의 의미를 잘 전달하는 목사가 진정 괜찮은 목사라는 평가를 받으면 좋겠습니다. 법관이 육법(六法)전서를 구석구석 잘 알고 있는 것처럼, 자동차 정비공이 자동차에 대해선 빠삭하게 잘 알고 있는 것처럼, 군인이 군사지식에는 정통한 것처럼... 목사님들은 성경 66권 어디라도 구석구석 잘 알고 있는 분들이면 정말 좋겠습니다.

오늘도 그것 때문에 몸부림쳐 봅니다. 하나님이 도와주시길 바라면서 말입니다.